REGNAULT DE BEAUCARON

TROIS JOURS

EN BLESOIS ET EN ORLEANAIS

SOUVENIRS DE FAMILLE

LES MESLIER — LE CONTE DE ROUJOU — COUËT DE MONTARAND
DE LA HIRE — CHAUVEAU LAGARDE, ETC.
ANECDOTES LOCALES — ANCIENS SEIGNEURS ET PROPRIÉTAIRES

BLOIS

IMPRIMERIE R. DUGUET ET Cie, RUE PIERRE-DE-BLOIS, 14

1922
Tous droits réservés

TROIS JOURS

EN BLESOIS ET EN ORLEANAIS

SOUVENIRS DE FAMILLE

REGNAULT DE BEAUCARON

TROIS JOURS

EN BLESOIS ET EN ORLEANAIS

SOUVENIRS DE FAMILLE

LES MESLIER — LE CONTE DE ROUJOU — COUËT DE MONTARAND
DE LA HIRE — CHAUVEAU LAGARDE, ETC.
ANECDOTES LOCALES — ANCIENS SEIGNEURS ET PROPRIÉTAIRES

BLOIS

IMPRIMERIE R. DUGUET ET Cie, RUE PIERRE-DE-BLOIS, 14

1922
Tous droits réservés

TROIS JOURS

EN BLESOIS ET EN ORLEANAIS

SOUVENIRS DE FAMILLE

Mes chers enfants,

Le récit suivant, d'une promenade de trois jours en Blésois et Orléanais, ne saurait guère intéresser que nos entours. Et je ne l'aurais pas livré à l'impression s'il ne m'avait amené à vous rappeler certains faits familiaux qui n'ont pas trouvé place dans mes précédents volumes (I) et que j'ai saisi cette occasion de compléter ici en notes et annexes. C'est à ce titre que je vous le dédie, car, au milieu de faits divers, trop souvent personnels, évoqués sans liaison, au fur et à mesure, à la vue des localités traversées, au cours d'une conversation relatée aussitôt telle quelle, vous retiendrez des exemples et des souvenirs honorables, légués par nos grands parents et à transmettre à vos descendants.

Avril 1917.

(I) SOUVENIRS ANECDOTIQUES ET HISTORIQUES D'ANCIENNES FAMILLES CHAMPENOISES ET BOURGUIGNONNES (1175-1906) par un de leurs descendants (*Champagne — Bourgogne — Ile de France — Orléanais — Blaisois — Ile de la Réunion — Mexique — Tonkin*. 1 vol. Paris, Plon, 1906.

DONATIONS ET FONDATIONS D'ANCIENNES FAMILLES CHAMPENOISES ET BOURGUIGNONNES (1175-1906) par un de leurs descendants (*sépultures — inscriptions — testaments — coutumes — œuvres charitables* etc..) 1 vol. Paris, Plon 1907.

SOUVENIRS DE FAMILLE. (*Voyages — agriculture*), (1175-1832) 2 vol. Paris, Plon, 1912.

LES CHATELLIERS ET LE GUÉ MULON en Loir-et-Cher. (*Stations gallo-romaines. — Fiefs — Seigneurs et propriétaires successifs — Maugué. — Souvenirs de famille. — Anciennes coutumes.*) 1 vol. Paris, Plon. 1915.

SOUVENIRS INTIMES DU DIX-SEPTIÈME SIÈCLE A NOS JOURS, (*mariages*). 1 vol. Paris, Plon 1916.

§ I

Une agréable surprise. — Projet de pèlerinage de famille. — Coup d'œil sur les Meslier de robe et d'épée.

Le Gué Mulon, Neung-sur-Beuvron
Lundi de Pâques, 9 Avril 1917
7 heures du soir.

Nous passions à la salle à manger lorsqu'une limousine entre dans la cour. Mon neveu Roger de Faviès est au volant. De l'intérieur descendent sa mère, Marie de Faviès, sa sœur Henriette et leur inséparable chien Booby dont les bruyants aboiements manifestent, paraît-il, la vive satisfaction.

— Ah ça, d'où arrivez-vous ?

— Vous n'avez pas reçu notre dépêche ?

— Rien du tout.

— Elle est partie ce matin.

— Le télégraphe marche mal. Au reste peu importe. Vous voilà, c'est le principal. Le dîner est servi, ne le laissez pas refroidir.

— Le temps de remiser l'auto et nous sommes à table.

****

— Votre mari ?

— Horriblement grippé, incapable de quitter la chambre. Il nous poussait à partir quand même. Nous hésitions. Il paraissait mieux hier. Nous nous sommes décidés.

— A quoi ?

— Roger, classe 18, entre lundi prochain au régiment. Nous voulions, pendant ces derniers jours, une bonne diversion au grand air. Alors j'ai songé à réaliser mon vieux projet de pèlerinage de famille dans le Blésois, pour montrer à Roger et à Henriette le pays où ont vécu nos grands parents, leurs demeures, les propriétés que mon père et ma mère louaient jadis aux vacances à proximité du Chatellier et de vous. Pouvez-vous nous piloter demain ou après demain ?

— A votre disposition.

— En entrant dans tous les détails, comme historiographe de la famille ?

— Je le pourrai d'autant mieux que j'ai rapporté ici mes archives de Paris. Mais cela risquerait d'absorber la conversation et de devenir une conférence péripatéticienne.

— Tant mieux ! pendant cette excursion il nous faut nous isoler complètement du présent, oublier les angoisses actuelles, nous plonger uniquement dans le passé. Voulez-vous de cette trêve pendant deux jours ?

— J'accepte.

— Seulement nous manquons d'essence. Nous en avons juste de quoi retourner à Paris.

— Diable ! Elle est rarissime ici. Enfin, nous verrons demain. Apportez-vous des nouvelles ?

— Voici les journaux.*..............

*
* *

10 Avril, matin.

A peine levée, Marie de Faviès court à Neung, mais nulle part ne peut trouver d'essence. Nous téléphonons en vain à Blois, Romorantin, Lamotte-Beuvron. Personne dans les environs ne possède plus d'auto. On dit qu'au château de la Frogerie il y en a peut-être encore. Coup de téléphone, réponse négative. Mais on ira aujourd'hui même se renseigner à la Ferté St-Aubin, et on nous communiquera le résultat aussitôt. La matinée se passe à chercher sans succès de tous côtés. M. Mottet, nouvel agent de la Société d'assurances l'Étoile à Montrieux, en permission, vient se présenter au Gué-Mulon. Il tient un petit commerce. A tout hasard je lui parle de notre embarras. Il n'a plus rien, mais promet de se mettre en campagne dans sa localité, et de nous envoyer, ce soir même, de l'essence par le tramway, s'il en découvre.

— En attendant, me dit Marie de Faviès, faites nous passer le temps en nous documentant un peu. Nos grands parents Meslier, fixés il y a un siècle dans ces pays-ci, n'étaient-ils pas originaires de Chartres ?

— Oui, et de père en fils attachés aux Princes d'Orléans. Notre bisaïeul, dont vous voyez là le portrait, y remplissait, à la fin du XVIIIe siècle, les fonctions de conseiller du Roi, grenetier au grenier à sel et fermier général des petits domaines du duché d'Orléans. Plus tard il fut trésorier de la municipalité. Il possédait personnellement, avant la Révolution, quantité de propriétés aux environs.

Au reste, attendez une minute, je vais chercher son dossier...

Tenez, il en avait à Lèves, Poivilliers, Bassigny, Nogent-sur-Eure, Bouville-Gellainville, au moulin Bellanger-St-Prest, au moulin de Plateau St-Prest, à Chavannes, Morancez, Fresnay le Gilmert, Longsault-Lèves, St-Georges, Delmont St-Georges, Meslay-le-Grenet, Marigny, Illiers, Mondonville-Amilly, Dandainville-Amilly, Ormoy-Dammazie, Fontaine de Guyon, St-Maurice lès Chartres, Berchères la Maingot, Le Monceau.

— Rien que cela ?

— Oui, et je puis vous ajouter que les redevances annuelles à lui dues, sans compter celles de sa ferme générale, consistaient, outre les espèces, en 258 septiers de froment, évalués 4680 livres, plus 38 poulardes, 14 chapons, une pinte de vin doux, douze livres de beurre, du raisin etc...

— Les Meslier étaient de robe ?

— Oui, et parents, vers 1780, je ne sais comment, du Premier Président au Parlement de Brinville. Ils étaient aussi d'épée, d'après un beau document sur parchemin signé de Louis XIV : *Lettres de confirmation de privilèges accordées à Jean Meslier, écuyer, seigneur d'Andelu* (1), *maréchal des Logis des chevau légers du duc d'Orléans, frère du Roi, et officier commensal de la maison du Roi.* Voici cette pièce :

Louis, par la grâce de Dieu, roi de France et de Navarre, à nos amez, féaux, conseillers, sergens tenant notre cour des Aydes, à Paris, présidens, lieutenaus et élus en l'élection de Mantes et à tous nos autres justiciers et officiers qu'il appartiendra, salut.

Etant bien informés des longs et signalés services que Jean Meslier escuyer Sr Dandelu cy-devant premier gendarme de la compagnie de deffunct notre très cher oncle le duc d'Orléans, l'un des chevau légers de notre garde, et à présent maréchal des logis des chevau légers de la garde de notre très cher frère unicq le duc d'Orléans, a rendus avec assiduité depuis l'année mil six cent trente six jusques a présent qui sont trente années et plus, en plusieurs et différents emplois d'honneur

(1) Arrondissement de Rambouillet.

dont il s'est dignement acquitté, n'ayant manqué de se signaler en tout rencontre de bataille, siège de place et autre important au bien de notre service ainsi qu'il est justifié par plusieurs brevets et certificats cy attachés soubs notre contre scel, ayant commencé ses premiers services en la dite année mil six cent trente six au siège de Corbie,

Depuis, en l'année mil six cent trente neuf au siège et prise du Castellet et Hesdin,

En mil six cent quarante à la prise d'Arras,

En mil six cent quarante et un aux sièges et prises d'Acre et Bapaume,

En mil six cent quarante deux au chasteau Cambrésy,

En mil six cent quarante trois aux sièges de Rethel et Vervins,

En mil six cent quarante quatre aux sièges et prise de Graveline,

En mil six cent quarante cinq au siège de Mardick et Lingne,

En mil six cent quarante six au siège de Mardick,

En mil six cent quarante sept à Lens,

En mil six cent cinquante cinq au quartier de Nancy,

En mil six cent cinquante sept au camp de Thérouannes,

En mil six cent cinquante huit au camp de Turquoin,

En mil six cent cinquante neuf jusques en mil six cent soixante six, en plusieurs voyages qu'il a faicts pour notre service,

Nous ayant donné en tout rencontre des preuves signallées de son courage et de sa conduite,

Mais il craint que venant cy-après à disposer de sa charge on le voulust troubler aux privilèges, franchises et immunités y attribuées et qu'il s'est acquis par les longs services et tous recommandables qu'il nous a rendus, s'il ne luy estait par nous pourvu de nos lettres nécessaires qu'il nous a très humblement suplié luy vouloir octroyer,

A ces causes, inclinant à la dite supplication, nous vous mandons et ordonnons par les présentes, signées de notre main, que s'il vous appert de ce que dessus que l'exposant ayt servy le feu Roy notre très honoré seigneur et père et nous en ladite qualité le temps porté par nos ordonnances,

En ce cas vous invitons à le faire jouir de tous les privilèges et exemptions, franchises et immunités dont il a joui et jouist encore à présent et tout ainsy qu'en jouissent les autres vétérans et les officiers commenseaux de notre maison pleinement et paisiblement sa vie durant et sa veufve pendant sa viduité encore qu'il eust disposé de la dite charge, nonobstant tous édits, ordonnances arrests et règlements à ce contraires auxquels et aux dérogations des dérogations y contenues nous avons dérogé et dérogeons par les présentes pour le regard seullement.

Car tel est notre plaisir.

Donné au siège de l'Isle le dix huitième jour de aoust l'an de grâce mil six cent soixante sept et de notre règne le vingt-cinquième

      Par le Roy

        PHELYPEAUX   LOUIS.

— Les Meslier ne restèrent-ils pas constamment dans leur pays avant la Révolution ?

— Oui, et cependant j'ai là une note de M. Bellier de la Chavignerie, l'érudit chartrain, un vieil ami de tous temps, mentionnant, comme pouvant être des nôtres, Meslier Gérard, trésorier de France, trésorier général de Bretagne, maire et bienfaiteur de Nantes au début de XVIIIe siècle, que Louis XV honora d'une médaille d'or, que ses concitoyens dotèrent d'une épée d'honneur et d'une pension de mille livres pour compenser la perte de sa fortune employée en bonnes actions et en embellissements de la ville. M. Bellier de la Chavignerie ajoute qu'il est auteur de plusieurs ouvrages et « qu'on ne doit pas le confondre avec le curé Meslier qui est un pseudonyme sans aucun rapport avec notre famille. » (1)

— Pourquoi donc nos parents Meslier s'établirent-ils en Orléanais et en Blésois ?

— Je n'ai jamais cherché à le préciser. Mais je possède une liasse susceptible de nous édifier, je l'ai à peine ouverte encore. Je vais la compulser et vous la résumerai (2).

6 h. 1 /2 du soir.

— Toujours pas d'essence ?

— Ah ! sonnerie du téléphone !

— Allô ! On répond de la Ferté-Saint-Aubin : pas une goutte !

— On entend le sifflet du tramway.

— J'y ai envoyé... On revient les mains vides. Je ne vois plus une seule ressource pour réaliser nos projets.

— Ne désespérons pas ! dit Marie de Faviès.

— Soit ! En attendant, je vais, à votre intention, continuer à revoir le dossier Meslier.

(1) Les ouvrages connus et souvent condamnés parus sous le nom de « Bon Sens du curé J. Meslier » et « testament du curé J. Meslier », sont, paraît-il dus, le premier au baron d'Holbach et le second à Voltaire.

(2) Voir aux annexes, pages 162 à 187.

§ II

Comment nous pûmes entreprendre notre excursion. — Le château du
Moulin. — Comment Alfred de Musset et les seigneurs du Gué-Mulon
descendent des seigneurs du Moulin. — Lettre sur le mariage du duc
de Berry.

11 Avril, 7 h. 1/2 du matin.

— Marie, Marie, trois bidons sur le perron !

— Que dites-vous ?

— Regardez vous-même par la fenêtre.

— S'ils sont vides ?

— La cheffesse de gare sort d'ici, évidemment elle les a appor-
tés pleins. Ils viennent de Montrieux....., voyez, on me remet un
mot de Mottet : Il n'en a pas trouvé hier, en a découvert seulement ce matin et il s'empresse de me faire l'envoi.

— Inspectons vite nos ressources et calculons jusqu'où nous
lancer. Je voudrais surtout aller à Blois, Suèvres, Mer, Maugué.

— Pour Maugué il faut téléphoner d'abord, car ma cousine
Hénissart est souffrante.

— A Roujou, Beaumanoir, Beauval, à un château où nos mères,
jeunes filles, se rendaient souvent chez leurs amies de Gallard.

— Villesavin ?

— C'est cela. J'ai aussi entendu parler d'un certain château
du Moulin dont les anciens propriétaires et leur famille étaient de
vieux amis de nos parents.

— Jamais nous ne pourrons faire tout cela !

— (*Sonnerie du téléphone*) La Chapelle Enchérie, Maugué,
oui. Ah ! ma cousine Hénissart trop souffrante aujourd'hui. Re-
nonçons à Maugué... Rayons aussi Beaumanoir, Roujou et Beauval... nous serions trop entraînés. Le reste fait un assez joli programme. Avec le temps et l'essence dont nous disposons nous pouvons risquer le Moulin, Villesavin, Blois, Suèvres, Mer, et revenir
par Chambord. C'est déjà pas mal. Pour cela, pas une minute à
perdre, déjeûnons de suite. Mais regardez ce ciel douteux.

— N'hésitons pas. Nous n'avons pas le choix. Demain il faut rentrer à Paris

— Eh bien à table, et partons !

***

11 Avril, 9 heures.

— En marche ! *(Marie de Faviès, son fils Roger, sa fille Henriette et son inséparable chien Booby, ma fille ,(1) ma petite-fille, (2) ma femme (3) et moi, emportant les châteaux de la Loire, de Storelli, pour nous servir de guide, et une liasse de vieilles lettres, notamment plusieurs datées de Villesavin, que nous lirons en chemin).*

— Par où commençons-nous ?

— Par le Moulin. La première fois que j'y fus, en 1882, conduit par mon voisin M. Emmanuel de Bersy, Mlle Hedwige de Thuet, quoique n'aimant pas qu'on prit des vues de chez elle, nous laissa, après s'être assurée de notre identité, tout visiter à notre aise et même prendre des photographies. J'y retournai il y a quelque vingt ans......

— Cette fois nous tombions mal, continue Thérèse, M. Edmond de Thuet déjeunait et n'appréciait pas les curieux qui le dérangeaint dans cette opération. En nous apercevant il se mit en grand courroux car une vieille bonne accourut à notre rencontre s'écriant : « — Cachez-vous derrière cette tour, Monsieur veut vous courser ! »

Pourtant devant nos noms et qualités elle ne tarda pas à nous rappeler, et à nous octroyer la permission de nous promener où nous voudrions, ce dont nous nous acquittâmes en nous gardant de vouloir troubler M. de Thuet pendant son repas.

— A cette époque, dis-je, le château, avec la nature inculte et les bruyères environnantes, ressemblait à celui de la Belle au Bois dormant dans quelque région lointaine et sauvage. Depuis, il a eu la bonne chance d'être acheté par M. de Marchéville qui a résolu le difficile problème de le maintenir dans son intégrité,

---

(1) Edmée de Fontaines.
(2) Marguerite de Fontaines.
(3) Thérèse Regnault de Beaucaron, née Meurville.

tout en le rendant habitable à la moderne. Les réparations exécutées avec un souci constant de ne pas modifier le style, le parfait entretien des abords, lui donnent maintenant un aspect riant, sans lui retirer aucunement son caractère primitif.

Prenez-en un avant-goût en contemplant les eaux-fortes de Storelli, pendant que je parcours la notice.

Tiens, Philippe du Moulin, constructeur du château vers 1480, époux de Charlotte d'Argouges, eut une fille mariée à noble et puissant seigneur Vincent du Puy, gouverneur de Romorantin.

— Cela vous dit quelque chose?

— Oui, car de ce mariage est issu :

Jean du Puy, seigneur du Moulin, chevalier de l'Ordre du Roi, conseiller et chambellan du Roi, gouverneur de Romorantin, marié à Jeanne de Prunelé, dame d'Ouarville et de Courbanton, d'où :

Catherine du Puy, mariée à Lancelot du Lac, seigneur de Chamerolles, dame du Gué-Mulon (1).

— Alors?

— Il en résulte :

1º Que les seigneurs du Gué-Mulon depuis la fin du XVIe siècle jusqu'à la fin du XVIIe descendent en ligne directe des anciens seigneurs du Moulin, en possession de cette seigneurie depuis au moins la moitié du XVe siècle.

2º Qu'Alfred de Musset, avec lequel notre parenté s'établit de seize manières différentes et qui descend en ligne directe de Catherine du Puy et de Lancelot du Lac, et, pendant deux siècles, des seigneurs du Gué-Mulon, descend également, en ligne directe, des premiers seigneurs du Moulin (2)

Voici maintenant une lettre centenaire que j'ai encartée dans le volume de Storelli et qui, datée de Paris, émane d'un parent des anciens propriétaires du Moulin. Elle est adressée à notre grand-oncle de Roujou, le 29 juin 1816, et est relative au mariage du duc de Berry. Je ne vous apprendrai rien en vous disant que nos familles demeuraient foncièrement légitimistes, et vous ne vous étonnerez pas des termes employés :

(1) Voir mon volume « Les Chatelliers et le Gué-Mulon » et ci-après page 222.

(2) Voir aux annexes la description du plafond de la tour du Gué-Mulon.

Cher et bon ami,

Nous venons d'être témoins de fêtes bien brillantes, et qui ont porté la joie dans le cœur de tous les bons français. Vous, quoique éloigné de la capitale, vous avez sans doute joui aussi de ces plaisirs et de ces fêtes qui ont dû s'étendre également dans tout le royaume.

Le jour du mariage a dû être célébré avec un grand enthousiasme dans notre belle ville de Blois où les habitants se sont toujours montrés empressés à saisir les occasions de témoigner leur dévouement et leur amour au meilleur des Rois.

Pendant la fête j'ai eu plusieurs fois l'occasion de le voir de très près et c'était toujours avec un plaisir nouveau que j'admirais cette figure noble, cet air de bonté qui attire tous les cœurs.

J'ai vu également toute la famille royale dont je n'entreprendrai pas de vous faire le portrait, je me bornerai à vous faire de mon mieux celui de la duchesse de Berry. Elle est d'une taille ordinaire, paroit un peu foible, la physionomie est agréable et douce, elle a un très beau teint, et l'ensemble de son visage serait bien, si, malheureusement elle n'avait pas (je crois) pris l'habitude de fermer l'œil gauche lorsqu'elle veut fixer un objet.

Je n'entreprendrai pas de vous donner des détails touchant nos fêtes. Les journaux vous en auront donné d'amples à ce sujet. Vous, mon cher, vous me ferez plaisir en m'en donnant quelques uns sur ce qui s'est passé à Blois, car, jusqu'à présent, les journaux ne nous en ont rien dit.

Je suis allé voir hier Auguste Meslier (1) qui m'a dit qu'il était bien fatigué de toutes ces fêtes parce qu'il a été forcé de monter très souvent la garde pendant tout cet heureux temps. Il se plaint, comme moi, que vous ne lui écrivez pas très souvent, et m'a même recommandé de vous gronder un peu de sa part.

Adieu mon cher et bon ami etc....... (2)

P. S. Je vous dirai pour nouvelle que je viens de voir passer l'aide

____

(1) Notre grand-père Meslier-de la Hire qui s'était engagé comme volontaire royal dans la 4ᵉ Compagnie du 2ᵉ bataillon de la 10ᵉ Légion, ainsi qu'il résulte de son diplome sur parchemin de chevalier du Lys, conservé par ma tante de Flacourt et aujourd'hui entre les mains de la vicomtesse d'Epinay, sa petite-fille.

(2) Les relations de cette famille avec la nôtre se prolongèrent longtemps. Je trouve encore des lettres d'elle en 1870.

de camp du général Bonnaire que l'on va fusiller (il l'a sans doute mérité). (1)

— Nous arrivons. Pendant que je vais voir si les châtelains sont là, regardez ces tours qui se détachent sous ce ciel bleu et se baignent dans l'eau des larges fossés ; cette délicate chapelle, ce pont-levis.....

Il n'y a personne au château, mais on nous permet d'entrer.

(Visite du château).

— Vraiment, dit Marie de Faviès, en en sortant, je suis ravie d'avoir vu cela. C'est une merveille.

(1) C'est l'époque où le gouvernement procédait à de nombreux changements dans l'administration. Dans une lettre du 24 février de la même année 1816, d'un parent, M. de Marolles, datée du Berry et adressée à Blois, je lis : « M. de Sol notre préfet, à l'instar du vôtre, veut élaguer des administrations, des Buonapartistes et des Jacobins qui se trouvent en grand nombre, malheureusement, dans ce département, etc... » Et sans doute en prévision des fêtes du mariage de la Duchesse de Berry, il ajoute : « La légion de l'Indre va partir pour Paris, ce qui fait beaucoup de plaisir à Ferdinand de la Tour du Breuil. Je crains que celle de Blois n'en fasse bientôt autant, ce qui nous priverait du plaisir de voir M. de Saussé (ou Sauné ?) aux vacances prochaines.

§ III

11 Avril, 10 heures.

— Gagnons maintenant Villesavin. La route est comme toutes
les routes de Sologne, et n'offre rien de particulier. Rien n'empêche de parcourir la correspondance annoncée. Elle commence
en 1843. Mais, pour la bien comprendre, rappelons-nous que,
dans le but de se rapprocher de sa sœur Mme Le Conte de Roujou,
notre grand-père Meslier avait acheté à Blois, rue du Foix, la belle
propriété vendue après la mort de notre grand'mère aux Petites
Sœurs des pauvres. Notre grand'mère (1) avait quatre filles :
Eugénie, Charlotte, Berthe et Félicie. Dans la même rue du Foix
habitait aussi Mme de Gallard, avec également quatre filles :
Ernestine, Apolline, Marie et Hermeline. Les âges concor-
daient, d'où étroite et affectueuse intimité.

Ernestine de Gallard se surnommait *Titine, Fiton, Fitoche,
Raton, Ratiche* ; Hermeline : *Minette* ; et Charlotte Meslier (2) :
Lolotte, Lolot, la Sœur, la Carmélite, la Sainte, parce que, sans
atteindre à l'intransigeance de la petite église du Foix, notre
mère se manifestait très pieuse.

— Qu'entendez-vous par la petite église du Foix?

— Après la promulgation du Concordat de l'an X un certain
nombre de fidèles, dirigés par d'anciens prêtres de Mgr de Thémines, ex-évêque de Blois, soutinrent que l'Etat outrepassait son
droit, même avec l'assentiment du Pape, en modifiant la circonscription des diocèses, en supprimant le nôtre, et en enlevant à
Mgr de Thémines son titre épiscopal. Refusant de suivre les
offices des curés de la nouvelle organisation, ils assistaient seule-

(1) M. Meslier était décédé le 26 mai 1842.
(2) Qui devint Mme Meurville.

ment aux cérémonies célébrées dans la petite chapelle d'une maison particulière de la rue du Foix. La petite église du Foix composée d'une cinquantaine de personnes s'éteignit peu à peu sous Louis-Philippe.

— Je connais, dit Thérèse, une jolie anecdote sur Mgr de Thémines dont je voyais le portrait à l'évêché.

— Raconte.

— Une jeune religieuse de Blois, s'étant laissée aller à écouter les déclarations enflammées d'un officier, s'était sauvée nuitamment de son couvent. Une voiture l'attendait, mais à peine y fut-elle montée et sentit-elle les chevaux partir au galop, que, comprenant sa folie, elle sauta sur la route, au risque de se rompre le cou, courut à l'évêché, et obtint, par son insistance, de voir Monseigneur d'urgence et sur le champ. Celui-ci ayant entendu sa confession, et voyant son sincère désir de réintégrer son couvent, lui dit : « Vous allez revêtir le manteau d'un de mes laquais, « et prendrez place derrière ma voiture, car à l'instant je fais « atteler et je vous reconduis. Nous pénètrerons dans la cour. « Là, à la faveur de l'obscurité, vous dépouillerez votre manteau « d'emprunt, regagnerez votre cellule, reprendrez vos habits « de religieuse et attendrez les ordres. » Ainsi fut fait : Malgré l'heure avancée et l'émoi de la sœur portière, Monseigneur se fit ouvrir la grande porte, entra avec son carrosse, fit réveiller et mander la supérieure : « Madame, lui dit-il, un motif impérieux « m'amène ici, l'honneur de votre communauté est en cause. « Le bruit circule qu'à l'entrée de la nuit une de vos religieuses « a pris la fuite pour suivre un officier. Pour couper court à ce « bruit immédiatement, et conserver intacte la réputation de votre « maison, veuillez ordonner qu'à l'instant toutes les religieuses « paraissent devant nous. » On réveille les sœurs, elles descendent dans la salle commune, le nombre est complet et Mgr déclare : « L'honneur du couvent est sauf, je m'en retourne content. » (1)

— Revenons à nos inséparables amies. Lorsqu'à la belle saison les quatre Gallard s'installaient au château de Villesavin, chez leurs oncle (2) et tante (3) de Pradel, grande désolation réciproque

(1) Cf. Abbé Moutet. Hist. manuscrite de Marchenoir, communiquée par M. Bellessort, notaire à Neung-sur-Beuvron.

(2) Jules-Jean-Baptiste de Chardebœuf, comte de Pradel, ancien ministre d'Etat et chambellan de Louis XVIII.

(3) Angélique-Louise-Herminie de Martel, comtesse de Pradel.

entre elles et les quatre Meslier. Les Meslier faisaient à Villesavin de fréquents séjours, insuffisants sans doute, car, dans l'intervalle, les Gallard ne pensaient qu'à leur écrire et à venir les retrouver à Blois.

Mme de Sévigné a cité parmi les femmes d'esprit de son temps la comtesse de Chavigny, née Phélipeaux de Villesavin (1) dont les « vendredis » étaient réputés. Nous allons juger si, par leur style, Mesdemoiselles de Gallard se montraient dignes de la grande dame qui les avait précédées au château :

A Charlotte.

Villesavin, 4 juillet 1843,

Bonne amie, quelle aimable pensée vous avez eue de vouloir m'envoyer un mot qui vint de vous ! Mon cœur s'en est réjoui, je vous en remercie d'avance et vous prie de mettre bien vite à exécution un projet dont je suis déjà si heureuse.

Nous sommes des amies bien sincères ; donnez-nous ce nom sans crainte. Pour ma part, j'ai tout de suite été portée à vous aimer comme de véritables sœurs, et je trouve doux de croire que vous savez me le rendre,

Vous allez donc, aimable voisine, quitter pour quelques jours notre belle rue du Foix ? C'est bien mal, car si, pendant cette petite absence, nous allions faire une petite visite à Blois, que diriez-vous? Pour moi je n'y trouverais pas de plaisir ; la rue du Foix me paraîtrait bien triste, et je maudirais ce vilain jour ; ainsi ne soyez pas longtemps à la campagne, et que nous ne trouvions pas les oiseaux envolés ! Vous me jugez déjà bien égoïste, chère petite *Carmélite*, car vous aurez peut-être beaucoup de joies là où vous allez, mais en *Sœur* vous devez pardonner.

Adieu, aimable *Sainte*, priez pour moi, vos prières sont si bonnes, aimez-moi comme je vous aime, et croyez que ce sera pour toujours.

Votre amie,

ERNESTINE.

(1) Morte en 1694 à 80 ans passés, femme d'un des personnages les plus considérables à la Cour de Louis XIII, et mère du marquis de Chavigny, de l'évêque de Troyes, de Mme de Brienne, de la maréchale de Clerembaut, etc... car elle eut quatorze enfants !.....

Villesavin, 1er août 1843,

Hélas, chère amie, on ne parle pas encore d'une excursion dans la grand'ville, et, par conséquent, mademoiselle Titine prend son air grognon qui n'est rien moins qu'agréable. Aujourd'hui elle se console avec sa bonne Charlotte qu'elle aime d'un amour passionné ; et demain que fera-t-elle ? Elle pensera à vous, transportera ses pensées belle rue du Foix, et sera contente.

Malgré tout, ce ne sera pas la même chose, car je ne vous verrai pas, je ne pourrai pas embrasser vos jolies joues roses, et, décidément, je voudrais bien vous parler autrement que de loin. Si nous pouvions insinuer à la bonne mère de nous *faufiler* dans la charmante diligence, aller vous demander à déjeuner sans cérémonie, que ce serait donc amusant ! je l'espère,... c'est si bon d'espérer !

Savez-vous, chérie, que vous ne prenez pas le moyen de nous consoler de notre séparation : vous êtes bien silencieuse ? Mettez-vous vos amies de côté par hasard ? vilaine pensée ? Non, je la repousse, mais *griffonnez* nous de petits bouts de papier si vous n'avez pas le temps d'écrire vos épitres soignées, mais envoyez-nous quelque chose qui nous dise que vous nous aimez. J'ai toujours en vue la poche de M. Pornin, il faudra la remplir de lettres ; quel bonheur quand nous recevrons tout cela ! Pour mon compte je souscris pour une missive de vous, j'y tiens, et ne me faites pas faux bond. Je vois la poche du chanoine métamorphosée en ballon tant elle sera pleine, et nous, en revanche, nous voulons qu'il la remporte telle qu'elle sera venue.

— Ah ! interrompt Thérèse, l'abbé Pornin (1) je m'en souviens bien. Je l'ai connu très vieux, missionnaire apostolique, mais toujours gai. Il venait encore assez souvent nous voir au Chatellier, parlait avec maman de l'ancien Blois, s'informait des Gallard, et rappelait que dans ses visites fréquentes jadis à Villesavin il faisait fonction de facteur. Sa conversation, des plus intéressantes, fourmillait d'anecdotes de tous genres. Quand il venait je quittais tout, quoique bien jeune, pour aller l'écouter. Il aimait du reste les petits et avait publié un recueil de mots enfantins.

---

(1) Charles Pornin, né le 2 novembre 1805 à Orléans, vicaire de la Trinité de Vendôme, chanoine honoraire, aumônier du Calvaire, chanoine titulaire, démissionnaire en 1862, missionnaire apostolique, décédé le 26 décembre 1880. — Une note m'indique qu'au moment où ces lettres étaient écrites, (1er sept. 1843), l'abbé Pornin, chanoine théologal, assistait M. Fabre des Essarts, vicaire général ,à la bénédiction d'une cloche de Villeherviers. Le parrain était le baron d'Oberlin, la marraine Mme Thuault de Beauchêne.

Et, soit dit sans fierté, plusieurs de mes réflexions y figuraient. Nous avons prêté ce recueil et il est perdu.

— Il faudrait tâcher de se le procurer.

— L'abbé Pornin habitait un bel hôtel situé rue Haute et qui fut démoli pour le passage de la rue Denis-Papin.

On dit que vous gardez de petites médailles pour vos amies ; que c'est aimable de penser ainsi à nous ! pour récompense vous aurez deux prières de moi ; c'est beau cela ; je l'aimerai bien cette petite médaille, je la conserverai jusqu'à la consommation des siècles.....

J'espère qu'elle me rendra sage et bonne, je me le souhaite de tout mon cœur, ainsi soit-il !

Adieu, puisqu'il le faut ! je ne peux pas vous ennuyer plus longtemps, c'est cependant ce que j'aurais envie de faire si ce n'était pas indiscret. Adieu donc, bonne paresseuse, je vous aime malgré tout votre silence que je déteste.

La reine des bavardes,
ERNESTINE.

§ IV

Suite de la correspondance. — Saint Marcou. — Pèlerinages. — Premiers travaux du chemin de fer.

— Les jeunes filles organisaient les chants à l'église :

Villesavin, vendredi,

Encore moi qui envoie mon journal rue du Foix, pardon, mais c'est pour une chose très importante. Le lendemain de notre arrivée au castel, belle chérie, je me suis mise à chercher, comme me l'avait dit madame votre mère, un cantique pour le fameux jour de joie. Je n'ai rien trouvé, seulement j'ai remarqué le *Magnificat* dont l'air est fort joli, mais je ne sais si les paroles seraient bien. Hermine prend son courage ; elle se mettra à composer un accompagnement pour le chant que vous aviez choisi d'abord, si vous finissez par y revenir ; ainsi ne vous occupez plus de ce petit inconvénient qui n'en est vraiment pas un, car elle le surmontera avec plaisir. Décidez-vous maintenant et envoyez-le moi, si vous voulez bien.

. . . .

Malheur ! Malheur ! chère amie, pas de voyage de si tôt : le cheval de ma tante (1) ne peut remuer ni pieds ni pattes. Que c'est ennuyeux de vieilles rosses comme cela ! Voilà un bien gros vilain nuage sur nos jolis projets ! ne pas aller à Blois la semaine prochaine ! Je ne veux plus y penser, cela me fait trop de peine de ne pas embrasser mes bonnes chéries, mais vous nous écrirez, et nous nous consolerons un peu comme cela.

— Cependant le voyage à Blois a pu s'organiser :

Jeudi, Villesavin, 1843.

Ma petite chérie, je suis bien triste d'être partie sans vous embrasser, et je veux vous écrire pour me consoler un peu. Notre petite diligence est bien aimable lorsqu'elle nous mène près de vous. Mais hélas, chère amie, la joie est de courte durée, parce que le départ suit bien vite le retour. Cela me met dans le cœur une provision de pensées tout

(1) La comtesse de Pradel.

à fait noires et je suis aujourd'hui très maussade. Pourquoi n'êtes-vous pas ici pour me faire rire un peu ? Puis, je suis sûre que madame votre mère a bien du chagrin depuis qu'elle n'a plus ses bonnes amies, et je ne puis être heureuse lorsque vous ne l'êtes pas, parce que je vous aime comme une sœur. Aimez-moi un peu, ma petite *Sainte*, et priez Dieu de me rendre bonne et douce comme vous ; j'ai grand besoin de recourir à Saint-Marcou, et cela me fait faire des soupirs à tourner les moulins.

— La paroisse du Foix, Saint-Nicolas, recevait les visites fréquentes et plus nombreuses encore le 1er mai, de pèlerins qui venaient invoquer saint Marcou pour toutes sortes de choses, et entre autres pour la guérison des maux de dents. Il y avait aussi un saint Marcou à Vernou-en-Sologne et un à Beaugency. Mais celui de Vernou, à l'usage seulement des gens qui ne pouvaient pas aller plus loin, paraissait moins en honneur. Celui de Beaugency se montrait « *plus fort* ». Quant à celui de Blois il passait pour « *encore bien plus fort* ». Outre ses nombreux pouvoirs saint Marcou possédait, comme les rois de France, celui de guérir les écrouelles. Ce don, prétend-on, échoit au septième fils d'une famille. Aussi le surnomme-t-on *marcou*. Jean, mon fils, a un camarade de collège qui est *marcou* : c'est P..... de B............

Il fait un vent abominable, pas moyen de mettre un chien dehors, je reste dans ma grande chambre, pensant à vous et vous regrettant sans fin et sans cesse. C'est une dure pénitence que de ne plus vous contempler, vous admirer, mes bonnes amies ; je ne comprends plus rien aux vacances, tout cela est bouleversé : vacances veut dire jours de réjouissance : Eh bien ! l'été devient une dure saison et l'hiver est d'une douceur extrême, qu'en pensez-vous ? J'espère que la fin du monde ne suivra pas ce bouleversement.

Mes sœurs ont fait des cris de joie en nous voyant arriver hier de si bonne heure, nous avions un fameux Rossinante qui allait bon train : il avait une queue superbe dont il se servait pour me donner des soufflets. Cette discipline ne me faisait pas trop rire ; d'ailleurs je vous quittais sans vous embrasser, cette circonstance aggravait infiniment ma mauvaise humeur. Aujourd'hui je vous baise avec toute la tendresse de mon cœur, vous et vos chères sœurs, mais je trouve que vous êtes bien loin, c'est toujours mon refrain, ma complainte.

Nos respects à Madame votre mère, la mienne l'aime de tout son cœur et s'attriste beaucoup de sa solitude.

MINETTE.

Dimanche

Nous avons vos aimables lettres, bonnes chéries, un souvenir des amies du Foix rend les châtelaines bien joyeuses, huit jours sans s'écrire, c'est une éternité ! vous étiez prête à vous jeter dans votre beau fleuve ? Ne faites pas cela, à qui Fiton donnerait-elle son cœur ?

Vous l'avez bien éprouvé aujourd'hui ce pauvre cœur ! Comment ! Vous croyez qu'au milieu de mes joies je laisse ma pauvre Lolote ? Si je ne vous écrivais pas, mon cœur était malgré tout entièrement à mes bonnes chéries, et, au milieu de ce tourbillon du monde, mes pensées étaient toujours à la Croix du Foix. Vous me croyez donc bien infidèle pour imaginer que mon amitié se change en oubli ; je suis forcée de vous dire que vous êtes une petite vilaine, quoique au fond je n'en pense pas un mot, car vous êtes trop gentille de m'aimer un peu ; ainsi la paix soit avec nous et avec notre esprit !

Vous voulez me mettre dans vos filets, en me parlant des Ursulines, vous voudriez m'y glisser ! Belle chérie, vous croyez me tenter ; au reste la tentation n'est pas mauvaise. Aussi je m'en console, mais je ne suis pas encore bien décidée, mes idées chancellent beaucoup ; d'ailleurs vous savez que la volonté de l'homme est ambulatoire et celle de la femme cent fois plus encore.

— En effet, un moment, dit Thérèse, ma mère s'était sentie attirée vers la vie religieuse.

Tin tain ton, tin tain ton, (prenez un air lamentable mademoiselle Ratiche) voilà la cloche du dîner, mais, c'est égal, ce n'est que le premier coup, et je vais me donner la licence de griffonner encore. Savez-vous que j'ai empiété sur les droits du dimanche, j'ai broché mes vêpres pour venir avec vous, m'en saurez-vous bon gré, ou allez-vous me gronder ? Je suis bien sûre que vous me pardonnez, mais vous me tentez par tous les bouts, et c'est bien mal.

Que faites-vous dans ce bon Blois ? vous ne me parlez pas de vos occupations, vous ne savez donc pas que cela rapproche, et que c'est un moyen de se consoler plus facilement de l'absence ? Pour moi, je m'en vais vous dire ce que je fais : je travaille, je perds mon temps (ce n'est pas le plus joli), je lis, je pleure, je ris, je chante... comme un vieux cheval poussif. Voilà mes occupations ; je vous quitte sans vous dire adieu, je viendrai demain matin fermer ma lettre, et, ce soir, je vais penser à vous.

— Ce qu'on faisait alors dans « ce bon Blois » c'étaient les premiers travaux de terrassements pour la ligne de chemin de fer. Ils excitaient l'admiration des contemporains et en particulier de nos habitantes du Foix qui les voyaient exécuter sur les coteaux au-dessus d'elles. Par le chemin de fer d'Orléans à Paris on ne mettait déjà plus que neuf heures de Blois à Paris. On avait l'espoir de faire dorénavant le trajet en cinq heures ; cela paraissait merveilleux, car en poste, moyen le plus rapide, on ne mettait pas moins de douze heures, et avec les messageries dix-huit heures, et encore à la condition de voyager jour et nuit.

Cette perspective de voyager vite dont les Blésois déclaraient hautement se réjouir, fit supposer que chez eux ils accueilleraient avec satisfaction des facilités de circulation. On établit donc, en cette année 1843, au bout du pont, deux cabriolets de place, mais ils n'obtinrent aucun succès.

Lundi

Le post-scriptum du Lundi ne sera pas long : Raton a été paresseuse, il faut bien vite fermer sa lettre. Adieu, nous vous embrassons toutes quatre, nos respects à madame votre mère. Saint-Marcou ne nous attirera pas cette semaine à Blois.. quel désespoir !!!

— On voit que Mlle de Gallard partageaient l'opinion du vieil auteur Bernier qui écrivait :

Nullus in orbe locus Blæsis prælucet amænis

et comme aux environs de Villesavin beaucoup de gens aimaient à recourir à saint Marcou, Mlles de Gallard saisissaient toujours, et même provoquaient volontiers ce prétexte, demandaient à les amener à Blois, et en profitaient pour voir leurs bonnes amies.

§ V

Suite de la correspondance. — Auguste de Gallard.

Villesavin, 26 septembre 1843.

Pour la bonne Lolotte,

Ne faites pas de jugement téméraire, ma belle chérie, ne murmurez pas contre Fitoche, ne l'accusez pas de vieille paresseuse et écoutez le récit de ses aventures :

Un jour madame Raton s'étant mise à son écritoire pour babiller avec sa chérie, il advint qu'elle se trouva si bête, si bête, qu'elle avait des idées si noires, qu'elle était un enfant si grognon qu'elle ne valait pas deux liards ! Elle serra donc au plus vite son papier dans son tiroir, pas contente d'elle malgré tout et se disant : ce sera pour demain ! or, il ne faut jamais compter sur ce vilain lendemain, aussi je l'exècre.

Le lendemain arriva, et, le matin, Fiton entendit cet arrêt : « Mesdemoiselles, il faudra aller faire une visite à Bracieux ! » La pauvre Ratiche ne dit rien, n'en pensa pas moins, mais jura qu'on ne l'y reprendrait plus.

Le jour d'après c'était dimanche : monsieur mon frère vint encore mettre obstacle à ma résolution bien formelle de me mettre à ma table sans que chat ni chien put m'en retirer.

Enfin, hier, nous avons été voir notre bonne sœur, et aujourd'hui me voilà !!!... Voici, voilà le sujet de mon discours ; ainsi, bonne amie, pardonnez, pardonnez à votre vieille et ne l'en aimez pas moins.

— « Monsieur mon frère » c'est Auguste de Gallard, parent de nos intimes amis les La Saussaye.

— Du savant historien M. de La Saussaye qui vint faire des fouilles au Gué-Mulon et y récolta de nombreux vestiges gallo-romains transportés au musée de Blois ?

— Parfaitement... et qui était si distrait que, tout en causant, il avalait peu à peu un plat entier si l'on s'amusait à le laisser près de lui, facétie toujours renouvelée avec succès... Mais poursuivons notre lecture :

On dit, de par le monde, qu'une certaine demoiselle, demeurant rue du Foix, trouvant qu'elle m'avait sans doute trop écrit, avait remis bien loin le projet de recommencer, et avait formé l'infâme complot d'écrire avant à mes sœurs et de me laisser dans un coin, apparemment comme la petite Cendrillon ; à cette nouvelle, la pauvre Ratiche est montée sur son grand *dada* et vient gronder madame Lolo de ce que, pour la récompenser d'être restée comme une pauvre malheureuse qu'elle était, vous lui faisiez dire ces méchantes choses ; à moi qui attends vos lettres comme les Israélites attendaient la manne dans le désert ! Repentez-vous bien, et écrivez vite pour me consoler.

Vos épitres ont rendu mes sœurs heureuses comme vous le savez bien, et moi je n'en avais pas une ligne ! cela m'a remis le noir dans l'âme et cette vilaine phrase m'est revenue tout de suite : « Je n'écrirai pas à Ernestine ». Dieu que c'est mal, mais j'ai une âme grande et généreuse, je vous pardonne et vous embrasse de tout mon cœur ; n'est-ce pas que je suis gentille !!!...

Adieu, sans vengeance. Les deux amies s'aiment malgré ces coups de griffe ; du reste je vous rends les tapes que vous m'avez données, je suis un vieux chat rancuneux ; mais j'oubliais, il faut se pardonner mutuellement ses offenses et, comme disait une certaine madame, suivons les préceptes de l'Evangile.

Adieu encore, mon amour, mon ange et tout ce que j'aime.

Votre FITOCHE.

Ma mère embrasse Mme Meslier comme une sœur, et moi je vous assure qu'elle l'aime à tout jamais.

Avez-vous eu peur hier de cet orage? (1) La pauvre Titine tremblait bien. Dans ma frayeur je ne vous ai pas oubliée, pourtant j'ai pensé que le dîner serait peut être mis de côté. Moi, j'ai avalé le mien malgré les gros patapoufs ; mes oreilles en avaient cependant assez et on

---

(1) L'année 1843 a été particulièrement orageuse et la grêle a causé de tels dégats aux récoltes, que les sociétés d'assurances ont du augmenter leurs cotisations et prendre sur leurs réserves pour payer leurs indemnités. La *Société royale* dite l'*Etoile*, dont mon grand-père paternel était directeur général eut à rembourser beaucoup de pertes en Beauce et en Sologne et à faire face aux désastres causés par trente-six orages, en date des 20, 23, 25 avril, 5, 14, 16, 18, 22, 23, 24, 25, 28, 29 mai, 1, 2, 4, 5, 6, 7, 10, 12, 15, 16, 18, 19 juin, 6, 7, 8, 9, 13, 20, 23 juillet, 10, 11, 16 et 25 août.

s'est moqué de moi, et voilà ce que j'ai eu pour toute consolation :
vous, je suis sûre qu'on vous a plainte, n'est-ce pas ? voyez ce que c'est
que des sœurs barbares ! mais tout s'est passé sans malheur. Aujour-
d'hui le temps n'est ni bleu, ni noir,. Je vous croque et je m'en vais.
Bonne Charlotte, aimez-moi toujours, vous êtes si gentille que je suis
sûre d'avoir une bonne place dans votre cœur si bon.

ERNESTINE.

Mes honorables sœurs remplissent ma lettre de tendresses, caresses,
baisers et compliments etc... etc... pour les quatre chères grandes et
petites. Madame votre mère ne refusera pas de recevoir encore aujourd'hui l'assurance de notre respectueuse affection. J'aurais dû,
avant tout, lui offrir les amitiés sans nombre que maman lui envoie.

— Arrêtons un peu notre lecture. Nous arrivons. Apercevez-
vous là-bas, à droite, le château au-delà des prés et de la rivière ?
Prenons la première route à droite, et, à droite encore, nous trou-
verons la porte du parc.

Elle est ouverte..... entrons.

§ VI

Villesavin. — Suite de la correspondance. — L'abbé Pigé. — Paul de Gallard. — Mme de la Grye.

11 avril, 11 heures,

— Quelle surprise ! s'écrie Marie de Faviès.

— Les lettres vous ont empêché de regarder d'avance les eaux fortes de Storelli comme pour le Moulin. Vous ne vous faisiez aucune idée préalable. Sans transition, d'un coup, vous voilà transportée au XVIe siècle. Et il semble que tout concourt à nous charmer, car dans cette cour d'honneur, silencieuse et déserte, aucun costume moderne ne fait tache.

Catherine de Médicis qui séjourna ici apparaîtrait sur le perron avec ses larges collerettes et son corsage de velours, nous en serions à moitié étonnés. A défaut, et puisque personne ne vient contemplons à loisir les remarquables proportions, les fines sculptures, les lignes harmonieuses du gracieux castel endormi dans la verdure.

— Ce serait presque à repartir maintenant sous cette délicieuse impression.

— Oui, mais on a pu nous apercevoir. Nous ne devons pas, en ce temps surtout, paraître nous sauver comme des voleurs. Et puis, peut-être pourrions-nous jeter un coup d'œil de l'autre côté. Sonnons la cloche.

. . . .

— On nous permet d'entrer dans le parc. Admirez cette autre façade avec ses hautes fenêtres et ses devises. Voici la spacieuse orangerie avec ses magnifiques orangers que nous vantaient nos mères en parlant des fleurs et des parterres de Villesavin. Quel beau jardin à la française, ce potager aux larges allées bordées de buis ! A côté, sous les voûtes des bois, se reposaient nos aimables jeunes filles, il y a trois quarts de siècle. Sans grand effort nous pouvons nous les imaginer là, les bandeaux soigneusement lissés aux tempes.

— Midi et demi ! Comme le temps passe ! Songeons au programme à réaliser. Quittons, quoique à regret, cet oasis où il devait faire bon vivre. Mais, pour ne pas l'abandonner tout à fait, voyons, en roulant, les vues de Storelli. Il nous énumère en même temps les anciens seigneurs, et comme on retrouve toujours partout des accointances, vous voyez que pendant un siècle, de 1719 à 1820, Villesavin appartînt aux Adyne. Or, précisément ces jours-ci, le comte Chandon de Briailles m'écrivait qu'une certaine Nicole Gauthier, des Gauthier du Chaourçois dont il descend comme moi, avait épousé en 1600 Jacques Adyne, des Adyne répandus en pays d'Othe et Auxerrois et d'où sortent le fermier général, marquis de Villesavin et le marquis de la Pallu, et les Adyne du Crozel, du Lyonnais. Avec les Bouthillier qui précédèrent les Adyne à Villesavin, je vois aussi des noms bourguignons, Elisabeth Bossuet sœur de l'Evêque de Meaux, Legoux Maillard, etc. et vous savez que nous sommes issus des Legoux. (1) Mais continuons la lecture des lettres.

Lundi,

Il a fallu à mon grand regret, bonne amie, passer mon dimanche sans mon écritoire, mais non sans soupirer ; il a fallu se résigner : une fatale visite est survenue, et il n'y a pas eu moyen de s'esquiver des yeux des charmants visiteurs ; Raton a été forcée de rester bien droite sur sa chaise, ne disant rien, mais n'en pensant pas moins, écoutant ou n'écoutant pas la conversation, car elle était avec vous.

La séance ayant été longue, je me suis vue obligée de renoncer à mon courrier, et, bon gré mal gré, j'ai avalé la visite non sans humeur, aussi a-t-elle été difficile à digérer.

Heureusement on m'a fait grâce de la promenade ; mes sœurs sont

---

(1) Je relève en effet, dans mes papiers, que Benigne Legoux, conseiller au Parlement de Bourgogne, en 1633, eut de Madeleine Bouhier, Benoit-Etienne Legoux, président au Parlement en 1686, seigneur de Villeferry, Cernay-sous-Vitteaux, Rosières, Saint-Seine-sur-Vingeanne, qui releva le nom des Maillard, ses ancêtres grand'maternels, épousa Anne Berthier, fille du secrétaire du Roi, trésorier général des Etats de Bourgogne, et laissa trois filles mariées dans les maisons de Turgot, Rouillé et Bouthillier. Bossuet descend, comme nous, des Legoux, par sa trisaïeule Gillette Legoux.

parties pour arpenter les chemins et je leur ai souhaité bon plaisir, et, à moi, beaucoup de joie d'être restée avec vous, d'autant qu'il aurait fallu remettre encore la chose au lendemain, à ce lendemain qui n'est jamais sûr.

J'ai *convoité* votre place à l'Eglise hier, vous avez eu un sermon de monsieur Pigé, que vous êtes heureuses ! J'ai commis le péché d'envie toute la journée avec consentement, et un dimanche encore, mais je n'ai pas pu m'en empêcher, je vous trouvais trop bien partagées ; Comment va-t-il notre bon père spirituel ? Donnez-nous de ses nouvelles quand vous nous écrirez.

— Ma mère en effet, dit Thérèse, me parlait souvent des sermons très suivis et goûtés de M. l'Abbé Pigé. Elle le connaissait de tout temps car il avait fait toute sa carrière à Blois (1). Je l'ai connu aussi, mais je m'en souviens moins que de l'Abbé Pornin. On ne pouvait cependant guère les voir l'un sans l'autre, car ils passaient leur temps ensemble. Avec le bon et dévoué docteur Aubry, ils formaient un trio inséparable, rivalisant d'esprit.

Mon père, délégué cantonal pour la surveillance des écoles, s'entendait très bien avec l'abbé Pigé, doyen d'âge et président de cette délégation (2). Aujourd'hui on fait des choix d'un autre genre.

Nous espérions aujourd'hui recevoir le journal du Foix, mais les amies n'ont rien eu, c'est bien mal de garder le silence.

Je voudrais que le temps ait des ailes et que les jours volassent bien vite jusqu'au mois de janvier, et alors je les prierai de ralentir leur marche ; comme nous passerons de bons moments ensemble ! c'est alors que la rue du Foix sera arpentée souvent ; en attendant écrivons-nous, et le temps s'écoulera ainsi avec moins de tristesse.

Le quatuor envoie, avec accompagnement de baisers, ses plus tendres souvenirs.

Ernestine

Le petit journal de Villesavin n'a pas paru lundi, j'en demande pardon à mes chères abonnées. Vous vous doutez bien que ce n'est pas

---

(1) Jean-René Pigé, né le 29 mars 1806, à Villedieu, près Vendôme, mort le 29 juillet 1883, d'abord vicaire en Vienne, à Saint-Gervais, puis à Saint-Nicolas, paroisse du Foix, dont il possédait une vue de la façade par Dupuis père ; enfin chanoine titulaire et curé de la cathédrale.

(2) J'ai en effet des lettres de l'abbé Pigé à M. Meurville à ce sujet en 1874.

mauvaise volonté de ma part. Minette s'est terriblement mordu les doigts parce qu'elle n'a pas pu les faire aller en votre honneur. Il faut plaindre le pauvre rédacteur, c'est pour lui une véritable pénitence de garder un silence sacré. Aujourd'hui je me dédommage et je vais vous raconter des histoires en profusion. Si cela vous ennuie, nous mettrons la suite au prochain numéro.

Notre bon frère est venu dimanche, vous savez comme nous l'aimons et vous vous doutez de notre joie ; malheureusement, chère amie, les joies durent peu et sont souvent suivies d'une grande tristesse. Auguste nous quittera bientôt pour aller dans le midi avec ma belle sœur et mes chers petits neveux ; priez pour ceux que j'aime, et demandez à Dieu de me les rendre.

Nous avons été hier chez ma belle-sœur, les chemins, dit-on, sont superbes : imaginez-vous de véritables voies romaines cahotantes de manière à endommager fort mes pauvres petites entrailles et à renouveler l'histoire *de la colique charmante et comique*. Enfin grâce à un superbe percheron, nous sommes arrivées bien portantes à la Guillonnière. Mon cher petit Paul a fait des cris de joie en revoyant ses tantes, quant à Magdeleine elle est beaucoup moins expansive, mais j'espère que malgré tout elle nous aime bien. Delphine va de mieux en mieux.

— « Le cher petit Paul » c'est Paul de Gallard de Zaleu, dit Thérèse. Je m'en souviens, officier de mobiles en 1870, et j'ai été enchantée de rencontrer en 1913 sa charmante fille chez madame d'Espinay-Saint-Luc. Mais j'ai connu surtout sa sœur Magdeleine, mariée à M. Bouquet de la Grye, ingénieur de la marine. Ils avaient un fils de mon âge : Jacques Bouquet de la Grye, mon camarade de jeux. Vers neuf ans nous fîmes un voyage ensemble avec nos parents à Arcachon, couchés tous les deux sur la même banquette du wagon. Jacques de la Grye mourut et sa pauvre mère ne pouvait plus me regarder sans pleurer. Maman évitait de m'emmener chez elle. Plus tard elle me revit au contraire avec plaisir. J'allais la voir souvent, rue de Belloy, à Paris.

— Nous cousinions avec Madame de la Grye ?

— Avec une autre : notre cousine de la Grye, née Thomé de Montigny, parente par les Hue.

— Je croyais notre cousin de la Grye au ministère de la marine

— Oui, mais non comme ingénieur, comme chef de bureau. D'ailleurs c'est une génération au dessus. Continuons.

Je vous avertis tout d'abord, chère amie, que je suis maussade. De-

puis que je vous ai perdues de vue, mes bonnes petites consolatrices,
je ne vaux pas grand chose. Charlotte m'aurait fait toute la semaine
de jolis sermons·si elle m'avait vue dans *mes profondes rêveries* comme
elle les appelle ; aussi je vous écris, et mes pensées sont beaucoup
moins sombres. J'attribue cela à la perspective d'un voyage à Blois ;
cette idée me réjouit toujours le cœur, je retrouve M. Pigé l'ange
consolateur et puis je vous embrasse, mes bonnes chéries, voilà de quoi
être tout à fait heureux.

— L'abbé Pigé avait en effet la confiance de ces jeunes filles.
Sa gaieté constante l'en rapprochait. Avec son ami Pornin ils
passaient leur temps à se faire des farces réciproques. Ainsi tous
deux se rendant à La Rochelle, l'abbé Pigé s'était détaché un
instant, à l'entrée de la ville, pour demander à l'octroi à payer les
quelques sous de droits afférents à un jeune porc. Puis rejoignant
son compagnon : « Vous pouvez venir maintenant, vous êtes en
« règle. Voici votre feuille, j'ai acquité les droits réclamés pour un
« porc nain ».

A propos de bonheur il fait délicieux quoique je sois grelottante.
Mais cela annonce l'hiver ; les hirondelles chercheront de doux cli-
mats et nous aussi ; quelques longs mois encore et la rue du Foix sera
un petit paradis terrestre ; il faut penser à cela, penser beaucoup à
vous et le temps passera plus vite.

Adieu, il est bien tard, je charge ma lettre de baisers pour vous, de
respects pour madame votre mère, et j'envie le sort de cette *grande*
lettre qui sera près de vous.

MINETTE, frisson perpétuel

Mes sœurs vous embrassent comme elles vous aiment.

§ VII

Suite de la correspondance de Villesavin. — Le jour de l'an.

Villesavin, veille de Noël 1843.

Ma chère petite, vous prenez le bon moyen, vous commencez par gronder afin de ne pas l'être, et je n'ose plus vous dire que votre toux m'enrhumait beaucoup, car je lui attribuais votre vilain silence. Si vous me reprochez de ne pas vous avoir écrit, vous ne pouvez pas dire que cela m'ait empêché de vous aimer comme toujours, et de penser à vous ; ce serait là une calomnie qu'il faudrait dire à la *nouvelle soutane*. La nôtre a été souffrante, mais elle va mieux maintenant ; il faut souhaiter à M. Pigé beaucoup de force et de courage pour ce soir.

Mon oncle est encore à Londres et nous l'attendons ici jusqu'à samedi ; après quoi nous irons retrouver nos pénates et nous pourrons vous voir à notre aise ; cette pensée réjouit le cœur.

— Il s'agit sans doute du comte de Pradel, dit Thérèse, ancien Ministre d'État et Chambellan de Louis XVIII avec qui ma grand mère conserva les meilleurs rapports. Il mourut (1) bien avant la comtesse de Pradel, que mon père et ma mère connurent beaucoup jusqu'à sa mort survenue pendant la guerre de 1870.

— Le monde est vraiment petit, ajoutai-je, car je retrouve ici dans vos relations blésoises, ce même comte de Pradel, ami d'autre part de ma famille paternelle, qui fit entrer mon grand père maternel au service du Roi au Palais de Saint-Cloud et même créa une place pour lui. A cette occasion mon grand père, cousin de M. Coquelin de Neuville, chevalier de la garde d'Honneur et intendant du Palais, en était qualifié neveu. J'ai la lettre par laquelle M. de Pradel annonce à M. Coquelin de Neuville la nomi-

(1) Jules-Jean-Baptiste de Chardebœuf, comte de Pradel, mourut en septembre 1857.

nation de « son neveu ». Je l'ai reproduite dans mes souvenirs de famille.

Ma bonne chérie, lorsque je vous ai parlé de mon amitié, je voudrais vous en parler encore, cela est si doux ; mais je pense qu'il vaut mieux varier les sujets de peur d'être rabâcheuse. Ici, je ne vois personne, et, pour les nouvelles, il faut s'en passer ; aussi mon petit journal n'en contiendra-t-il pas. Il fait un froid horrible et j'ai les doigts gelés. Mon esprit est aussi tellement glacé que je vous écrirai bien bêtement aujourd'hui.

Je vous plains de ne pas avoir vu notre joli diable, c'est un aimable garçon qui vous dit de délicieux compliments ; on prétend que les femmes y sont assez sensibles, mais je vous crois plus sage que tout le monde.

Je vous plains d'être obligée de faire des visites ; connaissez-vous rien de plus ennuyeux ? On prend un air piteux jusqu'à la porte. — Madame y est-elle ? — Non Madame. — Vous lui direz que je suis désolée etc... Bien entendu, il n'en est rien ; on s'en va heureux comme un écolier en vacances, et puis, si on est reçu, désespoir ! il faut faire l'aimable ; j'ai cela en horreur. Il faudra cependant faire des visites au jour de l'an ; on entasse une quantité de prochain dans le fond de son cœur, ensuite on le laisse dormir toute l'année sans y songer davantage..

Quant à vous, mes chères belles, je vous aime plus que mon prochain, plus que moi-même. Croyez-le bien, aimez-moi aussi et donnez-moi une indulgence plénière, ce n'est pas trop pour racheter une si vilaine lettre,

Mes sœurs vous embrassent avec toute la tendresse que vous leur connaissez.

HERMINE.

Ce tableau du jour de l'an me rappelle ce distique latin que notre bisaïeul le conseiller Meslier-de la Hire écrivait sur son calepin le 1ᵉʳ janvier 1819 :

> Hæc est illa dies quâ gens insana furensque
> Se fugiendo petit, seque petendo fugit

D'autre part au même propos et a côté cette lettre d'Hermine s'en trouve une que notre oncle Auguste Le Conte de Roujou (1),

(1) Voir pages 34, 48, 57 à 60, 140 et à la table des noms.

alors à l'École des Beaux-Arts, à Paris, écrivait à la même époque à Charlotte :

Tu dors encore, petite paresseuse, que je pense à toi et t'écris. Tu frottes tes yeux pour me lire, femmelette, grassouillette, mignonnette, généreusette, fort généreusette, excessivement généreusette; joliette, on ne peut plus joliette (cette épithète te fait encore plus de plaisir que la précédente si je ne me trompe). Oh ! sexe que tu es coquet, profondément coquet ! Hélas aujourd'hui tes charmantes lèvres vont presser une foule de bonbons délectables, ton palais de velours va s'en donner à cœur joie, et moi j'ai des lèvres qui vont se déssécher et un gosier qui ne connaîtra pas tous ces parfums d'Arabie. Oh ! Père céleste, envoyez à ma cousine une pluie toute sucrée et insinuez lui dans l'oreille la persuasion de m'en faire part. Ne suis-je pas chrétien, bien mignon, point méchant et tout doucereux ? Je dois partager la pature du toit familial. C'est convenu n'est-ce pas, Père céleste ? Faites-moi l'amitié de lui insinuer cela dans l'oreille, gauche ou droite, je n'y tiens pas... Oh ! insinuez-lui !... Du reste politesse pour politesse, Mademoiselle, je compte vous envoyer, par la première occasion, trois magnifiques morceaux de sucre noir, véritable calabre, achetés par moi dans la rue des Lombards, malgré la crotte et la pluie battante. J'ai bien mérité de la patrie ce me semble... Cela vous paraît-il persuasif charmantissime ? Que diable, il faut se rendre aux bonnes raisons et tu as trop de tact pour ne pas avoir saisi la chose excessivement bien.

A toi mes souhaits, un gentil mari dans quelques années, et des bonbons encore que nous partagerons.

§ VIII

Encore la correspondance de Villesavin. — Passage du duc de Montpensier. — Les conseils d'Auguste Le Conte de Roujou.

— Revenons aux lettres de Mlles de Gallard :

A Charlotte

Ce n'est pas chose aisée, chère amie, de m'habituer à ne plus vous voir ; je prends mon mal en impatience et je ne suis pas sage le moins du monde, je vous recommande donc, mon petit ange, de faire une prière pour moi, qui ne suis pas même un bon diable ; sans le secours de vos *Ave* je murmurerais bien fort, parce qu'il faut prendre les jours comme ils viennent, et qu'ils viennent bien tristes sans vous.

Une petite lettre s'il vous plaît, pour l'amour de Dieu, ou par amitié pour moi ! Lorsque je la recevrai, ce sera tout un jour de bonheur. Vous écrivez à merveille, et si vous dites le contraire je vous croirai très difficile et je ne vous enverrai plus de lettre avec des ratures.

On prétend que le duc de Montpensier a passé à Blois ; que pensez-vous de cette visite ? Quant à moi, je trouve qu'il fait toujours bien *d'aller se promener*. Voilà longtemps que j'y envoie toute la famille, et qu'elle ne veut pas quitter Paris. Il faut avouer pourtant que ce séjour ne la rend pas plus aimable; je suis sûre que l'air de France ne lui vaut rien ; elle devrait partir comme mesure sanitaire. J'ai vingt degrés de chaleur dans ma chambre, le cœur tout de glace pour Louis-Philippe et tout de feu pour Henri V.

— Cette dernière lettre doit être datée de 1846 puisque c'est l'année où le duc de Montpensier inaugura le chemin de fer (1)

(1) M. Trouëssart a relevé le récit de ce passage dans le *Journal du Loir-et-Cher*, du jeudi 5 novembre 1846. Mgr le Duc et Mme la Duchesse de Montpensier sont arrivés à Blois, hier soir, à 7 heures. Il y a 2 pages, voici le résumé : Ils n'étaient attendus que le 5, mais ils sont venus directement de Bordeaux à Blois. Logés à la Tête Noire, où ils dînent avec le Préfet, le Général, M. Bergevin, député, et M. Maigreau, maire, ils déjeûnent à l'hôtel le lendemain et se rendent à la gare à 9 h. 1/2, où se trouvent les autorités. Un élève du collège lit à la Duchesse une pièce de vers en espagnol (texte et traduction) ; le magnifique wagon royal qui a servi aux

à Blois. On le voit, à n'en pas douter, Mlles de Gallard n'appréciaient point la branche cadette, et se trouvaient en parfaite communion d'idées avec Mlles Meslier qui, à ce moment même, recevaient par l'intermédiaire de notre oncle le baron de Montarand, en visite à Frosdorf, les autographes, à elles dédiées, du comte de Chambord, dont j'ai parlé dans mes souvenirs anecdotiques. Je conserve celui adressé à notre mère et sur lequel le prince avait apposé son cachet de cire rouge et écrit de sa main : « *A mademoiselle Charlotte de Meslier* », signé « *Henri* ». Notre mère ne se départit jamais de ses opinions et prit le deuil à la mort du Roi.

Adieu ma petite *chérie*, ne vous fâchez pas de ce nom, c'est un nom de sœur et je vous aime bien. N'admirez pas mon écriture, *Minette* barbouille comme un chat et elle va toujours de la cave au grenier, mais il ne faut pas y faire attention.

Ah ! Mlle Celliez (1) qu'ai-je fait de vos belles leçons !!!.....

Autrefois lorsque je faisais quelque chose de mal mon pauvre père disait : « *cela s'arrangera* » et cela s'est arrangé tout de travers,

Adieu encore, j'ai le cœur bien gros de vous embrasser de si loin; je baise tendrement vos bonnes sœurs et je vous prie, ma chère Charlotte, de me rappeler respectueusement au souvenir de Mme votre mère.

Votre vieille et tendre amie
HERMINE.

— Cela n'avait pas besoin de s'arranger. A tous égards ces jeunes filles étaient charmantes, et, à côté des distractions de leur âge, elles avaient une éducation soignée et sérieuse. Même sous un ton enjoué nos mères recevaient des leçons de morale dans leur courrier, à en juger par cette lettre qui se trouve à côté de celle-ci :

princes, lors de la récente inauguration, a été amené pour conduire le Duc et la Duchesse à Paris, où ils arrivent avant 4 heures du soir.

Non seulement M. Trouëssart auquel je dois ces détails était un véritable artiste que dénotent ses dessins et notamment ses dessins à la plume, mais encore il travailla, comme un bénédictin, à lire et résumer quantité de documents relatifs au Blésois. Ce travail colossal condensé en des notes d'une précision et d'une netteté sans égales, forme le fonds Trouëssart, à la Bibliothèque de la ville, précieux pour les chercheurs.

(1) La pension de Mlle Celliez était réputée et des mieux composée. C'est là qu'allaient toutes ces jeunes filles. Il y avait au commencement de Louis-Philippe, un avocat de certain talent, M. Henri Celliez, rédacteur du *Blaisois*. J'ignore s'il y a quelque rapport avec la pension Celliez.

..... Je pense que tu ne cries pas à fendre le tympan d'un canonnier de marine, écrit Auguste le Conte de Roujou (1) à Charlotte. Si je me trompais ce serait bien fâcheux pour toi et pour ceux qui t'aiment. Si tu n'es bonne, aimable et d'un caractère doux et soumis, le monde ne t'étouffera pas : il te fuira. Le monde est impitoyable, et n'entoure que celui qui lui plaît. Il rejette même l'esprit lorsque ce dernier lui déplaît. J'apprends tous les jours combien ceci est vrai. Travaille aussi afin de ne pas t'apercevoir un jour que tu ne sais rien. Mon voyage qui m'apprend à connaître bien des choses, m'a appris aussi que je n'étais qu'un ignorant. Apprends toujours, et, quoique femme, tu n'en sauras jamais trop.

Et encore du même, que Charlotte avait traité de « perverti » parce qu'il avait été un certain temps sans écrire, et qu'alors, de son côté, elle avait gardé le silence :

Votre indifférence m'a vivement atteint du côté de la sensibilité. Mon pauvre cœur, point du tout perverti quoique vous en disiez, a gémi d'un tel abandon.

Cependant une fois les larmes versées, j'ai essuyé mes pauvres paupières; à la douleur a succédé le malaise, au malaise l'ennui et alors seulement j'ai songé que depuis bien des mois j'avais commis un nombre infini de péchés véniels. J'ai eu tort, je l'ai senti et j'ai compris votre silence.

Je fais la paix avec les cousines et j'ai trop de reconnaissance pour rompre le traité.

Tu es bonne et sage (dernière épithète qui vaut mieux que toutes les fleurs de réthorique.) Tu aides ta mère dans le ménage, tu deviens une femme.

Ne néglige pas (on parle toujours de ce que l'on aime) le dessin. Cherche surtout à acquérir un bon goût et ne gâte pas tes jeunes doigts en crayonnant par devoir. En tout, à ton âge surtout, il faut mettre de l'amour dans ce que l'on fait. Sans cela, rien de bon, des platitudes sans cachet, des fadaises et rien de plus.

Songe que ta mère descend des La Hire et que ce nom est glorieux (2).

Adieu, laisse là ta petite moue pour moi et envoie-moi bientôt une charmante lettre qui vaudra un sourire pour celui qui te croque et porte le nom de perverti bien mal à propos, je t'assure.

(1) Voir page 30.
(2) Allusion notamment à notre septième aïeul Laurent de la Hire. Voir ci-après pages 37, 140, 188, et à la table des noms.

Rapportant les conseils de son cousin M. de Châteauneuf, de l'Institut, il écrivait encore :

Il faut s'accoutumer de bonne heure à avoir un style aisé comme si l'on causait.

Le style de toutes les lettres que nous venons de lire ne donne-t-il pas cette impression de naturel et ne dépeint-il pas le caractère et la tournure d'esprit de cette aimable jeunesse?

— Cette amitié de Mlles de Gallard et de nos mères dura toute leur vie. Ernestine mourut jeune. Apollonie ne se maria point. Mais Marie épousa M. de Bellot et Hermine M. de Wimpfen. J'ai moi-même fort bien connu la baronne de Wimpfen et Mlle Apollonie de Gallard, à Paris, où elles habitaient la même maison à des étages différents, place Saint-François-Xavier. Elles sont mortes aujourd'hui. La fille de la baronne de Wimpfen, Thérèse, épousa son cousin-germain de Bellot qui faisait de la peinture et releva le nom de Pradel. J'étais en relations avec la comtesse de Bellot de Pradel, quand elle demeurait, 73 rue Mozart, à Auteuil ; puis les voyages, les absences, les hasards de la vie, hélas ! ont raréfié les occasions de nous voir.

§ IX

Blois. — Le Pont. — Le faubourg du Foix. — Triboulet.

— Voici Blois.

> Blesia terra potens, florent ubi bis tria saltem
> Fons, flores, uvæ, flumina, prata, nemus.

Et, comme le bon La Fontaine se rendant en Limousin, arrêtons un instant avant de traverser la Loire. Le panorama de la ville en coteau en vaut la peine avec l'escalier monumental au milieu, la cathédrale, les terrasses de l'ancien Evêché, à droite, et les tours de St-Nicolas à gauche. Je me crois un peu en Bourgogne. De loin, sans détailler, c'est, en plus grand, Joigny, vu de l'autre côté de l'Yonne.

Savez-vous que nos ancêtres La Hire ont été appelés à donner leur avis lors de la construction de ce pont ?

— C'est l'œuvre de Gabriel ?

— Sans doute. Mais au début il rencontra certaines difficultés à cause de la nature du terrain, et jugea utile de consulter l'Académie royale d'Architecture dont notre quintisaïeul Philippe de La Hire et son fils Philippe Gabriel de la Hire étaient alors membres simultanément. Et les procès-verbaux et avis de la Compagnie relatifs à cet objet sont signés « de la Hire » et « de la Hire, fils » (1).

— Je croyais dit Marie de Faviès, notre ancêtre Philippe de la Hire un astronome célèbre, membre de l'Académie des sciences ?

— Assurément, et même, suivant l'expression de Fontenelle, il constituait, à lui seul, toute une Académie des sciences. Mais il faisait aussi partie d'une Académie, disparue en 1793 et qui eut,

---

(1) Voir les procès-verbaux de l'Académie royale d'Architecture, des lundi 21 juin et lundi 5 juillet 1717, publiés par M. Lemonnier, Paris, Champion 1915. Il s'agissait surtout de la manière d'établir les fondations de la culée devant servir, du côté de la ville, à porter la première arche du pont. Le pont commencé en 1717 fut achevé en 1724. Il remplaçait un ancien projet dont le dessin est conservé au cabinet des estampes.

en son temps, une importance considérable : l'Académie d'architecture dont il eut l'honneur d'être le Directeur. J'en ai lu le
les procès-verbaux, j'en ai fait un résumé que je vous communi-
querai (1) et qui vous montrera le prix que l'on attachait aux
avis de Philippe de la Hire dans des cas délicats comme celui de
la construction du pont de Blois.

M. Trouëssart m'a appris récemment qu'il existait un tableau
de Martin Le Jeune montrant la reconstruction du pont. Sur une
toile de 3 m. 90 sur 2 m. 27, le peintre représentait minutieusement les machines, les instruments servant à la réédification, les
ouvriers et les autorités visitant les travaux.

Précisément à l'époque des lettres que nous venons de lire, en
1844, la ville recula à débourser les 3 ou 4.000 francs nécessaires
pour acheter cette curieuse peinture venant du Canada et dépo-
sée aux Invalides, en attendant acquéreur. Cette œuvre serait
aujourd'hui bien intéressante à regarder.

Les constructions de ponts figurent au nombre des questions
qui occupèrent le plus l'Académie d'architecture, et comme la
belle-sœur de Philippe de la Hire, notre arrière grand tante Elisabeth Nonnet, vivait religieuse au couvent de N.-D. de la Garde
dit la Guiche près Blois, il a bien pu venir la voir et en même
temps les chantiers. Son petit-fils Jean Nicolas de la Hire, notre
bisaïeul, a eu aussi l'occasion d'être attiré à Blois, chez son beau-
frère Pillé de la Brière (2) lieutenant de la maréchaussée, paraît-
il, avant la Révolution.

— Ce pont, dit Thérèse, je l'ai entendu sauter le 28 janvier 1871 vers 7 heures du soir. Jamais je n'avais ouï pareil
bruit.

— Passons-le, tournons à gauche, et accédons au faubourg du
Foix, sujet inépuisable de conversations pour nos mères qui y sont
nées et y ont passé leur jeunesse. Les lettres de Villesavin vous
édifient sur l'importance qu'elles y attachaient. Rien ne leur
procurait plus de plaisir que de leur en parler. A cet effet j'avais
recueilli des notes que voici, et qui nous documentent sur ce

(1) Voir Annexe à ce chapitre à la fin du volume, page 188 et aussi à la
table des noms.
(2) En 1762, M. Ch. Pillé était sous-prieur et secrétaire de l'abbaye de
Saint-Sauveur. J'ignore s'il est de la famille.

faubourg, ancien domaine féodal donné au xᵉ siècle par le roi
Raoul aux bénédictins de Saint-Sauveur, et où naquit, paraît-il,
Triboulet (1).

On dit que le portrait de Triboulet était sculpté sur la croisée
du bel hôtel habité par l'abbé Pornin, situé rue Haute et démoli
pour le passage de la rue Papin. Cette croisée et une autre
provenant de la même demeure, et représentant des sujets bi-
bliques, ont été déposées au château de Blois.

L'association des idées me fait souvenir qu'au 73 de la rue du
Foix, habitait le père de Victor Hugo, qui plus tard devait, avec
son imagination, mettre le fou de François Iᵉʳ sur la scène.
Dans une lettre du 17 avril 1864, il raconte sa visite à son père,
le 17 avril 1825, et fait une description pittoresque de Blois « où
cherchant les cheveux blancs de son père il y trouva les siens ».

En 1537, le 6 janvier, le roi donna à François Miron, médecin
de Messeigneurs, le droit d'aubaine échu au roi sur une maison
sise près de Saint-Nicolas.

Au xvⁱᵉ siècle également, et parfois en démêlés pour droits de
propriété avec l'abbaye de Saint-Sauveur, habitaient les Sourdeau, pendant plusieurs générations chargés du rôle le plus important dans les constructions de Chambord et autres châteaux
royaux.

— Je sais, dit Thérèse, que sous le règne de Louis XIII, au

---

(1) A propos du château du Moulin, je mentionne page 222 l'alliance des
du Puy du Gué Mulon avec les Robertet. Or voici l'épitaphe de Triboulet,
mort en 1536, par Jean Robertet, secrétaire des finances de Louis XII :

> Triboulet suis, qu'on peult juger en face
> N'avoir esté des plus sage qu'on face.
> Honneste fuz, chascun contrefaisant
> Sans jamais estre aux dames malfaisant.
> Du lut jouay, tabourin et vielles,
> Hapes, rebecs, doulsaines, challemelles,
> Pipetz, flajolz, orgues, trompes et corps,
> Sans y entendre mesure ny accords.
> En chants, danses feiz choses non pareilles,
> Mais dessus tout de prescher feiz merveilles.
> Car mon esprit qui n'eut oncques repos
> En vingt parolles faisait trente propos.
> Arme en blanc joustay de espée et lance
> Aussi cruel à plaisir qu'à outrance,
> Devant moy pages trembloient comme la fièvre
> Ayer, menasseur et hardi... comme un lièvre (a)

(a) *Revue de Loir-et-Cher*, 15 mars 1889. Beaucoup de détails donnés ci-
après sont puisés dans cette revue.

Foix, s'établit tout d'abord le couvent des Carmélites, aujour-
d'hui dans le haut de la ville et où ma tante de Flacourt voulait
toujours me persuader d'entrer. Me l'a t-elle assez répété, me
disant qu'elle avait pensé me donner la vocation en me choisis-
sant, et imposant presque, en qualité de marraine, le prénom
de Thérèse !

— Pour consoler la tante de Flacourt il eut fallu lui faire remarquer que la petite rue près d'ici, qui porte le nom de Meslier,
avait été jadis revendiquée par les Carmélites, alors qu'elle s'appelait rue Pavée. La tante m'affirmait que le nom de Meslier
avait été donné à cette petite rue en souvenir de notre famille,
mais je n'ai jamais su ni quand ni comment. (1)

(1) M. Trouëssart a retrouvé et m'a obligeamment communiqué un extrait du registre du conseil d'Etat du 4 septembre 1690 et même une délibération de la ville du 7 janvier 1692 relatifs à la concession aux Carmélites de la rue Pavée, aujourd'hui dénommée rue Meslier.

§ X

Le Faubourg du Foix. — La Galère. — Passages de personnages princiers,
   des duchesses d'Angoulême et de Berry, etc... — Arrivée de Mgr de
   Bertier, de Mgr de Sauzin.

— Il ne s'établit pas que des couvents au Foix, sous
Louis XIII. Egalement sous ce roi, et sur un terrain vendu autrefois deux sols six deniers de rente par l'abbé de Saint-Laumer,
s'éleva la célèbre hostellerie de *La Galère* qui eut longtemps
l'honneur d'héberger les Princes et les grands personnages de
passage à Blois. Dans mon histoire du Chatellier je rappelle que
Mme de Sévigné y descendit en 1680. J'ajoute qu'y séjourna aussi
Philippe V, roi d'Espagne, petit-fils de Louis XIV, alors qu'il
était duc d'Anjou et allait prendre possession de son trône (1) ;
le Prince de Galles, fils de Jacques II, roi d'Angleterre dont nous
possédons le beau portrait, et qui courait à 20 chevaux (2) ;
le Prince de Conti, membre du Conseil de la Régence, qui courait
à 14 chevaux (3) ; le Grand Prieur de Vendôme venu avec 70
chevaux en déplacement de chasse dans la forêt de Blois (4) ;

(1) Mgr le duc d'Anjou deuxième fils de Louis, Dauphin de France,
ayant été appelé à la couronne d'Espagne, par le testament du roy
Charles II, partit de Versailles au commencement de Décembre 1700,
accompagné de M. le duc de Bourgogne et de M. le duc de Berry, ses
frères, arriva à Blois le 10 du même mois de Décembre 1700, vendredy, à
4 heures du soir, par la pluye, logea à la Galère de Blois (V. Loir-et-Cher
historique 15 mars 1892).

(2) Le vendredy à 4 heures après-midy 30 Octobre 1711 arriva à la Galère de Blois le prince de Galles fils de Jacques II, roy d'Angleterre. Il estoit
accompagné d'un de ses favoris, de deux mylords et courroit à 20 chevaux.

(3) Le mardy 9 May 1719, à 7 h. et demy du soir, arriva à la Galère de
Blois, le prince de Couty, en poste, qui allait commander l'armée de France
contre l'Espagne, le régiment royal d'infanterie sous les armes ; il courroit
à 14 chevaux. Ce fut pour le siège de Fontarabie, par ordre du Conseil de
régence sous la minorité de Louis XV.

(4) Le Mardy 24 Septembre 1720, arriva à Blois, à la Galère, Son Altesse Monseigneur Philippe de Vendosme, grand prieur, âgé de 64 ans,
exprès pour chasser le cerf dans la forêt de Blois. Il y avait plus de 50
ans qu'on y avait chassé. Le prince avoit 100 chiens, 70 chevaux et 60
hommes d'équipage. Il commença à chasser le vendredy 27, puis le dimanche 29, et le samedi 4 octobre. Il fut pris 6 cerfs. La curée pour les
chiens se fit à la porte de la Galère, et s'en retourna à Paris le lundy 7 Octobre suivant (V. Loir-et-Cher historique).

un Ambassadeur turc (1) ; Mademoiselle de Montpensier, fille du Régent ; l'infante d'Espagne, princesse des Asturies (2), etc... Pour recevoir ces importantes personnalités, l'hostellerie de la Galère ne manquait pas d'allure à l'intérieur, car Mme Cradock qui y descendit en 1786 remarqua que les murs étaient couverts d'un brocard ancien tissé de soie et d'argent, que les sophas étaient de velours vert richement brodé, etc... (3)

Au Foix existait encore l'hôtel des Trois-Marchands, dans la rue connue longtemps sous le nom de cette enseigne. Après la construction de la levée, cette rue cessa d'être sur le parcours des voitures allant à Tours et en revenant, et l'hôtel disparut.

Là, enfin, dans la rue du Foix, se trouvait au XVIIIe siècle, l'auberge du Petit-Paris qui servait de cercle habituel aux magistrats et aux gens de robe et de plume. Pendant que dames et bourgeoises se réunissaient pour filer et broder, ils venaient dans ce « cabaret » comme on l'appelait alors, se délecter avec les jeux de boules et de paume, en dégustant du vin clairet. Cela tenait lieu de nos cercles d'aujourd'hui.

Le Foix fut aussi, d'après les vieilles chroniques, le théâtre de réjouissances populaires, notamment après le traité de Ryswick qui mit fin à la guerre du Palatinat (4).

Les fêtes les plus mémorables furent celles provoquées par

----

(1) L'an 1721, en mars, arriva à Paris, un ambassadeur extraordinaire Mehemet Effendi, vers le Roi Louis XV, de la part du Sultan Acmet, empereur des Turcs. En passant à Blois, il coucha à la Galère, il était accompagné de son fils, de quatre seigneurs turcs, de cinquante domestiques avec quatre interprètes.

(2) Le lundi, à 4 heures, après-midi, 24 novembre 1721, arriva à la Galère de Blois, Louise de Montpensier, âgée de 12 ans, quatrième fille de M. le Duc d'Orléans, régent, qui va en Espagne pour épouser le Prince des Asturies, et, en revenant, on doit amener l'infante d'Espagne, âgée de 4 ans, pour épouser Louis XV, roi de France. La dite infante, arriva à Blois, le premier dimanche de carême, 22 février 1722, et repartit le lendemain, les bourgeois étaient sous les armes. (*Loir-et-Cher Historique*, journal de Noël-Janvier, 15 juin 1892.

(3) La vie française à la veille de la Révolution. Journal inédit de Mme Cradock, traduit de l'anglais par Mme O. Delphine Balleyguier.

(4) Après le traité de Ryswick du 20 septembre 1697, la paix fut publiée le dimanche 26 janvier 1698, à Blois. Le dimanche 9 février, les habitants du faubourg du Foix, se mirent sous les armes, ayant tous des bonnets de dragons sur la tête, lesquels, après s'être promenés dans la ville, entrèrent dans le couvent de Saint-Laumer, où les religieux bénédictins, leur donnèrent à boire. Après quoi, ils sortirent tous en rang, et formèrent la haie devant la grande porte de l'église Saint-Laumer, où un feu de joie avait été préparé et que les religieux bénédictins vinrent allumer, la

l'arrivée, cette même année (1), de Monseigneur de Bertier, premier évêque de Blois, dont vous pouvez voir le portrait en gravure à l'évêché, et qui fit son entrée par la porte de Foix où un trône lui avait été élevé. Là, il entendit les harangues du maire entouré du corps de ville, et vit défiler le clergé et les religieux au grand complet. Il gagna ensuite la cathédrale entre une double haie de bourgeois en armes, au bruit des cloches et des décharges d'artillerie, par les rues décorées de tapisseries et envahies par une foule compacte, joyeuse et enthousiaste (2).

Mais dans les fastes de leur cher faubourg, ce qui touchait le plus nos mères, c'est que le duc d'Angoulême, venant de Bordeaux en mai 1814, un mois après le départ de l'Impératrice du roi de Rome, de la mère et des frères de l'Empereur, avait passé en revue, sur les grèves du Foix, les grenadiers à cheval de l'ancienne garde impériale. C'est peut-être ici que doit se placer une anecdote (3), sur la duchesse d'Angoulême (ear si cette princesse, allant de Paris à Bordeaux, accompagnée de notre grand'tante la baronne Hue, en août 1815, traversa Blois, ce dut être incognito, je n'ai aucune précision à ce sujet, je sais seulement qu'elle revint avec notre grand'tante par Châteauroux et Orléans). Donc, dans les rangs de la garde passée en revue, s'étaient élevés les cris de : « Vive l'Empereur ! Vive le Roi de Rome ! ». La Duchesse répondit : — « Mes braves, c'est pour vous une vieille habitude. « Par nos bienfaits nous finirons par vous la faire oublier. »

En tous cas, la Duchesse repassa à Blois, le 7 avril 1823, et une toile de Hauer, commémorative de cet événement, est conservée au musée de la ville. Elle s'arrêta seulement quelques instants, A dix heures précises, la garde urbaine précédant sa voiture,

---

croix levée, le prieur chappé avec deux religieux à ses côtés, et pendant que le dit feu brûlait, l'on chantait le psaume *Exaudiat,* lequel étant fini, il fut jeté trois dizaines de grosses fusées qui étoient à une galerie au dessus du grand portail de la dite église. En haut d'une des tours était placé un quart (contenant 144 litres) plein de poix et de goudron, qui étant allumé, faisait une si grosse flamme de feu qu'on pouvait l'apercevoir de fort loin parce qu'il était cinq heures du soir.

Le lundi, 16 Février, tous les vignerons de la côte des Groix, de la paroisse St-Nicolas, se mirent aussi sous les armes, ayant des bonnets de dragons sur la tête, firent un feu de joie près la croix des Pélerins au bout du faubourg du Foix. (Revue de Loir-et-Cher, juillet 1901).

(1) Le 25 juin 1698. Il avait couché la veille à l'Abbaye de Saint-Laumer.

(2) Cf. Revue de Loir-et-Cher, Novembre-Décembre 1901.

(3) Abbé Moutet eod. loco.

elle pénétra dans la cour de la Préfecture, fut reçue par la préfète sur le perron, et introduite dans la grande salle où les dames s'agenouillèrent comme pour recevoir sa bénédiction. Puis la duchesse, taille ordinaire, visage très coloré, robe montante en soie violette, sans ornement ni panache, flanquée d'un côté de la Préfète, taille élevée, visage très pâle, panache blanc flottant sur la tête, et de l'autre côté, de l'abbé Pointeau, curé de la cathédrale et supérieur du Séminaire, se rendit sur la terrasse. Et, comme tout en admirant la vue de la vallée de la Loire et en tâchant d'apercevoir au loin Chambord, elle demandait à son voisin où étaient ses séminaristes, celui-ci répondit : — « Prin-« cesse, ils ont rompu les rangs et se sont dispersés ». Ils étaient effectivement dans le public, derrière la garde nationale à pied, qui faisait la haie. Des acclamations étant parties de ce côté, la princesse risposta avec à propos : — « C'est sans doute leur voix « que j'entends dans la foule. » (1)

— Pardon, dit Marie de Faviès, je ne m'explique pas comment, de la Préfecture, on peut avoir la vue dont vous venez de parler.

— C'est que la Préfecture d'alors était l'hôtel qui, cette année même 1823, fut destiné à l'Evêché. C'est en effet cette année même, que l'Evêché fut rétabli à Blois, et Monseigneur de Sauzin prit possession de son siège quatre mois après le passage de la Duchesse, mais sans l'appareil solennel qui avait entouré Mgr de Bertier. Ce jour-là (2), soldats en armes, habitants endimanchés, prêtres et séminaristes, tous les ornements les plus riches sortis, l'attendaient pour le conduire processionnellement en triomphe à la cathédrale, crosse en main et mitre en tête, mais rien ne vint, le soir seul arriva. On apprit que le ressort de la voiture de Monseigneur s'était cassé à Beaugency où l'on s'occupait de le reforger. Chacun s'alla coucher. Et Monseigneur débarqua place Saint-Louis au milieu de la nuit, et se mit incontinent au lit, sans tambours ni trompettes, cependant que, malgré cela, les sonneurs réveillés se croyaient obligés de mettre toutes les cloches en branle dans l'obscurité. (3)

— Le portrait de Mgr de Sauzin est à l'évêché, dit Thérèse.

---

(1) Cf. L'abbé Moutet eod. loco.
(2) Le 23 Août, mais la Préfecture actuelle ne fut terminée qu'en 1830.
(3) Cf. L'abbé Moutet eod. loco.

— En peinture, parfaitement. Ce fut lui qui eut l'honneur d'accueillir la duchesse de Berry, en juin 1828, visite dont nos mères aimaient à rappeler le souvenir, puisque leurs parents, alors jeunes mariés, avaient été de toutes les réjouissances et réceptions données en cette circonstance. A l'entrée de la cathédrale, la Duchesse se plaça sous le dais, la main gauche appuyée sur le bras droit de Monseigneur, et tous deux avancèrent ainsi vers le sanctuaire où un prie-Dieu de velours rouge avec glands et crépine d'or était préparé devant le grand autel. Monseigneur complimenta la Duchesse sur son sang-froid au moment de la naissance du duc de Bordeaux, puis pendant le *Te Deum*, elle demanda au marquis de Vibraye, qui avait construit l'église. Réponse : Louis XIV. En allant visiter les monuments de la ville, elle fut insultée, place du Château, par une femme à laquelle elle remit aussitôt un présent en lui disant : — « Si vous ne croyez pas à ma beauté, du moins croyez à ma bonté. » (1)

Le soir de l'arrivée, dîner à l'évêché et réception des dames de la ville. Le lendemain, 18 juin, promenade à Chambord où de gracieuses inscriptions extérieures et intérieures, dues à la plume élégante du comte de Pradel, souhaitaient la bienvenue.

Le soir dans la salle de spectacle de Blois, bal très brillant, ordonné avec un merveilleux protocole.

Les quatre quadrilles que devait danser la Princesse étaient réglés d'avance. M. de Lanascole, notre parent, faisait partie du deuxième quadrille et Mme de Pradel, du troisième.

La Princesse prit part seulement à deux quadrilles au cours de la soirée, puis s'en alla laissant les invités danser et absorber 2.000 verres de punch et 2.500 verres de vin chaud pour faire passer 5.000 gâteaux.

— Encore un souvenir de ma mère, ajoute Thérèse : Elle avait dix ans (2) lorsqu'elle assista à Blois à la bénédiction sous le nom de « Papin », d'un bateau à vapeur de la Compagnie des Inexplosibles. Et la même année, elle avait vu l'arrivée du duc et de la duchesse d'Orléans, et le duc passer en revue la garde nationale et les troupes de la garnison (3). Mais cela l'intéressait peu... car c'étaient des princes de la branche cadette.

(1) Cf. L'abbé Moutet eod. loc.
(2) 23 Juin 1839. Une lithographie sur teinte par le père Pensée que j'ai encore connu à Orléans, étant jeune, représente cet événement.
(3) 10 et 11 Août 1839.

§ XI

Toujours le faubourg du Foix. — A la maison actuelle des petites sœurs
des pauvres. — Annibal. — Souvenirs d'enfance.

                                    11 Avril, midi et demi,

— Voici la chambre où ma mère naquit le 15 décembre 1829,
montre Thérèse. On m'a toujours raconté que le froid sévissait excessif, avec la Loire entièrement prise pendant plus d'un mois (1).
Mes grands-parents conservaient à cette époque une installation
à Paris, rue Saint-Benoist, n° 8 *bis*, au faubourg Saint-Germain,
où ils passaient l'hiver. Cette naissance ne modifia point leurs
projets, mais vu la rigueur de la température, mon arrière grand
mère de Montarand, habile comme une fée, confectionna en une
même journée deux pelisses très chaudes pour ses deux petites
filles, c'est-à-dire pour Charlotte (ma mère) et pour sa sœur aînée
Eugénie, devenue Mme de Flacourt. Et comme cela paraissait
encore insuffisant pour ma mère à peine née, on écorcha un mouton, dont la toison servit aussitôt à l'entourer pour le voyage.
Par ce rigoureux hiver les vignes gelèrent, heureusement mon
grand-père venait de récolter 25 pièces de vin ici-même, et sa cave
était abondamment fournie (2). En effet, s'il n'existait alors que les
bâtiments sur la rue, ceux-ci n'en étaient pas moins très confor-
tables tant pour l'habitation que pour les communs et les dépendances qui, outre le potager et le jardin anglais où se trouvait la
chapelle, comportaient 2 hectares, 44 ares, 11 centiares, propriété

---

(1) La Loire fut, en effet, prise du 28 Décembre 1829 au 26 Janvier 1830
puis elle se reprit du 5 au 12 Février.
(2) Au commencement de l'année, il avait dans son cellier du Foix 21
poinçons 1/2 de vin vieux, dont 18 1/2 de vin rouge et 3 de blanc. Dans
la cave 2 poinçons et un quart de rouge et un poinçon de vin blanc. Et
dans le pressoir 24 pièces et une en perce pour remplir le vin rouge.

en ville vraiment bien agréable et que j'ai toujours regrettée (1).

Cette propriété fut vendue le 20 avril 1855 aux Petites Sœurs des pauvres qui, en souvenir des conditions de vente à elles faites, envoyaient toujours une délégation aux obsèques des membres de la famille.

Ma mère se plaisait à citer aussi ce qui s'était passé l'année de sa venue au monde. C'est cette année que mon grand oncle de Roujou fut nommé juge (2), que notre oncle de Montarand fut nommé substitut du procureur général à la Cour d'Orléans, que mes grands-parents assistèrent à un certain mariage dans la famille, celui, je crois, de mon oncle (3) Léon Chauveau-Lagarde, conclu sous les auspices de mon oncle de Roujou. C'est aussi, s'il m'en souviens bien, ou peut-être, plus tard, l'époque d'Annibal et de son procès.

— Annibal ?

— Annibal, superbe chien danois, réputé pour sa distinction,

(1) Maison d'habitation, d'après l'acte de vente, ayant porte d'entrée au milieu sur la rue du Foix, consistant : au rez-de-chaussée en un beau vestibule dans lequel prend naissance un escalier qui monte au premier étage ;
A droite du vestibule, en entrant, chambre à cheminée, jour et cabinet dans cette chambre ; à gauche, fruitiers, cellier, cuisine et grand boissier ;
Au premier étage salon ayant vue sur la Loire par deux fenêtres avec balcon, salle à manger, quatre chambres à coucher, dont l'une avec cabinet de toilette, lieux d'aisances, deux corridors dans l'un desquels se trouve un escalier qui dessert le second étage.
Au second étage, lingerie et trois chambres, vaste grenier.
Deux toits à porcs et une écurie du côté du levant du bâtiment, porte cochère donnant sur la rue à droite, poulailler entouré de grillages.
Grand cénacle au couchant du jardin dont il va être parlé, allée commune derrière, ayant porte de communication dans le mur se trouvant entre le boissier dont il est ci-dessus parlé et ledit cénacle, porte de sortie à l'extrémité nord.
Jardin potager, jardin anglais.
Petite chapelle dans ce dernier jardin.
Porte à claire-voie donnant sur les terres dont il va être ci-après parlé.
Le tout d'un tenant, entouré de murs qui en dépendent, à l'exception du côté du levant où il est mitoyen, joignant du midi la rue du Foix, du nord par le jardin, les terres comprises sous l'article 2 ci-après, du couchant MM. Gavopin et Dabin et du levant M. Petit-Beauvallet.
Cet article forme les nos 707, 708, 709 de la section A du plan cadastral.... etc...
(2) Le 21 mars 1829 Le Comte de Roujou écrit avoir été à Orléans prêter à la Cour son serment de Juge et « quoique à l'approche du printemps, revêtu du manteau de l'inamovibilité. » « J'ai vu à Orléans, ajoute-t-il, Mme de Montarand et son fils (voir pages 141, 153 et à la table des noms). J'ai eu particulièrement à me louer de la confiante amitié qu'il m'a témoignée. La mère et le fils jouissent d'une excellente santé. »
(3) A la mode de Bourgogne.

sa bonté, ses qualités intellectuelles et son physique, fut mis en accusation (1) sous prétexte d'avoir tenté de se mesurer avec le chien de M. le Procureur du Roi. Cette affaire sensationnelle alimenta les conversations d'alors et une de nos amies rima un impromptu qui fit le tour des salons :

> Appartenant à mes amis
> Je m'intéresse à ton bonheur,
> Je te caresse et te chéris,
> Annibal, tu gagnas mon cœur !
>
> Je soutiens donc avec raison,
> Que, toujours doux comme un mouton,
> Tu n'as jamais fait de chagrins
> Aux personnes, même à leurs chiens,
> Et que celui du procureur
> Sans doute était ton agresseur.
>
> Mais un chien de ta qualité
> Par lui doit être respecté.
> Peut-être en es-tu glorieux,
> Mais jamais tu n'es dangereux.
>
> Il est vrai, quand tu vois des chats,
> Que tu les courses vers les rats,
> Mais de ta part cette imprudence
> Ne tire point à conséquence.
>
> Ainsi sans ton nez muselé
> Tu peux très bien te promener,
> Et narguer notre commissaire.
> Et ses agents et ses confrères
> Qui, sans mauvaise volonté,
> En veulent à ta liberté.
>
> Oh ! Justice sera rendue !
> Mon Annibal courra la rue,
> Avec son amabilité
> Prouvera sa fidélité,
> Et se tenant avec sagesse,
> Paiera mes vers d'une caresse.

Le Tout-Blois des premières assista aux débats. Je ne sais si la poésie attendrit le tribunal, mais la plaidoirie très spirituelle de M. Jullien, avocat à Blois (2), ses aimables saillies sans s'écarter des bornes de la défense, rendirent cette cause plaisante, égayèrent l'auditoire et aboutirent à l'acquittement.

Puisque nous en sommes sur les animaux n'oublions pas la

(1) Article 475 du Code Pénal, section deux, titre sept.
(2) M. Jullien fut membre du Conseil de l'Ordre, rédacteur de la *France centrale* et mourut en 1866, à 66 ans.

poule préférée de nos mères, qui les amusait dans leur enfance et avait inspiré aussi une chanson en impromptu au jeune Auguste Le Conte de Roujou :

> Ma poule chérie
> Ma gentille amie
> Vole dans mes bras
> Chercher ton repas.
>
> J'aime à toucher ton beau plumage
> Lorsque j'entends ton doux ramage
> Qui répond au coq d'alentour :
> Je suis fidèle à mon amour !
>
> Matin et soir je suis près d'elle,
> Je suis enfant, ma poule est ma belle,
> Et j'admire son œil luisant,
> Son regard doux et caressant.
>
> Ma poule chérie
> Ma gentille amie
> Vole dans mes bras
> Chercher ton repas !

(1) Voir pages 30, 31, 34, 57 à 60, 140 et à la table des noms.

§ XII

Encore le faubourg du Foix. — Débordements de 1846. — Noyades en
Loire. — L'oncle Pia.

— Te rappeles-tu des débordements de la Loire dont souffrirent
nos parents, demande Marie de Faviès.

— Certainement. C'est un des souvenirs les plus vivaces de ma
mère et de ma tante de Flacourt. Une terrible inondation les sur-
prit dans leur sommeil, du lundi au mardi 20 octobre 1846 (1).
La crue survenue avec une violence extrême les força à se sauver
en hâte au sommet de la maison, où, ravitaillées par les bateaux,
elles passèrent trois jours dans des alternatives de craintes et
d'espérance, entourées de l'eau qui submergeait tout le bas de la
ville jusqu'à la fontaine de la Poissonnerie. (1)

— La *Fontaine du malheur*, demandai-je, n'avait pas présagé
cette inondation ?

— Quelle *Fontaine du malheur* ?

— Celle connue sous ce nom au faubourg du Foix, rue Bour-
reau, proche de la Butte, dite des Capucins, du côté des vignes
qui étaient sur le coteau et vis à vis le couvent des Capucins.
Lorsqu'on voyait la fontaine sèche et sans eau, on se réjouissait,
cela passait pour un très bon signe. Lorsqu'elle commençait
à ruisseler, on s'inquiétait, c'était un pronostic de mauvais
augure (2).

— J'ignore si la *Fontaine du malheur* pronostiqua et si elle
existe toujours, dit Thérèse, en tous cas elle n'aurait plus aujourd'hui à pronostiquer l'envahissement du faubourg du Foix

(1) La crue en quelques heures atteignit 3 mètres. La nuit suivante
elle s'éleva de 1 mètre, continua à monter toute la journée et le soir mar-
qua à l'étiage du pont de Blois 6 mètres 60, avec des abaissements subits,
suivis d'exhaussements plus considérables et provenant de la rupture des
levées en amont de Blois. Le jeudi l'eau atteignit son maximum de 7 m.
au pont de Blois, dépassant les célèbres crues de 1789 et 1825.
(2) Revue de Loir-et-Cher, Septembre 1901.

par les eaux. De solides levées le préservent, et mon père fit partie
de la Commission chargée d'examiner et de décider les projets de
travaux de défense contre les inondations (1). Aussi des maisons
et constructions variées s'élèvent à cette place où mon grand
père possédait des terres et vignes, se plaignant fort que ses fa-
çons de vignes et son vigneron le père Bolaire, lui coûtaient
1800 francs par an. Ma mère m'a toujours dit aussi que la transformation du Foix et le percement des voies dataient de l'année
de ma naissance, c'est-à-dire de 1865.

Je ne sais si c'est l'impression des tragiques débordements ou
des noyades dont elle avait ouï parlé ou même été témoin, mais
ma mère redoutait de nous voir baigner dans la Loire. Il ne se
passe pas de saison, en effet, sans des accidents mortels.

— Et depuis longtemps, confirmai-je, en écrivant mon histoire des Chatelliers dont les Baudry étaient seigneurs, j'ai noté
qu'un des Membres de cette famille le procureur du Roi Baudry
avait été appelé à dresser un procès verbal de graves sinistres
en Loire, devant le faubourg du Foix. Neuf personnes périrent
en même temps et j'ai copié, par curiosité, la manière naïve
dont le narrateur du XVIIe siècle raconte le fait, et les longs
discours qu'il met dans la bouche des malheureux au moment
où ils coulent à fond (2).

Déjà quelques jours avant, au bourg du Foix, furent pêchés
deux hommes noyés (3).

— Ils ne seraient pas morts si l'on avait connu la boîte de
l'oncle Pia, remarque Thérèse.

(1) Suivant arrêté préfectoral du 17 octobre 1859, M. Meurville fut en
effet nommé membre de cette commission constituée par application de la
Loi du 21 Mai 1858.

(2) Dimanche 16 février 1698, il y avait un jeune garçon âgé de 15 à
16 ans, qui tirait les larmes des yeux des assistants..... Ce garçon étant
malheureusement tombé dans l'eau avec son père, lui prit une jambe
croyant par ce moyen éviter la mort dont il était proche. Mais son père
se voyant dans le même danger et ne pouvant par conséquent nager avec
autant de facilité lui cria d'une voix pleine de soupirs :

— Hélas ! mon fils, si tu veux que nous nous sauvions tous deux ou du
moins l'un de nous, laisse moi aller, je te prie.

Ce qu'incontinent l'enfant fit en s'écriant d'une voix entrecoupée de
sanglots :

— Adieu mon cher père ! adieu pour jamais ! puisque le sort fatal veut
que nous nous séparions d'une manière si étrange et si extraordinaire.

Ce que les spectateurs d'une si terrible tragédie entendirent, non sans
avoir le cœur saisi d'une véritable compassion. Ledit père fut sauvé
proche l'hostellerie de la Galère, au pont du Foix, etc...

(3) Revue du Loir-et-Cher Juillet 1901.

— Qu'est-ce à dire ? Et d'abord je ne nous connais pas d'oncle Pia, répond Marie de Faviès.

— Quoi, repris-je, vous ne savez pas que, par votre aïeule la baronne de Montarand née Landry, vous descendez en ligne directe des Pia de Coulommiers ? Vous ne connaissez pas les ventres nobles des Pia ? Vous ignorez qu'au moyen d'un texte du quatorzième siècle, il a été prouvé (1) qu'en Champagne la noblesse se transmettait par les femmes à l'infini et peut-être seulement par les femmes ? Que ce texte concerne Pierre Piat de Coulommiers dont la noblesse ne fut plus douteuse lorsqu'il eut établi qu'il était issu de ventre noble, que sa mère était noble comme issue de ventre noble lequel était noble également comme issu de ventre noble ?

— Assurément, répond Marie de Faviès, il est flatteur pour nous d'être issus de tant de ventres nobles, mais quel rapport avec les noyés et cet oncle Pia ?

— C'est bien la peine de compter des grands hommes dans sa famille et de ne les point soupçonner ! Apprenez que Ph. N. Pia, la gloire des Pia, savant chimiste, chevalier de l'ordre du Roi, échevin de Paris, honoré des faveurs de la Cour et ruiné par la Révolution, (qu'il n'aima point, observe notre cousin de Maricourt), est l'inventeur de fameuses boîtes fumigatoires pour sauver les noyés. J'ajoute même puisque nous en sommes sur le chapitre des ventres, que c'est par là qu'il les traitait, sans s'inquiéter d'ailleurs s'ils étaient de qualité, « nobles » ou « ignobles » comme on disait jadis.

— Expliquez-vous.

— Pour m'expliquer je n'aurai qu'à vous lire en rentrant la copie de ma lettre à André de Maricourt, qui, soucieux de compléter ses souvenirs de famille, m'interrogeait sur ce point spécial (2).

(1) Par M. Guilhermoz dans le Bulletin de l'École des Chartes.
(2) Voir aux annexes page 216.

§ XIII

Saint-Nicolas. — Chapelle Saint-Marcou. — Mariage Meslier-Verne.

♥

11 avril 1 h.

— Ne partons pas sans une visite à Saint-Nicolas dont nous parlent tant les lettres de Villesavin, « petit miracle du monde, bâti non mignonnement mais solidement » comme l'écrivait un bénédictin du XVIIe siècle.

Voici la chapelle Saint-Marcou dédiée primitivement à Saint-Protas puis aux saints Martyrs, but d'un pèlerinage et où les quatre Gallard et les quatre Meslier venaient si souvent s'agenouiller. Cette dévotion existait dans l'ancien Saint-Nicolas qui possédait un autel et une chapelle sous ce vocable. Levez les yeux :

La fenêtre principale est ornée d'un vitrail représentant en allant de bas en haut :

1º Saint-Marcou devant Childebert recevant de ce roi la charte de fondation du monastère de Nanteuil.

2º Saint-Marcou guérissant les infirmes.

3º Saint-Marcou guérissant les enfants.

4º Les pèlerins à son tombeau.

Je vous ai dit qu'une des demoiselles de Gallard avait épousé le baron de Wimpfen. Voici dans la chapelle de la Vierge le vitrail de la présentation au Temple, don de la famille de Wimpfen.

Mais surtout, votre cœur ne tressaille-t-il pas, Marie, car c'est ici que se maria votre mère, préalablement fortifiée contre les émotions par un de ces plantureux repas comme on en faisait jadis (1).

A la nourriture du corps s'ajoutait celle de l'esprit avec les couplets de votre grand-père :

— Je les connais, dit Marie de Faviès, mon père me les a appris :

> Mon fils Paul qui là-bas roucoule
> A Berthe un propos amoureux
> S'est mis en tête que je coule
> A leur gloire un refrain joyeux :
> — Père, tu chantas à ta noce
> Pour la mienne pas de refus..
> — Ah ! mon fils quelle idée atroce !
> A mon âge on ne chante plus !
>
> — Mais père c'est mon mariage.
> Il doit être fête en ton cœur
> Que parles-tu de glace, d'âge ?
> Tout est jeune dans le bonheur !
> — C'est vrai, mon fils, aussi ton père
> A-t-il pris son frac, son gibus,
> Son air gai, sa cravate claire.....
> Il rit, mais il ne chante plus !

(1) Voici le menu du diner de la veille :

> Julienne
> Pâtes d'Italie
> Turbot sauce hollandaise
> Quartiers de chevreuils sauce piquante
> Filets de bœuf sauce madère
> Perdreaux en salmis.
> Poularde à l'ivoire
> Riz de veau chicorée
> Dinde truffée
> Faisan flanqué de perdreaux.
> Sorbets au rhum
> Jambon de Bayonne
> Écrevisses
> Petits pois au sucre
> Haricots verts maître d'hôtel
> Saumon au bleu
> Homard
> Nougat
> Gelée aux fruits
> Crème au café
> Desserts

A chaque service vins variés :

> Madère
> Bordeaux chateau Margaux
> Bourgogne Volnay
> Champagne
> Malaga
> Rivesaltes

Et liqueurs diverses.

— Père, de ma double famille
Que le désir de mette en voix !
De t'entendre ici chacun grille
Sois donc galant comme autrefois !
— Galant ? Je vais à chaque dame
En ton honneur, bien que perclus
Sauter au cou... même à ma femme !!
J'embrasse... mais ne chante plus !

— Mais père, les attraits, la grâce
L'air modeste, une douce voix
Ne t'ont jamais laissé de glace.
Vois Berthe, et dis ce que tu vois !
— Oh ! que cela ne t'inquiète
Fermer les yeux serait abus,
J'admire fort bien sans lunette,
J'admire... mais ne chante plus !

Berthe à son tour vient elle-même :
— Père, vous refusez en vain !
Si vous voulez que je vous aime
Pour *mon Paul* chantez un refrain.
— C'est Paul qui doit chanter, ma chère,
Pour les doux noms de vous reçus,
A lui « mon Paul », à moi « cher Père » !
« Cher Père... ça ne chante plus !

Mais suis-je donc dans l'impuissance
Enfants, de fêter vos amours ?
Non, non ! votre jeune espérance
Me retrace tous mes beaux jours...
Jadis j'ai chanté votre mère
Mais, si mes accents sont perdus,
Pour vous il me reste mon verre
Je bois, si je ne chante plus !

§ XIV

Blois. — Les Le Conte de Roujou. — Leur salon. — La journée d'un logiste. (1).

11 avril 1 heure 1/2

— Et maintenant comme dit Victor-Hugo dans les *Feuilles d'Automne* :

> Montez à travers Blois cet escalier de rues
> Que n'inonde jamais la Loire au temps des crues.

Pendant que les Meslier habitaient sur les bords de la Loire nos oncle et tante Le Conte de Roujou s'installaient dans le haut de la ville, rue Chemonton, jouissant des anciennes forteresses de Blois appropriées aux usages domestiques, et des talus des murailles convertis en jardins et terrasses. Gravissons en la rampe où habitait le duc de Guise, au n° 9, en remarquant que ce nom de Chemonton, abréviation de « chemin montant » dit-on, se transforma un moment au XVIIIe siècle en « chèvre mouton ».

Voici des correspondances de 1818 et 1819 où l'on parle « de l'influence qu'exerce l'aimable gaieté de Mme Le Conte de Roujou », « du plaisir que l'on éprouve au milieu de son joli ménage et en si bonne amitié », « du souvenir bien doux de l'ai-« mable accueil de M. de Roujou et de tout ce qui l'entoure, du bonheur d'être dans une famille aussi intéressante et qui « réunit autant d'agréments sous tous les rapports », « de la « reconnaissance pour la bonne et obligeante réception qu l'on « y reçoit ». « Vous vous félicitez avec raison, écrit-on à notre « tante, d'avoir un bon mari et le meilleur des pères, mais qui « qui ne vous aimerait ? Il faudrait, ou ne pas vous connaître, « ou ne pas savoir vous apprécier. Tels sont les sentiments

(1) J'intercale dans ce chapitre, comme je l'ai fait précédemment, des lettres et documents résumés verbalement au cours de notre excursion.

« que vous nous avez inspirés et que l'absence la plus longue
« n'est pas capable d'altérer. »

L'orientation de son salon est assez littéraire, à en juger par
cette lettre d'un des habitués :

Depuis quelques jours avant de me coucher, je lis quelques élégies
de Catulle, de Tibulle ou de Properce. J'y trouve un plaisir indicible
et je répute fou quiconque voudrait entreprendre de les traduire. Il
est impossible de rendre les agréments et les pensées que l'on rencontre
à chaque vers, à chaque mot souvent. Hier, j'ai vu la traduction en
vers qui paraît. Elle est de M. de Monleveau. Il a choisi ce qu'il a voulu
parmi ces trois auteurs. Mais, en vérité, s'il n'avait conservé les noms,
on ne les reconnaîtrait pas. Ce ne sont plus les mêmes idées. Il a, pré-
vient-il, voilé ce qui serait peu décent à rendre mot pour mot. Mais
son voile est tellement grand et épais, qu'il cache les beautés. Je ne
prétends pas attaquer son mérite comme versificateur, mais je pense
qu'il s'est mal adressé, qu'en pensez-vous?

En même temps ce sont de fréquentes parties de chasse au
château de Roujou. Un parent, M. de Marolles y fait allusion
le 24 février 1816 :

Comment gouvernez-vous la chasse, mon cher cousin? Quant à moi,
je ne peux chasser en ce moment parce que les chemins, les bois, les
champs ici sont impraticables ; on y est dans la boue jusqu'aux genoux
avec le dégel ; ce n'est plus comme dans le beau pays de Roujou où
l'on pouvait chasser même par les plus mauvais temps. L'incomparable
Bellande se prépare-t-elle à vous donner de sa progéniture? J'ai fait
couvrir Trompette par le plus beau et meilleur chien de ce canton.
Je vous en garderai de cette espèce. Le chien est superbe, à jambes
torses, bien coiffé, fort et allongé, poil gros, de couleur grise, tirant
un peu sur le rouge, et bien marqué de feu sur la tête. Il chasse san-
gliers, loups, lièvres, etc... et supérieurement bien. Nous sommes toujours en vous attendant ainsi que ma cousine que j'aime de tout mon
cœur et que je vous prie de remercier de toutes les bontés qu'elle a
eues pour moi à Blois. »

Autre lettre de la même époque :

Grande nouvelle, mon cher Désiré ! Ni plus ni moins qu'un criminel
qui se croit hors des atteintes de ceux qui le poursuivent, et est saisi,
au moment où il se suppose en sûreté, de même les perdrix hors de la
portée ordinaire se croiront échappées à vos coups, et cependant elles

seront frappées, tuées, ramassées, mises au carnier, puis en broche, en attendant une autre destination. — Quel est ce galimatias? me direz-vous. Je n'entends pas. — Eh bien, je vais vous faire entendre ; je vais enfin avoir, je crois, de cette certaine poudre que je vous ai déjà procurée une fois. Comprenez-vous à présent? on m'en a *promis* un bon. Quelles sont vos intentions à ce sujet?

Les réceptions soirées dansantes, comédies, ne cessaient pas chez les Le Conte de Roujou. Mme de Roujou tenait au besoin un rôle avec ses enfants Charles, Auguste et Caroline. Des réponses de 1832 sont là pour nous initier aux préparatifs de fête, et voici des formules d'invitation à dîner *imprimées*, ce qui devançait la mode. On dinaît à cinq heures.

Au milieu de la joyeuse jeunesse d'alors nos oncles Charles et Auguste de Roujou se distinguaient par leur entrain et leur esprit.

Le premier arrivait à Blois pour continuer au barreau les traditions de ses pères. Le second, chez lequel se réveillaient les dispositions ataviques des La Hire (1), nos ancêtres, s'adonnait au dessin et à la peinture. Après un an de préparation il se présentait à l'école des Beaux Arts, au concours institué pour obtenir une loge toute l'année (5 janvier 1842), et se voyait reçu le 18e sur 120, rang d'autant plus beau qu'il avait à combattre des jeunes gens admis à l'école depuis trois et quatre ans. Le lendemain notre grand-père Meslier donnait une soirée en son honneur et l'on se disputait sa première contre-danse.

Puis il entrait en loge et racontait ainsi ses journées :

Ma chère petite, ta gentille lettre a été la bienvenue. Ma colère à la vue de ton écriture s'est changée en joie. J'étais, en effet, préoccupé de vous tous. Au temps où j'étais un simple petit mortel hantant les ateliers sans gloire, n'osant lever les yeux, vous me faisiez attendre moins longtemps, femmes, vos sermons, vos babillages, vos cancans, vos gentils mots, vos bons langages du cœur. Je me disais : « D'où vient donc ce silence? » Là-dessus, fatigué comme ce soir, je me couchais, mais pas content de moi, n'ayant point de vos nouvelles.

Je parle ici et sans vouloir certainement augmenter mes fatigues pour me rendre intéressant ; quel travail ! et qu'il est loin d'être achevé !! Écoute, et tu verras tout ce qu'il faut faire mener à bon but, pour

(1) Voir pages 34, 140, 188, et à la table des noms.

acquérir de la science, cueillir une feuille de laurier et même ne pas réussir ! (vilaine fin de phrase qui me donne la fièvre et ne devrait pas exister pour mon repos).

Un brave, un excellent camarade qui se nomme Martin et que tu as vu à Beauval, vient tous les matins me chercher à 5 h. 1/2. A 6 heures, je suis quai Malaquais. Nous travaillons, et rudement, jusqu'à 11 heures. Je ne prends rien le matin qu'une tasse d'assez mauvais lait, rue Jacob, sur mon chemin, dans un petit établissement qui a l'effronterie de s'appeler laiterie.

A 11 heures nous déjeûnons dans mon petit atelier avec Ledru. La bonne femme de l'atelier nous apporte le matin, de la bière pour boisson, des côtelettes froides ou du jambon et un peu de fromage, ou d'assez médiocres confitures de chez l'épicier du coin.

A 11 heures 1/2 nous allons au bord de l'eau, près le pont du Carrousel ; on fume, on cause, on regarde les trains de bateaux, les caniches que l'on fait baigner, les charbonniers qui montent le charbon, les égoûts qui charrient la puanteur de Paris, les gamins qui se battent, la ligne si droite des Tuileries, les croisées du vieux Louvre, et enfin nous retournons à notre taudis à midi.

Le travail recommence, et avec lui le casse-tête, les ennuis de ne point voir bien venir tel ou tel coin du plan, telle ou telle partie de la façade ou de la coupe. Est-ce cela? est-ce mauvais ? Est-ce bien ? Cet amphithéâtre est trop petit, cette salle est trop grande et dévore mon vestibule ; ce portail n'est pas dans de bonnes proportions ; — Si?— Non ! — Si?— Non !... et la journée passe, les heures filent avec rapidité, on avance peu, on a souvent travaillé toute la journée, et cependant rien de nouveau, rien de bon, tout à refaire demain ! et encore arriverons-nous? Sabbat d'enfer qui vous trotte dans la tête et vous donne la fièvre d'attente et d'ennui !

7 heures viennent de sonner ; nous sommes au rez-de-chaussée de la maison, on n'y voit plus guère, et, ma foi, il faut aller dîner n'importe où, pourvu que cela ne soit pas trop cher et pas trop mauvais. — Allez, la porte est fermée, et cependant et notre plan et notre coupe et notre façade ne nous quittent pas encore... voilà la journée d'un logiste.

Oui, ma chère amie, voilà la journée d'un logiste. Rarement M. Lebas vient nous voir. Il paraît s'intéresser à moi, semble vouloir me protéger ; mais malgré cela, c'est l'homme un peu fatigué d'avoir déjà envoyé à Rome quinze ou vingt jeunes gens.... enfin !... Vois comme l'art est difficile ! Rayon de soleil que les uns voient bleu, que les autres prennent pour du vert, toujours de l'indécision jusqu'à ce qu'il n'y en ait plus. Alors arrive le génie qui voltige au haut des cieux, regarde en grande pitié les pâles humains, et vient parfois capricieux qu'il est, s'abattre sur terre, entourer de ses ailes si sublimes tel ou tel heureux jeune homme.

Brûle à cette divinité, à ce dieu de l'imagination, à cet être invisible, brûle sur son autel tout paré de fleurs, des cierges, de l'encens, et demande lui un petit rayon pour ton ami qui va se coucher.

Le Conte de Roujou peignit avec distinction et je regrette de ne pas avoir la liste de ses œuvres, des expositions auxquelles il prit part et des succès qu'il y remporta. Je possède de lui un joli *Sous bois*.

— N'a-t-il aucun tableau au Musée de Blois ?

— Si, trois toiles, citées par M. de la Saussaye dans son *Histoire de Blois*, parmi les meilleures. Ce sont : une très grande vue d'Avignon et du château des Papes qui a figuré à Paris à l'exposition de 1857 et à celle de Blois de 1858 (1). Une petite vue de Florence qui a figuré aussi à l'exposition de Blois de 1878 et a été achetée par le Musée (2). Enfin une vue de Blois prise de la levée de Chailles, don de l'Etat (3). A propos de cette dernière, dans sa *Visite au Musée de Blois* (4), M. Trouëssart reconnaît à l'artiste un réel talent, trouve qu'il a bien choisi l'emplacement, regrette qu'il ne soit pas entré davantage dans les détails, mais apprécie l'exactitude de l'ensemble qui rend bien l'aspect de la ville.

Je crois qu'une des dernières fois que Le Conte de Roujou exposa ce fut aux Amis des Arts à Blois en 1892. Malheureusement le temps nous manque pour aller jusqu'au Musée.

---

(1) No 81. 4^m. de long. sur 2 ^{m}. 24 de hauteur. Elle a été transportée à l'ancien Évêché dans le musée moderne en formation actuellement.

(2) No 82. Ovale de 0.32 sur 0.40.

(3) No 83. 1^m. 82 de long sur 1^m. de hauteur.

(4) Revue de Loir-et-cher 1900. page 105.

§ XV

Blois. — Encore les Le Conte de Roujou. — Les derniers du nom (1).

— Avançons notre salon de lecture roulant, Roger, mets en marche jusqu'au Palais de Justice. Et arrête. Les Le Conte de Roujou habitèrent en face, puis place Saint-Louis, après avoir quitté la rue Chemonton.

— Ils remplacèrent aussi Roujou, n'est-ce pas, par Beauval dont on parle dans la dernière lettre ?.

— Oui, néanmoins leurs enfants regrettaient toujours leur vieux Roujou et, lorsqu'en 1883 le château fut de nouveau mis en vente, Charles et Auguste, chacun de leur côté, allèrent le revoir dans la pensée de le racheter, ce qu'ils ne purent réaliser.

A Beauval, beaucoup moins éloigné de Blois que Roujou, les visites d'amis commençaient le matin, pour finir au plus tôt le soir. On chassait, pêchait, causait, lisait. M. Gaignaison faisait des vers.

Notre tante de Roujou au milieu de ses occupations mondaines, ne se départissait pas de ses sentiments religieux. Voici des lignes tracées de sa main : « Prie le Bon Dieu de toute ton « âme, il t'aidera et t'aimera davantage. La douce piété est la « base du vrai bonheur. »

Notre grand oncle Le Conte de Roujou, partageant ces sentiments élevés ne manquait pas non plus d'esprit. A une plaideuse indiscrète et pressée il répondait un jour simplement :

« Il y avait autrefois à Paris sur la porte du cabinet du pre-« mier président du Parlement Molé : P. P. P. P. P. P., ce qui « veut dire : Premier Président Pauvre Plaideur Prends Pa-« tience. Mon principe à moi est de ne compter sur rien. »

Attaché au tribunal de Blois depuis la Restauration, d'abord

(1) Je continue à intercaler dans ce chapitre diverses notes très brièvement résumées verbalement lors de notre passage.

en qualité de substitut, juge, puis procureur du Roi, nommé chevalier de la Légion d'Honneur, sans l'avoir demandé, en 1836, sur la désignation, proprio-motu, du Procureur général Chegaroy, il exerça ses fonctions jusqu'en 1848, époque à laquelle « coté trop peu républicain » il fut révoqué brusquement (1) par Cavaignac.

Membre, comme son père, du Conseil général pour le canton de Contres, conseiller municipal de Blois et d'Ouchamps, il écrivait : « S'il est un citoyen qui ait à se plaindre de s'être en « vain adressé à moi, qu'il se montre et m'accuse en face. »

En 1862 il répondait collectivement aux vœux du 1er de l'an : « Je vous envoie à tous une même lettre, des lettres de bonne « année sont au fond les mêmes. Je vous remercie de vos bons « souhaits. J'en ai grand besoin. Je suis cloué sur mon fauteuil « cabriolet sans pouvoir me transporter plus loin que du salon « dans la salle à manger. Mme Meslier est bien mal et il m'est « impossible d'aller de ma voiture à sa maison. »

Les bons souhaits se justifiaient amplement car, le 26 avril, on annonçait sa mort « en sa terre de Beauval » Il était le parrain de ma tante de Flacourt et veuf depuis douze ans (2) Notre grand'mère Meslier, née Couët de Montarand sa belle-sœur, l'avait précédé dans la tombe le 5 mars. Elle fut inhumée à coté de son mari dans notre sépulture de famille au cimetière de Blois où l'on avait gravé au-dessus de la porte :

Mens volat ad sedes superas, hic ossa quiescunt.

Pour peu que notre oncle de Roujou eut aspiré au titre de comte, il lui suffisait de laisser faire. Il passa son existence à empêcher qu'on le lui attribuat dans l'habitude de la vie comme dans les actes, et jamais on ne put faire comprendre aux domestiques, à Blois, de ne pas annoncer dans un salon « Mme la comtesse de Roujou ». Et quoique dans la plupart des anciens documents, son nom s'écrivit Le *Comte*, il passa aussi son temps à se faire supprimer un jambage, uniquement soucieux et justement fier de sa descendance directe du fameux jurisconsulte Antoine Le Conte, Antonius Contius.

(1) Le 21 octobre
(2) Depuis le 19 octobre. 1850

Avec ses deux fils et ses trois petits fils il pouvait espérer voir se perpétuer son nom. Mais le malheur s'abattit sur cette famille : René Le Conte de Roujou, fils de Charles, après une vaillante conduite en 1870, à Montmédy et autres endroits, au 41e de ligne, du 21e corps d'armée qu'on lançait toujours en avant, manifesta de sérieuses dispositions artistiques, suivit avec succès l'école des Beaux Arts, voyagea en Italie, en Algérie, y brossa de nombreux tableaux africains, puis, dès sa rentrée en France en 1879, succomba à Marseille « embrassant le Christ « et recevant l'extrême onction sans revoir ses parents » qui arrivèrent trop tard. Il leur laissait un tableau de la Vierge inspiré de l'école italienne et qu'il leur recommandait de conserver dans leur chambre.

Son frère Henri, après avoir fait la guerre de 1870, comme sergent dans les mobiles de Loir-et-Cher, s'installa en la tour de Beaumanoir (1) artistement disposée, voulant, suivant l'exemple de son frère, s'adonner à la peinture, mais il mourut vers 1884. Désormais leur pauvre père, Charles Le Conte de Roujou, ne vécut plus que par le passé. Le 3 mars 1886, au moment de notre mariage, il écrivait en m'envoyant ses vœux :

Amis et *parents*, le dévouement et l'affection les plus vrais ne firent jamais défaut entre nous. Ma chère et bonne cousine Charlotte, qu'elle fait revivre en moi de bons et agréables vieux souvenirs !!!

Puis, un an après ,le 6 mars 1887 en félicitant de la naissance de mon fils Jean :

Que je serais heureux de me trouver un jour *entre vous tous et toutes*, nous pourrions nous rappeler ensemble avec plaisir les petites escapades de notre jeune âge, sans compter notre voyage au long cours.

Pourquoi sommes-nous donc si éloignés les uns des autres et si souvent empêchés de pouvoir nous procurer cette douce joie? Enfin, je ne désespère pas, et, à l'occasion, je me dis que ce rêve se réalisera.

Il s'éteignit à 85 ans, en 1899, et le journal l'*Avenir*, l'annonça le 2 juillet en ces termes :

Nous apprenons avec regret la mort de M. Charles Le Conte de Roujou, décédé le 29 juin à Montrichard à l'âge de 85 ans.

(1) Voir ci-après page 107.

Issu d'une vieille famille de jurisconsultes et de magistrats fixés depuis près de deux siècles dans le pays, M. Le Conte de Roujou, dont le père, procureur du Roi à Blois, avait été révoqué en 1848, fut quelques années après nommé juge. La haine des radicaux de Montrichard obligea le pouvoir, en 1879, à l'admettre d'office à la retraite.

Président du Conseil de fabrique de la paroisse de Montrichard, M. Le Conte de Roujou est mort en chrétien comme il avait vécu.

Un an après, en 1900, succombait en quelques jours son neveu Louis Le Conte de Roujou, fils d'Auguste, marin très remarquable et dernier du nom. Cette année même, le 15 avril, j'avais assisté avec Jean à la Messe de Pâques sur le Brennus où il était embarqué comme premier aide de camp de l'amiral Fournier. Ce fut la *dernière Messe de Pâques dite à bord*, cérémonie imposante et impressionnante pour laquelle les invitations étaient restreintes et recherchées. Un canot à vapeur de la marine nous avait conduits et ramenés. Cinq mois après nous apprenions la mort du commandant Le Conte de Roujou et lisions dans les journaux de Toulon :

Hier après-midi à 4 heures 30 ont eu lieu les obsèques du capitaine de frégate Le Conte de Roujou, premier aide de camp de l'amiral Fournier, décédé à l'hôpital maritime après une courte maladie, le 31 août à 11 heures 1/2. Le cortège s'est formé à l'hôpital principal. Les honneurs militaires étaient rendus par un bataillon de marins fournis par le *Brennus*, le *Charles-Martel* et le *Jauréguiberry*, sous le commandement d'un capitaine de frégate.

La cérémonie religieuse a eu lieu à l'église Saint-Louis.

De nombreuses couronnes étaient portées devant le cercueil recouvert d'un drapeau tricolore. Nous avons remarqué celles offertes par le vice-amiral Fournier, l'état-major et les officiers du *Brennus*, et trois couronnes de fleurs fraîches. Deux poêles précédaient le cercueil.

Les cordons du premier étaient tenus par un commissaire principal, deux capitaines de frégate et un ingénieur en chef de 2e classe. Ceux du deuxième par l'intendant Appert, le lieutenant colonel du 8e, un capitaine de frégate et un medecin principal.

Le commandant Boué de Lapeyrère, commandant le *Brennus*, l'abbé Marc, ainsi que tout l'état-major marchaient derrière la famille.

Dans l'assistance nous avons remarqué le vice-amiral de Beaumont, préfet maritime, le contre-amiral Roustan remplaçant le vice-amiral Fournier, les contre-amiraux Caillard, Ingouf, Gigou, le colonel Didier, du 3e de ligne, le colonel Martin, du 8e de marine. ainsi que tous les chefs de corps de terre et de mer et la plupart des officiers disponibles de l'escadre et de l'armée de terre.

Le commandant de Roujou était officier de la Légion d'honneur et titulaire de nombreuses décorations étrangères qui avaient été placées sur son cercueil.

La musique du *Brennus* a joué des marches funèbres sur le parcours du cortège, de l'hôpital à l'église et de l'église à la gare où le convoi s'est dirigé après la sortie de Saint-Louis. Le corps sera inhumé à Ouchamps (Loir-et-Cher).

A la gare, le contre-amiral Roustan et le capitaine de vaisseau Baudry-Lacantinerié, chef d'état-major de l'escadre, ont retracé les qualités du défunt et lui ont adressé au nom du commandant en chef et de l'escadre tout entière un dernier adieu. (1)

Les grands journaux annonçaient sa mort comme un véritable deuil dans le monde maritime, vantant son grand mérite et sa parfaite distinction. *(Gaulois et autres)*.

Il avait publié un ouvrage : *Education morale patriotique et militaire des équipages de la flotte* (1 vol. en 18) qui avait été apprécié à l'époque en ces termes :

« Le livre de M. de Roujou sera pour ses camarades de la « marine française un canevas, une sorte de guide pour l'édu- « cation morale, patriotique et militaire de leurs marins, car « il condense les principes supérieurs avec l'aide desquels doit- « être réalisée un jour l'éducation de la nation par l'armée. »

Tel fut le dernier des Le Conte de Roujou.

(1) Extrait de la République du Var du 3 septembre 1900. Le même journal contenait aussi une note sur le commandant Le Conte de Roujou dans le n° du 2 septembre.

§ XVI

En montant l'escalier Denis-Papin. — Légendes blésoises.

Blois 11 avril 2 h.

— Votre récit finit tristement, dit Marie de Faviès, et creuse l'appétit. Nous avons déjeuné avant 9 heures. Il est 2 heures, le moment parait venu de dévaliser un pâtissier.

— Pas d'opposition ? Adopté ! Descendons chez Yanka acquérir des forces nouvelles pour la suite de notre pélerinage et l'évocation des autres souvenirs, si elle vous agrée.

— Assurément, nous sommes venus pour cela.

— Alors je continue, dit Thérèse en tenant un baba au bout de sa fourchette. Voyez-vous d'ici la statue de « Saint Denis le Papin », comme disent d'aucuns? Eh bien, le 28 janvier 1871, elle ne se profilait pas encore là. En revanche on pouvait me voir à sa place et la place manquait d'agrément. J'allais avec ma sœur chercher un médicament pour mon père malade. Nous entendions des coups de fusil sans y prendre trop garde, lorsque le brave docteur Arnoult, chirurgien de l'Hôtel-Dieu, nous apercevant, monta tout essoufflé, avec de grands gestes, nous poussa vivement en arrière en criant : « Rentrez immédiatement et courez ! « Il y a danger ! »

A peine avait-il parlé, la fusillade entre Prussiens en ville et Français en Vienne commençait. Cet excellent docteur m'a peut-être sauvé la vie. Ses bonnes actions ne se comptent pas. Jamais il ne faisait payer ceux qu'il supposait un peu gênés. Et, par délicatesse, quand il jugeait utile de les visiter, il prétextait le hasard de ses courses pour entrer soi-disant se reposer en ami, donner une consultation en causant, et partir ensuite aussi content que son malade.

— Vous avez fait honneur aux gâteaux. En voulez-vous encore ? Non... d'ailleurs ma question est oiseuse... il n'en reste plus. Prenons l'escalier monumental pendant que Roger fera le détour avec l'auto et nous rejoindra près de la cathédrale.

Là-haut, à droite, l'ex-l'hôtel de nos fidèles amis Mahot de la Quérantonnais, charmante installation, confortable intérieur, beau mobilier, situation agréable, jolie vue !

— Dans ce même immeuble, dit Thérèse, habitait la mère de Mme de la Querantonnais, Mme Riffault qui, suivant un usage traditionnel, nous invitait chaque année à aller manger « la soupe des vendanges », dans ses vignes des Grouets. M. Riffault grand ami de mon père, et son collègue au conseil général, a été pendant vingt ans, de 1850 à 1870, le maire et l'Haussmann de Blois. Son nom a été donné au boulevard de l'Est, une de ses créations. Accompagné de son adjoint, M. de Villequetout, on le voyait, le premier Janvier, faire, en grande tenue, leur tournée de visites en ville, avec un décorum disparu aujourd'hui.

— Chez Mahot de la Quérantonnais, royaliste, nous fîmes la connaissance du Prince Louis Napoléon.

— Comment cela ?

— M. Riffault, d'Orléans, professait des opinions bonapartistes et, en cett: qualité, recevait journellement le Prince Victor pendant son volontariat au 30e d'artillerie Lorsque le Prince Louis fit le sien dans l'infanterie, à Blois, M. Riffault demanda à son beau frère Mahot de la Quérantonnais, de lui ouvrir sa maison. Mahot acquiesça sans nullement cacher au prince ses convictions politiques. Mais, fort aimables l'un et l'autre, ils se plaisaient dans leur société réciproque, et tout se passait au mieux.

Nous venions rarement à Blois sans déjeuner chez Mahot de la Quérantonnais, pendant que, par une vieille habitude, notre cheval et notre voiture allaient remiser à la *Gerbe d'Or*.

— Au Bourg-Neuf ?

— Oui, en face le *Singe-vert*. L'établissement de la *Gerbe d'or* où fréquentent maintenant beaucoup d'agriculteurs beaucerons est ancien. C'est là que descendait, en son temps, certain notaire de Moisy et que ses filles et gendres venaient lui exposer leurs plaintes et réclamations. Il les écoutait sans mot dire, sous prétexte d'une paralysie de la langue. Mais ayant entendu un jour qu'on le traitait de bête, il retrouva soudain l'usage de la parole et s'écria : — « Qu'on m'appelle fripon, soit, mais bête pas, je ne le suis point ! »

Une légende s'attache à l'hostellerie de la *Gerbe-d'Or* : Un voyageur bossu, rapporte-t-on (1) avait été réveillé dans sa chambre par trois inconnus descendus par la cheminée et qui lui proposèrent une partie de cartes. Il accepta, puis les inconnus se déclarant d'habiles chirurgiens de l'école de Montpellier, et à sa dispos'tion, s'il en avait besoin, le voyageur leur proposa de le débarasser de sa bosse. Ceux ci munis de leurs instruments la lui soulevèrent aussitôt, l'accrochèrent sans la cheminée et disparurent par où ils étaient venus.

A l'annonce de cette merveille, le soir même, un blésois bossu demanda à occuper la chambre. Les faits se reproduisirent **comme** la veille, mais après la partie de cartes, quand il demanda aux trois inconnus de lui enlever sa bosse, ils ripostèrent que s'il leur fallait débosser tout le monde ils n'en finiraient pas et allaient prendre un moyen infaillible pour se soustraire à cette opération. Saisissant alors la première bosse encore accrochée dans la cheminée, ils l'appliquèrent sur la poitrine du malheureux blésois qui s'enfuit chez lui, sans, en aucune manière, partager l'avis de ceux qui chantent :

> Quand un bossu l'est derrière et devant
> Son estomac est à l'abri du vent
> Et ses épaules en sont plus chaudement.

Cet incident fit jadis considérer l'hostellerie comme ensorcelée.

— Vous nous contez des balivernes.

— C'est bien permis dans une cité née d'une duperie.

— En quoi ?

— Vous apprendrai-je qu'Yvonnade, chef breton, demanda par discours artificieux à Boson comte de Chartres de lui céder un emplacement au bord de la Loire. L'ayant obtenu il y construisit un donjon si inexpugnable que Boson comprit qu'il avait été joué. Aussi le castellum fut-il appelé Blez, ou Blois, ce qui signifie duperie, d'où le verbe roman bléses, blesoyer, fréquemment usité au moyen-âge. (2)

— J'avais toujours ouï dire que Blois venait du celte Bleiz qui veut dire loup.

(1) V. Péau, Rousseau et abbé Moutet. Histoire manuscrite de Marchenoir communiquée par M. Bellessort, notaire à Neung.
(2) V. Romieu Hist. de Selles.

— En effet c'est l'opinion la plus répandue. Maintenant pour a concilier avec l'histoire d'Yvonnade on peut dire que ce rusé breton descendait du roi de Galles Bleidwynn dont le nom se traduit par le *loup blanc*. Nous trouvons donc toujours du loup dans notre affaire pour expliquer le loup conservé dans les armes de la ville.

— Mais cela ne saurait en aucune manière justifier le sobriquet de *loups de Blois* donné jadis à ses habitants, réputés au contraire de tout temps pour leur sociabilité, leur urbanité, et leur affabilité. Au xve siècle on vantait « leur doulce et politique « accordance, entregent, élégance, faconde, galanterie et gen- « tillesse. » La Fontaine célébrait leur façon de vivre fort polie et le nombre de leurs jolies femmes. Ces traditions se perpétuè- rent, vous venez d'en avoir des exemples, et nous en évoquerons encore d'autres.

§ XVII

Vieille société blésoise. — Arrivée de Mgr Laborde.

— Salut ! commande Thérèse, nous sommes devant le nº 19 de la rue du Palais, où je suis née, demeure bien « plaisante », suivant l'expression du pays, avec son large porche aux poutres apparentes, ses vastes pièces, et sa belle vue sur Vienne et Saint-Gervais. Que de souvenirs m'y attachent, gais, tristes, de tous genres ! Tenez, je parlais à l'instant de la fusillade de 1870. Eh bien, une balle vint s'aplatir à la fenêtre de ma chambre sise au-dessus du jardin et de la maison pittoresque et garnie de choses curieuses de Mme Trouessart où Jean, interne à Notre-Dame-des-Aydes depuis l'âge de neuf ans, trouva toujours, pendant le cours de ses études, l'accueil le plus affectueux.

Deux pas. Voici la Cathédrale. A côté, l'ancien évêché, avec ses larges terrasses dominant la Loire et la vallée. Quand, dans mon enfance, ma mère m'y conduisait faire une visite à l'Évêque, j'étais impressionnée ; pas suffisamment cependant pour être à l'abri d'impairs. On m'a assez grondée pour avoir observé à haute et intelligible voix devant Monseigneur Pallu du Parc, qu'on m'avait promis de rester moins longtemps. Je fus verte-pent réprimandée par mes parents quoique Monseigneur n'ait nullement paru prendre la chose au tragique, au contraire.

Cet incident me revient en mémoire chaque fois que je me trouve à l'évêché devant la peinture qui représente Mgr Pallu du Parc. Sa famille était du reste très liée avec la mienne, et sa sœur Mme Doré qui habitait La Chaussée avait donné à mon père, pour être vendu ou mis en loterie au profit de sa société de secours aux blessés, un service tête à tête ou cabaret en porcelaine de Sèvres aux armes impériales. (1)

____

(1) Ce tête a tête n'ayant pu être mis en loterie fut vendu par M. Meurville, en 1871, et son prix employé suivant les intentions de la donatrice.

Aujourd'hui l'Évêché est l'hôtel Marcandier, que Mlle Marcandier offrit généreusement en bail amphythéotique et avec promesse de vente, lors de la dépossession résultant de la séparation des Églises et de l'État. Avec quel goût et quel soin sa grand'mère avait orné, meublé et entretenu cette belle maison, composée de plusieurs immeubles réunis, et devenue une des plus élégantes, sinon la plus élégante de Blois !. Maintenant les affaires diocésaines se traitent dans ce cadre dont la décoration intérieure n'a pas été modifiée.

— L'intimité de Marcandier et de mon père, repris-je, remontait à leurs parents et à leur enfance, car on les couchait dans le même berceau. Plus tard nous le voyons prendre part aux comédies et réjouissances de Maugué (1).

— Son amitié avec mon père, ajoute Thérèse ,datait d'aussi loin. Chez lui et chez Mahot de la Querantonnais, nous retrouvions, comme chez nos grands parents, les représentants ou descendants de cette vieille société aimable et cultivée dont j'ai toujours entendu parler depuis ma naissance : de Marc dont vous voyez devant vous l'ancien hôtel ; Gruet de Bacquencourt, établis maintenant du côté du Berry ; Romieu, du château des Nouies, près Selles-sur-Cher, où conduits par Mme d'Espinay-Saint-Luc, nous avons été assister avant la guerre, à une comédie suivie de bal, renouvelant ainsi une relation centenaire ; de La Tour du Breuil dont on citait le nom tout à l'heure ; de La Fare, auxquels nous étions plus ou moins alliés.

— Ce qui nous fait posséder le portrait au pastel d'une demoiselle de La Fare du XVIIIe siècle, copié par notre tante.

— Laquelle me fait penser à ses amies intimes Mlles de Monpezat et de La Vallière.

— Que je n'ai pas connues. En revanche, je vois encore, toujours en longue redingote et cravate blanche, M. de la Vallière, auteur de diverses publications historiques et archéologiques, notamment sur Bury, sur l'hôtel d'Alluye, siège de la Société d'assurances contre l'incendie dont il fut Directeur.

— De La Morandière, reprend Thérèse, qui fut secrétaire du Comité électoral dont mon père était président, et qui seconda si utilement mon père, en 1870, pour l'installation de l'ambu-

(1) V. mon volume *Le Chatellier et le Gué-Mulon.*

lance du château. Il attacha son nom à d'importantes constructions locales et à de judicieuses restaurations telles que celles du château de Chaumont-sur-Loire.

— Propriété du Vicomte Walsch auteur de plusieurs opuscules de notre bibliothèque.

— Oui, car il était en correspondance avec mon père (1) comme le marquis de Sers avec lequel mon père s'entendait à merveille en matière d'élections (2), et qui donnait de brillantes réceptions en son château de Madon ; le marquis de Flers, dont j'ai entendu le fils, (3) parler avec tant d'esprit et de finesse à l'inauguration du monument d'Alfred de Musset aux Champs-Elysées, cérémonie à laquelle nous avions été invités comme membres de la famille ; Dessaignes, député sous l'Empire, dont beaucoup d'œuvres charitables et humanitaires conservent le souvenir et celui des siens, notamment à Champigny en Beauce ; le savant en science héraldique vicomte de Rosière, du château de Pimpeneau.

— Où je fus, il y a un tiers de siècle, conduit par les Marcandier pour assister au mariage de Mlle de Rosière avec mon ancien camarade de collège Pierre de Vallée. Aujourd'hui le château de Pimpeneau est aux Fournier-Sarlovèze, nom déjà connu avantageusement en Blésois, en la personne de l'ancien préfet Fournier-Sarlovèze, du temps du maréchal. Très artiste, peintre, sculpteur, littérateur, je le voyais fréquemment à Paris au Cercle de « l'Épatant », toujours tiré à quatre épingles, entouré, aimable. Il publia une jolie étude sur Ferdinand de Meys, allié à notre

(1) Il lui écrivait le 4 Décembre 1871 :

Mon cher Monsieur Meurville

Permettez-moi de venir faire appel à de vieux souvenirs, ayant toujours apprécié la loyauté de votre caractère... Croyez bien que si les circonstances m'éloignent de notre bon et cher pays je reste rivé de cœur à ses intérêts et à ceux qui comme vous ont pu me connaitre...

Vte Walsch.

(2) Il lui écrivait le 5 janvier 1871 :

Mon cher collègue,

Je m'échappe de Paris pour venir demander à nos concitoyens de me porter aux élections et vous prier de m'appuyer de votre influence si grande. Veuillez agréer, mon cher collègue, mes sentiments bien dévoués

Mis de Sers.

(3) L'actuel académicien.

famille, peintre de la cour de Russie, et dont nous possédons l'intéressante gravure représentant « la grande Catherine visitant ses états. »

— Le duc de la Rochefoucault-Doudeauville, collègue de mon père au conseil général, continue Thérèse, et qui comptait sur mon père, lors de sa candidature à la Constituante (1). Il était si gros et si fort qu'il ne pouvait entrer dans certains fauteuils et que mes parents craignaient pour la solidité des autres.

— Aussi rien ne fut-il plus drôle, dis-je, que mon père surpris par un orage à la chasse à la Gaudinière, (2) et rentrant dans le salon vêtu d'une redingote et d'un pantalon du duc.

— Le marquis de Rochambeau, également collègue de mon père au conseil général et un de ses plus zélés et dévoués auxiliaires et vice-présidents du comité départemental de secours aux blessés pendant la guerre de 1870-71 (3). Comme le duc de la Rochefoucault nous le retrouvions pendant les vacances, en Vendômois. Puis je rencontrais ses fils aux soirées dansantes

(1)   La Gaudinière.
        Cher Monsieur,

Le souvenir de l'amabilité avec laquelle vous avez, il y a trois ans, reçu mon mari parmi vous au conseil général, me fait espérer qu'aujourd'hui vous voudrez bien avoir la même bienveillance en appuyant sa candidature à la Constituante.

Vous le connaissez homme d'ordre, indépendant, j'ose dire organisateur et, sans esprit de parti, prêt à se dévouer aux intérêts de notre pays.

Veuillez me permettre de compter sur votre influence, je vous en serais personnellement très reconnaissante.

Recevez, Monsieur, avec tous mes remerciements, l'assurance de mes sentiments les plus distingués.

                        Colbert D^esse de Doudeauville.

(2) Terre des La Rochefoucault.

(3) Lors de la dissolution du Comité, le Mis de Rochambeau retarda un voyage projeté pour dire un adieu à ses collègues. Il écrivait en effet à M. Meurville :

                Rochambeau, 2 décembre 1872.

        Mon cher Président,

Pour vous prouver tout mon désir de vous être agréable et de revoir encore une fois nos collègues, je remets mon départ et j'aurai le plaisir de vous réunir à vous samedi prochain.

Mes respectueux hommages à Madame Meurville, et veuillez agréer l'expression de mes sentiments dévoués.

                        A. de Rochambeau.

Quelques jours après, le 8 décembre, le journal local, à ce propos, écrivait :

de Mmes Bonnardel et Valéry Batailler, à Paris, où elles étaient aussi hospitalières que dans leur jolie propriété de Chailles près Blois.

— Dans le parc de laquelle, il y a vingt-cinq ans, nous avons, une nuit d'été, à la lueur de feux de Bengale, assisté à une charmante comédie, précédée d'un beau dîner et suivie d'une sauterie.

— Qui me fait penser, dit Thérèse, à la *Poudre aux yeux* de Labiche, représentée jadis au château de Beaumont, près Mer, chez les Pernet. Et ces derniers nous ramènent à Blois qu'ils habitaient aussi et où je dois citer encore : notre voisin de Juigné dont un obus vint démolir la cheminée en 1870, Mme Bizet qui, en 1871, vint nous avertir de l'arrivée du Prince Frédéric Charles, événement inoubliable ; les Marcé et leur bel hôtel sur le quai de la Loire ; Puységur, descendant comme Xavier (2), de maréchal de France de ce nom ; Ranson d'Herculais, qu'un domestique annonça un jour d'une voix de stentor en ouvrant la porte du salon : « Madame la Reculée » ; le baron Hamelin, du château des Grotteaux, habitué à Paris du salon des Valery Batailler, avec les d'Artemare qui tenaient les principaux rôles à Chailles, dans cette comédie dont je viens de parler ; les familles Jacobsen, de Sambœuf, de Saint-Vincent, de Saint-André, de Saint-Amand, de Ratimenton, que sais-je ?... Mme Dufay, avec laquelle mon père, de concert avec la marquise de Sers et Mme Corbin, s'occupa de créer un comité pour les œuvres des orphelins de la guerre, (3) le docteur Dufay qui présida à mon

« Nos concitoyens ont pu apprécier, en maintes circonstances, les ser-
« vices rendus par M. Meurville et son dévouement à la cause de l'ordre. »
Après la liquidation de tous les comptes du comité par M. Meurville, le journal annonçait, le 24 janvier 1871, la clôture définitive de ses opérations :

« Nous sommes les interprètes de toutes les infortunes qu'il a secourues
« en venant remercier les hommes généreux et dévoués qui avaient
« formé spontanément ce Comité pour les services qu'il a rendus pendant
« et après la guerre, à tant de malheureuses familles dénuées de res-
« sources. Si les misères à soulager étaient grandes, grand fut le dé-
« vouement des membres de la Commission, un pays qui montre de tels
« sentiments de charité et devouement n'est pas un pays perdu. »

(2) Xavier de Fontaines. Voir page 232.

(3) « Il a été reconnu, lui écrivait-elle en septembre 1871, que nous ne
« pourrons rien faire d'utile sans vous qui vous êtes occupé déjà avec
« tant de dévouement des premiers secours à distribuer à ces intéressantes
« victimes.

Mme Hendlé, femme du préfet d'alors, écrivait, le 5 novembre à M. Meurville s'en rapporter à lui pour la liste des victimes à secourir.

Mme de Bondemange était trésorière.

arrivée en ce monde, ne partageait pas nos idées, devint sénateur et beau-père du ministre de la guerre le général Billot.

Puis[1] c'étaient les membres de la magistrature de l'ancienne roche : le président Bergevin, l'érudit historien blésois[2] dont j'ai retrouvé dernièrement des lettres à mon père ; Salvat, du château de Nozieux, bâti en face Menars pour le plaisir des yeux, racontait-on, d'où son nom de Nozieux. Que de bonnes[3] parties nous fîmes dans cette propriété, aujourd'hui détruite, avec un des Salvat mon frère de lait, devenu inspecteur des forêts ! Lemaignen qui fit restaurer et augmenter avec tant de goût son château de Veillenne et apportait non moins de soin à l'entretien de ses bois et de sa terre ; le Président Besnard (1) qui, du même côté de la Sologne, découvrit les vestiges d'une villa romaine

(1) Après les élections de 1871 où M. Meurville avait échoué, le président Besnard lui écrivait :

Courbanton, 13 octobre 1871

Cher Monsieur

Le suffrage universel est en train de nous conduire à un régime où les honnêtes gens ne trouveront plus leur place, et vous êtes l'une de ses premières victimes ; vos amis vous en féliciteraient si les électeurs n'avaient, en vous écartant, fait preuve de la plus vilaine ingratitude.

Chacun de nous sait avec quel zèle vous vous occupiez des affaires du département et aussi de votre canton, mais les électeurs sont plus exigeants que cela : il leur faut encore des mots et puis des mots, aussi vous ont-ils remplacé par une nullité bavarde... elle aura son temps et si vous êtes d'humeur à rentrer dans la vie publique, les électeurs vous redemanderont.

Nous avons un mauvais temps à passer, cher monsieur, mais nous saurons tourner le dos à l'orage, le vent enlèvera bien quelques lambeaux de notre robe mais nos principes resteront entiers, inébranlables, parce qu'ils sont la vérité et, comme elle, ils s'imposeront aux plus récalcitrants. Si le ressort nous manque, nous sommes tout simplement perdus, et dans ce cas, qu'importe la vie publique ; avant de s'occuper des affaires d'autrui, le premier devoir sera de veiller à ses propres affaires, et bien heureux alors ceux qui n'auront contracté vis-à-vis des électeurs aucune obligation.

Je regrette néanmoins votre échec parce que je suppose que vous y avez été sensible, et à tout prendre, si fataliste que je sois, je préfère les gens honnêtes, modérés et pratiques, aux ambitieux loquaces et malhonnêtes.

Présentez mes respectueux hommages à Madame Meurville, et agréez, je vous prie, l'assurance de mes sentiments les plus dévoués.

BESNARD

Il est certain que l'échec de M. Meurville tint uniquement à ce que soucieux seulement des intérêts généraux de son canton, finances, travaux publics, routes, chemins vicinaux ordinaires, pour l'étude desquels il fut toujours désigné, il refusa de faire de la politique, des palabres vides, et de l'enchère électorale.

en dessinant le parc anglais autour du château de Courbanton ; Gaudron parents de l'abbé Gaudron auteur d'une histoire du diocèse, alliés de nos cousins le Conte de Roujou, et dont le château et la terre de la Cailleterie sont passés par héritage aux Bournonville ; Corbin, et leur belle maison sur le quai de Blois ; Refoulé, d'où les Charoy passés à Orléans, etc... etc... j'en oublie certainement beaucoup...

Je ne peux voir la Cathédrale sans penser à notre excellent ancien évêque Mgr Laborde qui ne m'intimidait pas comme Mgr Pallu du Parc. Vous parliez de l'arrivée solennelle du prepremier évêque de Blois Mgr Bertier. Je crois difficile de lui avoir ménagé une entrée plus magnifique que celle organisée pour Mgr Laborde. Elle me frappa et m'intéressa d'autant plus qu'avant son élévation au siège épiscopal nous l'avions connu curé à Nantes. De la gare à la place Saint-Vincent, il s'avança en landau découvert, escorté de la gendarmerie à cheval en grande tenue. Devant le bureau de bienfaisance, près l'Église Saint-Vincent, attendaient tout le clergé de la ville et les autorités. Le cortège se forma et parcourut les rues Porte-Côté, du Commerce et Denis-Papin. Des arcs de triomphe s'élevaient sur tout le parcours et une foule compacte garnissait l'escalier monu mental. Monseigneur ne l'aperçut pas de suite, cachée qu'elle était par les arcs de triomphe. Lorsque tout à coup elle se déccouvrit à ses yeux, il ne put retenir un cri d'admiration. De là le cortège remonta par la rue Porte-Chartraine tourna par la rue Beauvoir, déboucha rue du Palais et pénétra dans la cathédrale où fut célébrée une grandiose et imposante cérémonie.

— Mon père, rappelai-je, eut de délicates affaires de la paroisse de Neung à traiter avec Mgr Laborde qui vint plusieurs fois au Gué Mulon. Sa belle et douce physionomie est bien rendue par sa photographie qu'il donna à ma mère et par son portrait assis, grandeur nature, conservé à l'Evéché.

§ XVIII

De Blois à Menars.

11 avril, 2 heures 1/2.

— Voici l'auto. Remontons et prenons la grande route.

— *La Chaussée* ! dit Marie de Faviès. Un coup d'œil aux maisons que nous avons louées à plusieurs reprises pendant que vous étiez à Macé et même au Châtellier. Elles n'ont rien de spécial et nous rappellent seulement nos nombreuses farces à nos tantes et la grande distraction d'aller voir passer les express.

— En dehors des parents de Mgr Pallu du Parc dont j'ai parlé, nous connaissions ici la famille de Monspey, rappelle Thérèse, et nous y possédions un vieil ami, le baron Graeb, ancien préfet sous le maréchal, fils d'un intendant militaire de Blois, parent des Chimay, grand chasseur à courre et souvent en déplacement en Sologne, excessivement simple, bon et charmant.

Et plus anciennement une cousine Mme de Clairveaux (1) Elle avait légué un immeuble avec un titre de rente à la condition que la commune entretint une école tenue par des religieuses. Ce legs s'exécuta jusqu'au décret retirant les religieux et religieuses des écoles communales. A ce moment la commune s'étant emparée de l'immeuble et du titre de rente pour en faire jouir l'école laïque se vit assigner en revendication. M. Petit (encore une de nos vieilles relations de Blois que j'oubliais) plaida le procès, le gagna et l'on rétablit les sœurs en école libre. (2)

Des fondations ultérieures permirent d'augmenter les bâtiments, et de construire notamment des salles de classe pouvant n'en former qu'une seule très spacieuse pour les fêtes, grâce à

---

(1) Marie-Eudoxie Seurrat de la Boulaye, veuve de Hippolyte Boësnier de Clairveaux, officier d'État-Major, décédé à La Chaussée Saint-Victor, le 18 Décembre 1882.

(2) Voir Semaine religieuse de Blois Février 1890.

des cloisons mobiles faciles à déplacer. L'école est entretenue sous les auspices d'une société civile constituée avec le concours de notre cousin de Beauregard, un des ayants-droit de Mme de Clairveaux.

— Ah ! la « maison du bedoin ».

Air du Veau d'or :

Et le zouave est toujours debout !

— Perché sur la pointe du toit de son pigeonnier.

— Grâce au baron Graeb qui le répara, le remit à neuf et en place après l'avoir vu choir un jour.

— *Macé* !... trois minutes d'arrêt, ordonne Thérèse, devant la petite propriété de « La Source » achetée par mes parents au moment de ma naissance et où ils venaient de Blois en se promenant. Elle tire son nom de la jolie source maçonnée, sourdant au bas du jardin relié à la maison par une charmille de beaux tilleuls. Elle contribuait à alimenter la petite rivière de Macé qui faisait tourner jadis le moulin à foulon rue Foulerie à Blois.

Jamais je n'ai vu d'aussi bons fruits que ceux de notre verger en coteau.

Mon père vendit cette propriété en 1874 au peintre Muraton qui, en supplément de prix, lui fit son portrait. Il transforma une grande remise en atelier. La fort belle pièce ainsi obtenue servait aux réceptions, car le père et la mère Muraton étaient aimés dans le pays et accueillants. Mais une de leurs soirées fut attristée par un événement tragique. M. d'Artemare, éprouvant un malaise subit, sortit et ne rentra point. Son fils dont je citais le nom tout à l'heure, inquiet alla le chercher et le trouva dehors inanimé, terrassé par une congestion foudroyante. Il fit appeler en toute hâte un prêtre.

— Et ce prêtre n'était autre que notre excellent curé actuel de Neung, l'abbé Sauvé.

— En face, dit Marie, de l'autre côté de la rue, voici la bicoque que mes parents louaient pour passer les vacances à côté de vous.

— La maison mystérieuse. Des gens totalement inconnus, d'allures louches, s'y installèrent certain jour. Ils ne parlaient à personne, évitaient les rencontres, entreprenaient de nombreux travaux sans utilité apparente.. A mi-côte, sur le chemin où ne passaient guère que des vaches, ils avaient fait sculpter une porte en pierre avec la salamandre et autres attributs du château de Blois, puis élever au-dessus de leur toit un belvédère dominant le pays. Quantité d'enfants grouillaient là-dedans, et l'un d'eux se tenait toujours en faction dans cet observatoire plongeant complètement chez nous avec une déplaisante indiscrétion. Une nuit la famille entière déguerpit à la cloche de bois laissant des dettes partout et les travaux impayés. On n'en entendit plus parler. Etaient-ce des faux monnayeurs comme on le prétendait, ou des espions ?

Entre Macé et la Loire nous allions souvent au joli château des Beaucorps. Je ne saurais oublier l'exquise galanterie du vieux marquis, la grâce toute XVIIIe siècle avec laquelle il baisait la main.

— Ne partons pas sans un regard aussi à *Saint-Denys*, dit Marie de Faviès, à cette propriété où nous construisions de magnifiques huttes de sauvages.

— Sous l'impression des romans de ton oncle Jules Verne, en jouant aux naufragés et aux explorateurs.

— N'avait-on pas tenté d'y créer une station thermale ?

— Oui 1 sous le second Empire, mais elle n'a pas réussi, sans doute parce que Saint-Denys-les-Blois est trop près de Paris.

— Et pourtant la cour des Valois y vint et Marie de Médicis s'y intéressa.

— Je possède, ce qui est peut-être une rareté, une bouteille vide des eaux de Saint-Denys, comportant sur sa large panse un sceau en relief armoirié avec la mention : EAUX MINÉRALES SAINT-DENYS-LES-BLOIS.

— *Menars*..... halte devant la grille. Sans l'interdiction actuelle absolue de pénétrer, nous aurions volontiers revu les belles terrasses, les parterres à la française, les superbes charmilles, le jardin anglais et le moulin miniature.

— Il fallait connaître Menars du temps des Chimay et des Bauffremont, dit Thérèse, avec les attelages à quatre chevaux,

les équipages de chasse à courre, la gaieté, le mouvement qui
animaient cette magnifique cour d'honneur. Je me rappelle
l'élégance des princesses et notamment, certain jour, les plumes
de toute beauté de leurs chapeaux.

— Ce que j'aurais surtout voulu voir, c'était Menars du temps
de Marigny. Notre cousin André de Maricourt en a finement
tracé le tableau. Il remarque le contraste frappant entre l'harmonie majestueuse qui réglait la paix des choses et le désaccord
cruel qui séparait les chatelains (1).

Au fond Marigny aimait sa femme, mais il s'arrangea si bien
pour se l'aliéner qu'elle lui signifia un beau matin son départ de
Menars et sa décision irrévocable de l'abandonner. Son carrosse
roulait déjà loin lorsque Marigny, occupé tranquillement à
prendre un bain, reçut la lettre de la fugitive marquise.

Comme aujourd'hui il n'était pas facile d'entrer au château.
A la suite d'inconvenances de plusieurs visiteurs, les Suisses,
suivant leur consigne, barraient sévèrement la porte. Un seul
moyen restait : demander à voir le marquis et exprimer le désir
de lui baiser la main. Ce procédé réussit à un jeune Anglais,
Sir Joseph Jekyll, plus tard Directeur des Archives sous Georges I,
de passage en Blésois en 1775 (2). Marigny flatté, le reçut vêtu
d'une robe de chambre sur laquelle brillait la Croix du Saint-
Esprit, l'accabla de politesses, et, clopinant à cause de sa goutte,
le conduisit dans sa bibliothèque où il lui fit admirer les portraits
de Louis XV, de Christian de Danemark, et de Gustave de Suède,
donnés par eux-mêmes, puis la salle des Bourbons ornée des
portraits de cette maison depuis Henri IV jusqu'à Louis XVI.
Après avoir attendu le lever de la marquise, encore à Menars,
dont les appartements étaient ouverts, notre anglais se retira

---

(1) Menars était une véritable résidence de poète. C'était au milieu
d'un admirable parc dont les sous-bois obscurs évoquaient les souvenirs
de la Belle au Bois dormant, un palais tout empreint de la grâce majestueuse du grand siècle. Dans la galerie immense, les images peintes de
conquérants ou de justiciers, laissaient tomber de leurs cadres le poids de
leurs regards lourds ou protecteurs, et les grands miroirs au-dessus desquels les bergers souriaient aux bergères, reflétaient à l'infini les grâces
de marbre des antiques statues. Une indéfinissable ombre du passé pla-
nait dans l'air. Et le contraste était frappant à Menars entre l'harmonie
majestueuse qui réglait la paix des choses et le désacord cruel qui séparait
les gens. (Mme de Souza, par A. de Maricourt, Paris, Émile Paul 1907.)

(2) Loir-et-Cher historique, 15 septembre 1895.

non sans avoir manifesté sa vive admiration pour les statues du parc.

— Les statues existaient encore au temps des Bauffremont et des Chimay. Mais elles furent dispersées à la vente du château.

— Et même revendiquées par l'État, d'où procès.

Après un déjeuner à Menars chez Mme Watel devenue propriétaire du château, elle me montra un volume intéressant : l'inventaire dressé au décès de Marigny, où je vis les statues détaillées et, en regard, les bons du Roi y afférents avec leur date.

Marigny ne les avait donc pas retirées de sa propre autorité des musées royaux comme on le prétendait, je crois. Cette excellente Mme Watel, originaire de Saint-Florentin dans l'Yonne connaissait de réputation toute ma famille. Cette circonstance nous rapprochait, et, dans nos visites réciproques, nous parlions du « pays ». Menars lui paraissait bien grand pour elle quand elle y restait seule, et elle reportait volontiers sa pensée « à sa petite maison de Saint-Florentin », en affirmant qu'elle y serait plus gaiement.

— Mon père, répond Thérèse, connaissait aussi M. Watel depuis le début de sa carrière, et me vantait toujours son intelligence dans toutes ses entreprises.

— Il ne subsiste plus rien à l'intérieur du château de Monars des ameublements de l'époque. A l'extrémité de l'aile gauche du château (en regardant la Loire) existaient de ravissantes boiseries dans une petite pièce qui avait été arrangée, je crois, en oratoire. Je les retrouvai à Paris, avenue Marceau, dans l'hôtel de Mme Watel qui les y avait fait transporter pour s'en faire un petit salon.

Après la mort de Mme Watel, l'hôtel a été démoli et remplacé par un grand immeuble.

§ XIX

De Menars à Suèvres.

11 avril 3 h.

— *Cour-sur-Loire*. Fontaine où, dit-on, Sainte Radegonde se désaltéra en allant fonder son monastère à Poitiers. Château de la famille de Flers. Point de réunion à la fête et au pélerinage de Sainte Radegonde, le 19 Août, procession dans l'Église pendant laquelle Jean exécuta, une année, un morceau de violoncelle. Excellent accueil, goûter au château. Malheureusement les Flers arrivaient toujours aux époques où nous retournions à Paris et réciproquement. Pendant la guerre de 1870, le marquis de Flers avait pris gîte chez mon oncle Lehup, à Orléans,

— Voici l'avenue des Leddet dont l'habitation, comme le château des Flers, jouit d'une si belle vue sur la Loire. Puis l'ex-villégiature de Mesdames Brault et Ferron, juste en face l'embouchure de la Tronne. Aussi venions-nous souvent jusque là en périssoire depuis le Chatellier, certains d'y trouver toujours maison ouverte et bonne table.

— Le canotage fut en effet un de nos sports favoris, détrôné un peu par la bicyclette qui vint après, puis par l'auto.

— Oui, dit Thérèse, mais en attendant, comme mon père résistait à nous donner le « Prince » pour l'atteler au « Duc », et que ma mère réclamait toujours « sa calèche », car cette femme si modeste et si simple ne pouvait se faire à l'idée d'aller à pied à Suèvres, la bicyclette nous procura bien de l'agrément et des facilités. Aucune distance ne nous arrêtait. En n'essayant pas de forcer notre train, et en faisant quelques pas à pied, de temps en temps, nous roulions indéfiniment. Que de fois, avec un petit ballot sur notre guidon, avons-nous parcouru cette route et d'autres, et à toute heure, au besoin pour aller dîner en ville et même en soirée.

— A cet endroit même où nous sommes, à une heure du matin, nous revenions tous deux avec Jean, d'une représentation dramatique de Notre-Dame-des-Aydes. La lune éclairait comme en plein jour et nous n'apercevions aucun être humain. Tout à coup le silence fut rompu par ces trois mots :

Un homme !

Une femme !

Un gars !

partis distinctement je ne sais d'où. Cela nous intrigua, mais pas au point de nous attarder à chercher derrière les buissons.

— Et ce soir où, par une nuit noire, sous l'avenue des ormes de Suèvres, dans l'obscurité complète, nos lanternes brillant comme des phares, tout à coup deux ombres se levèrent de terre, se balançant devant nous, et nous entendîmes une voix avinée crier : — « Nous écrasez pas... j'sommes trop saouls ! » Hypnotisés par nos lumières, ces deux ivrognes, tournant sur eux-mêmes, s'apprêtaient à se jeter sous nos roues plutôt qu'à s'en éloigner. Grâce à leur avertissement nous en fîmes le tour et rien n'était comique comme leur ahurissement.

— N'arrivons-nous pas à la propriété de *la Rue*, encore une que nous avons louée, remarque Marie de Faviès.

— Oui, mais les angles des murs du parc ont été exhaussés et la grille d'entrée, jadis à claire-voie, munie de panneaux pleins qui empêchent de voir à l'intérieur du parc. Cette propriété qui appartenait à une famille Janin a été louée aussi aux Forgeot et à leur fille la générale Voisin, de bons vieux amis Blésois.

— On buvait là un certain petit vin doux, émoustillant, que je n'ai pas oublié.

— On doit en récolter encore, car le clos acheté par le Docteur Papillon a été, par ses soins, complètement reconstitué.

— Voici *Fleury* où s'élevait jadis un château important devenu une ferme où apparaissent encore les douves.

— Et *Morinville*, autrement dit le verger de l'Abbé Morin notre ancien curé de Suèvres. Que de parties joyeuses il nous procura ! car il était extrêmement gai.

— Et non moins distrait. Un après midi, au cours d'une promenade en bateau avec nous, il entend les cloches, dresse l'oreille : « Sapristi, s'écrie-t-il, j'oubliais un enterrement ! »

A une fête de Noël, en plein Salut, il pense tout à coup qu'il n'a pas fermé ses chassis et qu'il va geler. Il plante tout là, part comme une flèche par la sacristie et ne revient pas. On s'émeut, on cherche et on le trouve étendu dans son jardin, s'étant cassé la jambe dans l'obscurité.

Ces distractions ne l'empêchaient pas d'être un érudit et un véritable historien du pays. Il est très regrettable que ses œuvres n'aient pas été imprimées. Seuls quelques articles ont paru dans des publications locales. Chercheur infatigable il avait parcouru tous les anciens titres où il trouvait une mine inépuisable. Je ne me lassais pas de me faire raconter par lui quantité de détails intéressants que j'aurais dû noter, car Suèvres est une des localités les plus anciennes du département au point de vue archéologique et historique. Peut-être est-ce un des motifs qui y attirèrent l'Abbé Morin. Quoi qu'il en soit, le bruit courut que lorsque la cure en devint vacante, il vint à l'Évêché demander à Monseigneur *s'il était vrai, comme tout le monde le racontait,* qu'il était nommé curé de Suèvres. Et l'Évêque qui ne pensait pas à lui et hésitait entre plusieurs, de trouver, en le désignant, une solution à son indécision. C'est lui qui ondoya Jean (1) en disant : « C'est un trésor que Dieu vous envoie ». A la fin de sa vie, je le revis à Romorantin où il avait pris sa retraite.

— Et le fameux voyage d'Espagne ?

— Mieux vaut n'en guère parler. En un mot, ce brave abbé Morin, se laissant prendre à l'appat classique du Trésor espagnol, franchit en sleeping les Pyrénées, se trouva en face d'une maison dont je dirai seulement qu'un prêtre ne peut y entrer, et, ayant compris qu'il était victime d'une mauvaise farce et d'une tentative d'escroquerie, il revint sans le sou en 3ᵉ classe.

Voici à droite, à trois cents mètres, un de nos buts préférés de promenade : le petit manoir du *Grand Port* avec sa tourelle qu'habita, prétend-on, Agnès Sorel.

— A gauche le château de *Lalouin*, montre Thérèse. Passons tout droit, Mme de Grandcour est morte l'année dernière et il n'y a personne au château. C'est une des maisons où nous allions le plus souvent. Mon père connaissait de tous temps M. Lionel Le Normant de Grandcour et était un des danseurs de Mme de Grandcour quand elle était Mlle de Montpinson.

(1) Jean Regnault de Beaucaron.

— Mon père aussi, continuai-je. Et ces messieurs se réunissaient pour de belles chasses aux perdreaux, à Conan, une des terres de Beauce de M. de Grandcour. Il y existait autrefois un château, mon père assista au dernier déjeuner qui y fut servi. Les ouvriers attendaient qu'on partit en chasse pour commencer la démolition. Marie de Grandcour épousa René de la Selle, fils de notre excellent voisin de la Ferté-Beauharnais, en Sologne, si bien que, lors du projet de son mariage, MM. de la Selle et de Grandcour se rencontrèrent nez à nez chez mon père à Paris, rue de Mont-Thabor, chacun venu dans l'intention de se renseigner sur l'autre. C'est dire l'agréable intimité que nous avions jadis dans ces deux maisons.

§ XX

Suèvres.

11 avril 3 h. 1/2

— *Suèvres* ! l'une des plus nobles de toutes les prévotés de Saint-Martin de Tours, bénéfice envié et honorable, car dès les premiers siècles de son existence elle eut l'honneur d'avoir pour prévots les personnages les plus illustres du chapître, parmi lesquels trois archevêques, trois cardinaux et plusieurs évêques. Arrêtons au cimetière.

(*Henriette de Faviès prend une photographie de notre tombe que nous trouvons en bon état et nous interrogeons un indigène* :)

— La mère Cheveau est-elle là ?

— Elle est morte.

— Et Marie Cheveau sa fille ?

— Elle est morte.

— Et Garnon le maréchal ?

— Il est mort.

— Et les Barat ?

— Plus personne. Mme Barat la mère est morte et son fils aussi.

— Mauvais début, s'écrie Thérèse. Ah ! Mme Savinois s'avance et nous reconnaît. Venez, elle veut nous faire entrer dans son magasin. Cela nous rappellera notre jeune temps. Elle veut donner à nos enfants des chocolats comme nous en achetions autrefois. Elle est toujours aussi avenante.

— Et voilà Courtillet le serrurier ; il me regarde, s'arrête, cherche et ne me reconnaît pas.

— Allons Courtillet, vous ne me reconnaissez pas ! Vous m'avez fait jadis une grille de parc.

— Pas possible ! C'est M. Regnault de Beaucaron et Mme Regnault de Beaucaron !... et... ces dames ?

— Ma fille Mme de Fontaines puis Mme de Faviès etc... etc...

(Longue conversation).

Entrons dans l'église. Notre banc devant la chapelle de Saint-Joseph reste inchangé, avec le petit coffre de chêne que j'y avais fait fixer pour enfermer à clé nos paroissiens. A ce moment j'avais envoyé notre jardinier porter mes livres de messe à l'église et la collection des Bottins à la receveuse des Postes.

— Celle qui se teignait les cheveux en violet ?

— Parfaitement, mais n'en était pas moins serviable, en raison de quoi je lui avais promis de lui faire cadeau de mes Bottins. Or, le dimanche suivant, à la Messe, je trouvais uniquement les quatre gros Bottins, Paris, Départements, Etranger, étalés sur le pupitre de notre banc. Les paroissiens avaient été remis à la poste où on n'y avait rien compris. « — Quelle bête de méprise avez-vous donc faite avec mes livres, dis-je en revenant au jardinier ? Et celui-ci de réfléchir un instant et de me répondre gravement : — « Monsieur, ma mère a mis neuf mois pour me « mettre au monde et Monsieur ne met qu'une minute à me dire « que je suis bête. » Devant ce raisonnement sans réplique je m'inclinai.

— C'était le vieux François ?

— Oui, le fidèle ordonnance de mon oncle le colonel baron de Francq. Il avait épousé la femme de chambre de ma belle-mère. Tous deux étaient restés à notre service.

— Tiens, une nouvelle mairie.

— Malheureusement, malgré bien des protestations, elle a été élevée devant une ravissante tourelle de l'église dont elle cache fâcheusement la gracieuse silhouette.

— Traversons le bourg, indique Thérèse. A droite, ces murs sont les débris de l'ancienne église Saint-Martin. On en faisait faire le tour trois fois, la nuit, aux chevaux en proie à des tranchées. J'ai encore vu pratiquer ce remède souverain.

— *Saint-Lubin.* J'ai parlé de ce bijou dans mon histoire de Chatellier. Le dimanche, la Messe de 8 heures fournissait d'agréables rencontres. Ceux de nous qui alternaient pour assister à la grand'Messe de la paroisse n'y manquaient pas. Les châtelains des Forges, de Diziers, les Beulay agissaient de même, parfois aussi les Leddet, du Vivier, et entre nous ne renaissaient pas, à propos des places et du pain bénit, les querelles de préséance qui divisèrent si longtemps, au XVIIᵉ siècle, les seigneurs voisins, notamment les La Boissière, seigneurs de Fleury et les Vernaison seigneurs des Forges.

Sonnons en face chez les Michel-Beulay.

— C'est encore une propriété que nous avons louée plusieurs années, remarque Marie de Faviès, et j'en connais les coins et recoins.

— Apercevez-vous Mme Michel et sa fille Jeanne dans leur vigne que j'ai vu reconstituer et planter par le digne capitaine Michel ? Allons à leur rencontre.

— Quelle surprise ! s'écrient ces dames d'une seule voix. Entrez donc !

— Nous sommes en passant, nous allons faire un tour rapide, revoir la charmille, la voûte des tilleuls symétriquement plantés, le cèdre séculaire.

— Rien n'est changé ; c'est le cas, Henriette, de braquer le kodack et de nous faire en groupe sous cet arbre monumental.

— Et la grotte ?

— Elle n'est guère en état et peu accessible.

— Et les fameuses pierres dont votre grand' père l'avait tapissée et dans la coupe desquelles il découvrait quantité de dessins formés par leurs veines ?

— On n'y voit presque plus rien.

— Il y a une quarantaine d'années, je me souviens fort bien avoir été reçu par votre grand père, le Dr Baillargeau, en longue redingote, et le cou enfermé dans une cravate qui en faisait plusieurs fois le tour. Il n'avait pas manqué de me faire descendre à la grotte, muni d'une éponge imbibée d'eau qu'il passait sur ses pierres pour me faire ressortir les dessins plus ou moins étranges que leurs veines et leur assemblage formaient.

Comme je l'ai dit dans l'histoire du Chatellier, votre clos comportait aussi d'anciens souterrains communiquant avec les propriétés voisines.

— Venez goûter avant de partir.

— Nous n'avons pas le temps.

— Jeanne a tout préparé.

— Restons seulement cinq minutes. Pour vous voir plus longtemps, accompagnez-nous jusqu'au Chatellier.

— Vous ne pourrez voir que l'extérieur, les propriétaires sont absents.

— Qu'importe, allons-y,

§ XXI

Le Chatellier.

11 avril 4 heures.

— Que de changements ! Les deux pavillons à droite et à gauche ont été surélevés ainsi que le pressoir. Une marquise abrite la porte du vestibule. Les deux petits pavillons, à l'entrée, qui servaient de chambre à joujoux sont supprimés.

Une grille en fer remplace la porte cochère en bois. Les communs sont modernisés.

Le bois est percé de petites allées tournantes. Une belle roseraie, formant voûte, part du mur de clôture et longe en descendant celui des communs.

Une serre a été construite en haut du clos.

Le système d'arrosage a été perfectionné : les plates-bandes ont été multipliées et enrichies de fleurs rares, le tout soigné comme un parc Monceau. On ne peut pas dire autrement, c'est charmant.

— Incontestablement.

— Vous dites cela comme sans conviction.

— Non, c'est vraiment charmant, mais...

— Il y a un mais ?

— Oui et non.

(*Silence. Chacun se regarde*).

— Eh bien, se décide Thérèse, ce n'est plus « mon Chatellier ». J'avais une grande appréhension à y revenir. Je le désirais et le redoutais en même temps. Je craignais de réveiller le passé, d'aviver nos regrets. Cette visite m'a produit un effet imprévu ; je suis contente maintenant d'être venue, et je n'aurai plus d'appréhension à y revenir :

C'est une autre propriété qui s'offre à mes yeux. Je ne dis

pas que c'est moins bien : c'est différent. Mes souvenirs n'y sont plus. (1)

— C'est la même chose pour moi, dit Edmée. Il y a dix ans,

(1) A propos de mon volume de souvenirs sur le Chatellier et le Gué Mulon, M. de la Morandière propriétaire du château de Roujou (voir page 132) m'écrivit la lettre suivante que je rapporte ici à cause des détails supplémentaires qu'elle donne sur les anciens seigneurs du Chatellier :

Monsieur,

J'ai voulu prendre le temps de bien connaître ce précieux volume, aussi plein de forte érudition que de savoureux souvenirs intimes.

Vous faites bien, Monsieur, de sauver de l'oubli tous ces petits vers, ces anecdotes qui peignent une époque et qui prendront chaque jour plus d'intérêt avec la disparition des témoins de ces temps si proches de nous et qui nous paraissent déjà lointains, parce que nos pères avaient gardé l'esprit du XVIIIᵉ siècle, la bonne humeur facile à amuser, nul besoin de confort, l'urbanité gaie, la naïveté apparente de cette versification sans prétention, tradition de la « Muse historique de Loret », qui enguirlandait gentiment les événements petits et grands......

Et moi j'ai eu plaisir à retrouver le Châtellier.

Louis II Dubin s'appelait dans l'usage M. du Châtellier. Il était fils de Marie Poullevé petite-fille de noble homme Robert Poullevé, capitaine des charrois du Roi et de Marie Coyrin, dont vous parlez (p. 35). Les Poulvé avaient aussi la terre du Terreux dans Suèvres dont hérita également Marie Poullevé, femme de Louis I Dubin sʳ des Roches.

Ces Dubin. connus dès 1500 à Blois où ils épousaient des filles de cette puissante famille des Mahy, occupèrent ces bonnes charges locales qui faisaient l'orgueil et la joie de ces gens modestes. échevins, conseillers du Roy, Esleus en l'Eslection, contrôleurs au grenier à sel.

Ils donnèrent plusieurs chanoines aux chapitres de Saint-Jacques et de la cathédrale, dont un, l'abbé Dubin de Grandmaison, fut presque célèbre au commencement du 19ᵉ siècle pour avoir fait vaillamment la guerre de Vendée, s'être bruyamment querellé avec son évêque Mgr de Sauzin et avoir été un des derniers types de l'Église de l'ancien Régime, portant la queue, les ailes de pigeon et l'habit court, et faisant le bonheur de la bonne compagnie par son entrain, ses bons mots restés dans les mémoires et sa bonne cuisine.

Sa nièce était mon arrière grand'mère.

Les armes des Dubin (je vous le dis parce que je vois que vous avez mis celles des seigneurs du Chatelier) étaient de gueules à la fasce d'or chargée de 3 coquilles de sable, et accompagnée de 3 cygnes d'argent.

Votre travail sur le Gué Mulon est une de ces monographies qui ont le grand mérite de conserver les détails de ce régime féodal qui ne se peut comprendre que par la multiplicité des renseignements locaux bien étudiés, puisque l'essence même du Régime, comme de l'esprit même du moyen-âge, de son architecture, de sa législation, est un particularisme farouche qui vit de sa coutume, de ses privilèges, de ses singularités et parfois de ses cocasseries, en est fier, jaloux, et défend férocement sa personnalité homme, fief, commune, confrérie, institutions, contre le voisin, quel qu'il soit, à commencer par le Roi, le grand niveleur.

Merci donc, Monsieur, de m'avoir donné le plaisir de posséder ce livre qui prend sa bonne place sur les rayons de cette bibliothèque que j'ai eu plaisir à vous montrer.

Veuillez présenter mes hommages respectueux à Madame de Beaucaron et agréer l'expression de mes sentiments distingués.

G. DE LA MORANDIÈRE.

en passant en auto à Saint-Dié, de l'autre côté de la Loire, j'avais aperçu le Chatellier, et cette vision m'avait vivement troublée et péniblement touchée à la pensée qu'il n'était plus à nous. Aujourd'hui, en m'en approchant, j'éprouve un autre sentiment. Les pavillons surélevés me font paraître la terrasse moins large ; avec ces nouveaux aménagements du jardin, cette roseraie, cet entourage d'arbres verts dans le potager, cette marquise, ces chambres faites dans les communs remis à neuf, le Chatellier me semble moins spacieux qu'autrefois. J'admire la belle tenue de la propriété, mais pour moi *ce n'est plus le Châtellier*.

— Je pense exactement comme vous, concluai-je à mon tour, nous avons quitté une vieille gentilhommière avec son cachet du xviiie siècle. Nous retrouvons une brillante villa moderne. Certes nous sommes heureux de la voir tomber en si bonnes mains, nous admirons cette transformation, mais elle fait disparaître pour nous « le Châtellier » et nous n'avons pas l'impression que d'autres habitent « notre Châtellier ».

§ XXII

Diziers. — Les Forges.

11 avril 4 heures 1/2.

— Roger, tourne à gauche. Voici la grille du château des Forges. Arrête.

— La princesse de T'Serclaes est-elle chez elle ?

— Elle y sera dans un quart d'heure

— Alors, avec l'auto, nous avons le temps de faire un tour à Diziers.

*
* *

— Je ne descends pas, dit Edmée. Je veux terminer un mot à mettre à la poste pour Xavier.

— Ces grands arbres, cette majestueuse entrée, cette cour imposante paraissent tristes, remarque Marie de Faviès.

— Parce qu'il n'y a absolument personne, répond Thérèse, que le parc est abandonné à lui-même en ce moment. Mais mettez quelques joueurs de tennis là, à gauche, ouvrez les fenêtres, donnez un coup de râteau aux allées, et qu'un rayon de soleil perce le ciel couvert et sombre, vous verrez la différence. Lorsqu'au 15 août les processions, après leur interdiction dans les rues, venaient se dérouler dans ce beau cadre, le coup d'œil était superbe.

Du reste, au temps de M. et Mme de Montlaur, l'impression se dégageait toute autre qu'aujourd'hui. Le comte de Montlaur, par lui-même très gai, vif, spirituel, malicieux, vous accueillait toujours souriant, avec quelque réflexion amusante et prime-sautière. La conversation ne tombait jamais, quel que fût le sujet, et notamment quand on parlait arts, car il peignait non sans talent. Ses œuvres ornaient le hall d'entrée et le petit salon attenant au grand. La chapelle lui devait sa décoration.

Sa fille Mlle Léopoldine de Montlaur, héritière de ses dispositions, s'adonnait aussi à la peinture.

Le rez-de-chaussée se prêtait bien aux réceptions, et j'y vis jouer la comédie par Mlles Mathilde de Montlaur (plus tard Mme de Saint-Laumer), Léopoldine de Montlaur, de Beauregard (plus tard Mme de Romanet), de Boutigny etc...

Puisqu'il n'y a personne et que nous ne pouvons entrer, faisons le tour du château, admirez cette magnifique source qui alimente les fossés.

— Dans des conférences faites, en 1896, à la mairie de Blois, dis-je, le docteur Papillon avait conçu et développé le projet de la faire capter pour alimenter le chef lieu du département. M. de Montlaur l'apprit indirectement. Et avec quelle belle fureur vint-il me demander si j'étais au courant ! Il s'irritait de ce que, sans lui en avoir dit un mot, le docteur Papillon annonçait comme « chose entendue », « la cession très facile à obtenir, sans grands « frais, du patriotisme de l'ancien colonel des mobiles de Loir-et « Cher, qui ne manquerait pas de faire passer l'intérêt général « avant le siens propre ». Ce pauvre colonel de Montlaur s'en préoccupa longtemps, jusqu'au moment où il acquit la certitude que ce projet n'était pas suivi.

— Je ne sais, observe Thérèse, si le cygne que j'aperçois se promenant gravement dans les douves est le même qui existait de mon temps. C'est possible, on prétend que ces animaux vivent très vieux. En tous cas, il ne faut pas s'y fier : à cette même place, un jour où Edmée en avait agacé un en jouant, il lui avait saisi son gant et ne voulait pas le lacher. J'intervins à temps en cette lutte homérique qui aurait pu mal tourner.

— L'heure avance, revenons à notre voiture.

— Après avoir terminé mon mot à Xavier, nous raconte Edmée à notre retour, j'ai lu Storelli en vous attendant, et j'ai constaté qu'il donnait la filiation des seigneurs de Diziers qui furent nos parents pendant un siècle par les Ronsard. (1)

— Ce qui prouve qu'on se retrouve toujours. Et maintenant retournons au château des Forges !

____

(1) Voir page 234.

— Comme vous êtes gentille de ne pas m'oublier ! s'écrie la princesse de T'Serclaes en embrassant Thérèse.

— Certes, nous ne voulions pas passer sans vous demander, répond Thérèse, et en dehors du plaisir de vous rencontrer vous ne sauriez croire celui que j'éprouve à me revoir ici dans cette propriété si bien mise en valeur par vos soins. Elle retrace à ma mémoire mon enfance, ma jeunesse, les premières communions à Suèvres. Après la Messe, toutes les premières communiantes se réunissaient chez les Sœurs à un grand déjeuner que leur servaient Mlle de Montlaur, Mlles d'Allaines et moi. Le menu ne variait jamais, et comportait ,de fondation, du veau aux petits pois. Puis, avant les vêpres, nous venions toutes nous promener et nous asseoir sous ces arbres dont la luxuriante et envahissante végétation finissait par enterrer le château.

De tous côtés maintenant, grâce aux élagages, aux percées bien ménagées, l'air et le soleil pénètrent autour de cet attrayant manoir.

— Un des plus gracieux que je connaisse, ajoutai-je. La visite domiciliaire où vous avez bien voulu me diriger il y a quelques années m'a permis d'en parler dans mon histoire du Chatellier que je me ferai un devoir de vous adresser (1). J'appréciai aussi combien l'intérieur répondait à l'extérieur avec ses meubles anciens, ses portraits, ses tapisseries au petit point.

— Nous craignions que vous ne soyiez restée en Belgique.

— J'y étais en effet au début de la guerre et j'ai dû y demeurer pendant l'occupation. A la mort de mon mari, je parvins à revenir en France, et ce ne fut pas sans difficultés.

(Ici la Princesse de T'Serclaes raconte les curieuses péripéties de son départ de Bruxelles et de son voyage).

— Comme les minutes passent vite ici ! Hélas ! il faut malheureusement partir. J'aurais voulu pouvoir rester davantage

---

(1) M. Adrien Thibault m'a fait remarquer que l'écusson semé de fleurs de lys que l'on m'avait dit avoir été gravé aux Forges, en souvenir du passage de Saint Louis, représentait en réalité les armoiries d'un des anciens seigneurs des Forges du XVIe siècle Guillaume Lebordier qui devait appartenir à une famille considérable pour porter de semblables armoiries ne différant des royales que par le champ de gueules.

pour noter d'une façon précise les détails que vous venez de nous donner. Ils en valent la peine et j'espère bien que vous même les consignerez par écrit (2).

(2) Au moment où je projetais d'envoyer ces pages à l'impression j'écrivis à la princesse de T'Serclaes, afin de lui demander si elle avait une relation de ces faits et pouvait me la communiquer à temps pour en rappeler ici les principaux. Elle voulut bien me répondre aussitôt :

Les Forges, 17 août 1921.

Cher Monsieur,

Je ne veux pas retarder l'impression de votre livre. Déjà mes beaux enfants m'avaient demandé d'écrire mes démêlés avec les Allemands pendant mon séjour à Bruxelles et je comptais le faire cet hiver. Veuillez donc me pardonner si je ne vous envoie rien pour le moment. Je veux faire ce récit à tête reposée et ne saurais vous l'envoyer de suite. Or, comme il sera sans doute trop tard, ne vous attardez pas à m'attendre. Votre livre n'y perdra rien, je sais combien vos récits et souvenirs de famille sont appréciés.

Veuillez, cher monsieur, me rappeler au bon souvenir de Madame Regnault de Beaucaron et croire à toute ma sympathie.

Tous les miens se rappellent également au bon souvenir de votre famille.

Princesse A. DE T'SERCLAES.

§ XXIII

De Suèvres à Mer.

11 avril 5 heures.

— Continuons tout droit notre même grande route, indique Thérèse. A gauche, voici *la Grenouillère*, vieille petite gentil-hommière avec ses fossés et sa garenne. Etant enfants nous y passions, chez nos bons amis Bouillet, des journées à canoter dans les douves, à jouer à cache-cache dans les greniers et à apprendre à faire des bonbons de fleurs d'oranger, du nougat etc... Après la mort de la grand'mère Bouillet qui, l'hiver, retournait à Paris dans son antique hôtel de la rue des Lions Saint-Paul, au large escalier de pierre bordé d'une rampe en fer forgé, la propriété fut vendue. M. Tony Bouillet, ferme soutien de l'école de Pont-Levoy, se retira dans sa terre des Fourneaux, près Châtillon-sur-Indre où il habite avec sa fille la baronne du Noyer de Lescheraines qui me fait l'amitié de ne pas m'oublier dans ses voyages à Paris.

Quelque temps après les Bouillet s'installèrent à la Grenouillère des gens au moins bizarres. La première fois qu'ils surgirent ce fut un dimanche, à la grand'messe, en tenues voyantes, faisant beaucoup de poussière. A la quête, ils mirent des billets de cent francs dans la bourse, puis allèrent faire de grandes protestations à M. le Curé, lui déclarant qu'ils allaient largement subventionner ses œuvres. Invité à aller les voir, il hésitait avec une prudente circonspection. Cependant, devant leur insistance, leur générosité et leurs promesses renouvelées, il se décida, non sans avoir pris la précaution de se faire accompagner par une personne respectable qui avait un prétexte d'entrer au château. Dès leur approche les dames s'agitèrent, coururent à leur rencontre, sautillant autour d'eux et s'exclamant : « V'la M'sieu l'Curé ! V'la M'sieu l'Curé ! Vite du champagne ! du champagne ! »

On choqua les verres avec exubérance, et comme les deux visiteurs, peu soucieux de prolonger cette ovation, se disposaient à l'abréger et à se retirer, le maître de maison tira d'un imposant portefeuille un billet de mille francs qu'il remit au digne pasteur, puis, suivi d'une bruyante et joyeuse cohorte, accompagna ses hôtes jusqu'à la grille. Les ouvriers des pays, hypnotisés, offraient à qui mieux mieux leurs services en vue des importants travaux annoncés et même entrepris. Mais bientôt l'on raconta que lorsqu'un fournisseur se présentait on n'avait jamais de monnaie : on lui montrait seulement avec ostentation des billets de mille francs sur lesquels il ne pouvait rendre, et on le priait de repasser. Ébloui néanmoins par ces images bleues, on faisait crédit quand, un beau matin, les châtelains s'éclipsèrent discrètement laissant vendre leur mobilier aux enchères, après un règne éphèmère.

Voici à droite, à trois ou quatre cents mètres, le clos *Guynemer*, reste d'une ancienne seigneurie des ancêtres du célèbre aviateur (1) Son grand-père, ex-préfet de l'Empire, avait chargé mon père qui était son camarade d'enfance, de lui rechercher ce fief, de le renseigner sur son existence et son acquisition possible (2). Mon père put d'autant mieux le documenter sur cette propriété qu'il la connaissait bien. Elle était en effet à nos voisins Horay et, sur leur invitation, j'allais chaque année y assister aux vendanges.

— Après avoir appartenu aux Guynemer, ajoutai-je, la Lande

(1) Famille de robe et d'épée connue depuis le XIVe siècle. (Voir *Je sais tout*, 15 juin 1917.

(2) Lettre du grand père de l'aviateur à M. Meurville : « Mon cher ami, « veux-tu être assez bon pour me rendre un service. J'ai oublié de t'en « parler quand j'ai eu le plaisir de te voir à Paris. Voici : Ma famille possédait autrefois (il y a bien longtemps) un domaine appelé de son nom « les Landes Guynemer qui, après avoir passé dans la famille d'Aubigné, « appartient aujourd'hui à je ne sais qui. D'après nos papiers ce domaine « était situé dans le Blaisois, près *Mer* et il avait une certaine étendue « quoi qu'il fut peu productif. Aujourd'hui je voudrais savoir où il est « situé exactement, quelle est son importance, et à qui il appartient. « Dans le cas où cela serait possible, je l'achéterais, si toutefois il présente le moindre agrément. Tout cela n'est pas bien clair et je cherche « une épingle dans une meule de foin, mais comme tu connais le pays tu « pourras savoir ce qu'il en est, soit par toi, soit par un notaire de Mer, « soit par l'agent voyer cantonal. Tu m'obligeras infiniment.

« Cher ami, lorsque tu viendras à Paris n'oublie pas que nous allons, « dans quelques jours, nous installer rue du Cirque n° 2, au coin de l'avenue « Gabriel et que je serais bien heureux de te recevoir. Crois à tout le « plaisir que j'ai à te retrouver. A notre âge, tout ce qui nous rappelle la « première jeunesse devient précieux, et pourtant nous ne sommes pas « encore grands papas. Sur cette réflexion philosophique je te serre la main « bien affectueusement. A. Guynemer, 114, rue de Rivoli, 28 mai 72. »

ou plutôt les Landes Guynemer (1) passèrent aux d'Aubigné. Et c'est dans ce modeste domaine, venant de sa mère et constituant son seul bien, qu'Agrippa d'Aubigné vint se réfugier au cours des guerres de religion. De là il voisinait avec Talcy où la belle Diane Salviati, fille du chatelain, parent du roi et arrière grand-oncle de notre cousin Alfred de Musset, lui inspira des stances et des sonnets comportant un ensemble de six mille vers intitulé *Le Printemps*. Rien de plus noble, de plus élevé, de plus sincère, de plus touchant dans sa simplicité, que leur roman :

Ils s'aimaient dès leur prime jeunesse. La différence de religion entrave leurs projets. Il est protestant, elle est catholique. Cependant, après la Saint-Barthélémy, Salviati sauve la vie à Agrippa. Autre obstacle : il est pauvre, elle est très riche. On lui suggère qu'il peut acquérir une fortune en livrant des papiers, en sa possession, très compromettants pour les réformés. Afin de ne pas être tenté de forfaire à l'honneur, il les brûle, « de peur qu'ils ne le brulassent ». Ce qu'apprenant, Salviati lui déclare que cet acte « l'a échauffé à le prendre pour fils », et « au lieu d'un trésor mal acquis il lui en donne un inestimable ». Mais un oncle, grand maître de l'ordre de Saint Lazare, oppose son veto. Agrippa navré quitte Talcy. Deux jours après il y revient grièvement blessé,

> Pour entre ses doux bras si doucement mourir.

On le tient pour mort, on le recouvre d'un suaire, Diane le veille, lave ses plaies, et, contre toute attente, il rouvre les yeux.

---

(1) Avant de mettre ce volume sous presse, je voulus m'assurer que l'ami et correspondant de M. Meurville était le propre grand-père de l'aviateur. J'écrivis donc au père de ce dernier, M. Paul Guynemer, ancien officier, pour lui en demander confirmation : Il voulut bien me répondre :

« Compiègne, 26 août 1921.

« Monsieur,

« En effet, je suis le père du capitaine, le dernier des Guynemer !...
« M. Aug. Guynemer était mon père, que sa descendance intéressait, et,
« pour elle, il s'occupait du passé... Aujourd'hui la famille est terminée !
« Pour l'intérêt de votre livre, je puis vous dire qu'il y a aussi une
« Lande Guynemer aux environs d'Orléans. On me l'a souvent dit, et
« je l'ai vu jadis sur une carte, sans pouvoir me souvenir exactement de
« sa position Ce sont les seuls renseignements que je puis vous donner.
« Je le fais avec plaisir, en vous priant d'agréer l'assurance de mes
« sentiments les plus distingués P. Guynemer. »

L'évêque d'Orléans exige que Salviati le lui livre sous peine de
brûler le château. Salviati refuse : l'hôte est sacré. Agrippa, à
peine convalescent, saute sur un cheval, court après l'envoyé
épiscopal, et, pistolet sous la gorge, le contraint au contraire à
signer la sauvegarde du domaine ! L'amour des deux jeunes gens
est à son apogée. Mais la guerre de religion rend leur union de
plus en plus impossible. L'honneur commande à Agrippa désespéré de quitter Talcy. On marie Diane contre son gré, elle meurt
de chagrin. Agrippa reste toute sa vie fidèle à sa mémoire, et,
même après son mariage avec Suzanne de Lezay, celle-ci le sur-
prend à pleurer Diane, au milieu de la nuit, avec des soupirs « fai-
« sant un tel bruit que fait parmi les pins la rude tramontane ».
Comment, dit-elle alors,

> Peut-elle du tombeau plus que moi dans ton lict ?
> Peut bien son œil éteint plus que le mien qui luit ?

Et lui de répondre :

> Pourquoi ne peut sa mort me donner de l'amour ?
> Puisque morte elle peut te donner jalousie !

— *Mer* ! Je voudrais, demande Marie de Faviès, revoir la maison d'Aulnay que nous avons habitée non loin d'ici, dans le faubourg.

— Parfait. Nous en profiterons pour sonner à la porte de
Mme de Masclary chez laquelle nous avons été à de gaies réunions
de tennis peu avant la guerre ; de Mme Pinsard chez laquelle
Jean jouait du violoncelle avec M. Pernet, de Beaumont ; de
Mme Duc sa belle-sœur. Rendez-vous dans une demi-heure avec
l'auto devant la halle.

. . . .

— Quoi déjà de retour ?

— Nous nous sommes trompés de chemin. Il faut repasser
par ici. Et vous ? vos visites ? Déjà terminées ?

— Personne nulle part. Regardez votre montre. Tenez-vous
absolument à Aulnay ? Si oui il faudra « brûler » Chambord.

— Mieux vaut « brûler » Aulnay.

— Alors en route ! décidai-je, par la rue Barrault ! Elle se
prolonge 4 kilomètres. Jadis il nous arrivait d'y croiser un cy-

cliste fort élégant dans son costume de coupe irréprochable, tiré
à quatre épingles, droit et guindé sur sa bicyclette nickelée, la
tête immobile légèrement portée en arrière, les bras tendus et
raides sur le guidon, généralement seul, parfois suivi d'un domestique impeccable. Ce personnage à l'allure si fière nous intriguait :
« C'est le beau Gandouard, nous renseigna-t-on, jadis si mon-
« dain et si recherché, aujourd'hui complètement paralysé du
« torse et du cou, et impotent des bras. Conservant l'usage seul
« de ses jambes, il parvient à se faire hisser sur sa bécane, à la di-
« riger avec les uniques mouvements de ses mains, et à descendre
« en s'appuyant à un arbre ou à un mur. Dans ce triste état, ne
« se plaignant jamais, toujours correct et escorté d'un valet de
« chambre dévoué, il a quitté Paris et s'est retiré dans son petit
« cottage de Mer, rue Barrault, garni de meubles de style et du
« meilleur goût. »

« Gandouard », « Gandouard », cela me disait quelque chose. Je
feuilletai les tables de mes arbres généalogiques et j'acquis facilement la certitude que « le beau Gandouard » y figurait, et sor-
tait comme moi, de la vieille maison champenoise et bourgui-
gnonne des Tenaille, auteur des branches d'Estais, de Saligny,
de Vaulabelle, de la Moraco, du Lac, de la Plante, de la Gagère,
de Chavance, de Presles, de Bazarne, de Verly, de la Motte, de
Champton, de Beaumont, de Beauregard, de Lesneau. Son arrière
grand'mère, née Tenaille, avait épousé Godefroy Gandouard de
Montauré, seigneur de Fonteville, lieutenant de la Chatellenie de
Chatel Censoir (1). Son grand-père était Godefroy Gandouard de
Montauré, seigneur de Magny, chevalier de Saint-Louis, capitaine au régiment d'Artois, major de la Place de Perpignan. Nous
ne tardâmes pas à le rencontrer chez les Pinsard et, à son vif étonnement, mais sans la lui apprendre, je lui énumérai son ascendance.
Le pauvre paralytique s'en montrait charmé, et désormais, modifiant l'orientation de ses promenades, il les dirigeait volontiers
au Chatellier.

— La dernière fois que je le vis ,dit Thérèse, ce fut au mariage
de Mme d'Orvau, en juin 1903. Cédant aux aimables instances

(1) On lit dans le Bulletin de la Société des Sciences de l'Yonne de
1916 que dame Claude Gandouard a été marraine d'une cloche à Chatel
Censoir le 20 novembre 1748 ainsi qu'il résulte de l'inscription reproduite
in-extenso

j'avais assisté au grand déjeuner de famille. « Le beau Gandouard » m'avait fait mille grâces, puis, le soir même, son cerveau se prit, il perdit la notion des choses, et mourut.

j'avais assisté au grand déjeuner de famille. « Le beau Gandouard » m'avait fait mille grâces, puis, le soir même, son cerveau se prit, il perdit la notion des choses, et mourut.

§ XXIV

Souvenirs de la crue de 1907

11 avril 5 heures et quart.

— Vos histoires finissent toujours mal, s'exclame Marie de Faviès. Parlons d'autre chose. Voilà les piliers du pont de Muides, je le reconnais avec plaisir. Nous le pratiquions au temps où l'on devait payer 1 fr. par voiture à 4 roues. Nous y abordions, semble-t-il, par un autre côté.

— Oui, par la levée à droite, peu carossable, plus pittoresque et plus courte de trois kilomètres. Notre jeunesse s'amusait des cahots lors de nos joyeuses navettes entre le Chatellier et le Gué Mulon. Ne nous prit-on pas une fois pour une noce quand, en compagnie de Fatou, nous chantions des refrains qu'il nous rapportait du Japon ?

Depuis la vente du Chatellier nous ne sommes revenus qu'une fois ici, le 21 octobre 1907. Je m'étais engagé vis à vis de Mme Robin, des Augères (près Neung et Millançay), à lui faire visiter le château de Menars, non en touriste ordinaire, mais de fond en comble, de la cave au grenier, grâce à mes relations dont je viens de vous parler, avec la propriétaire. En même temps nous devions jeter un coup d'œil au Chatellier. Partis de Neung, en auto, limousine Brouhot 24 HP, après déjeuner, Mme Robin, Mme de Chevarrier sa tante, Mlle de Sauvebœuf, Thérèse, Jean et moi, nous étions prêts à entonner le refrain de l'abbé Moutet :

> Une route large et plaisante
> Nous invite et nous enchante
> Remercions Napoléon (1)
> Qui fit ce précieux don,

lorsqu'à Muides nous fumes grandement surpris d'apercevoir

(1) Napoléon III

la Loire hors de son lit, et une fois le pont traversé, notre chemin intercepté par le débordement sur environ 300 mètres. Hésitation. Pourra-t-on passer ? Ces dames le souhaitaient. Connaissant le terrain pour l'avoir cent fois pratiqué, j'inclinai vers l'affirmative, mais en montant à côté du chauffeur, prêt à faire rebrousser au besoin. Avançant lentement, prudemment, je concevais au fond une certaine inquiétude, et surveillais chaque tour de roue. L'eau couvrait les marchepieds, montait plus haut que le moyeu des roues. Nous servions de spectacle peu banal aux populations en fuite devant l'inondation du val, et massées en face de nous, au milieu d'un pêle mêle de meubles, voitures, charettes, matériel de culture etc... Notre genre de navigation excitait la curiosité : Arrivera ! Arrivera pas ! Enfin... nous arrivâmes, et tandis que notre témérité, inexcusable en cas d'insuccès, eut soulevé des railleries, notre réussite nous valut des applaudissements. Étonnés, des bonnes gens me reconnurent, s'approchèrent, nous entourèrent... Inspection par le chauffeur, magneto pas atteinte, moteur marche. Compliments et questions réciproques, poignées de mains etc...

Il ne s'agissait pas de s'attarder en conversations. Dix minutes après nous entrions au Chatellier que je n'avais jamais contemplé sous cet aspect. Le fleuve montait au niveau de la terrasse, élevée, comme vous savez, d'une douzaine de marches Un immense lac parsemé d'arbres émergeant de ci, de là, nous séparait de Saint Dyé. C'était, ma foi, superbe.

Chemin faisant, j'avais signalé Talcy à ces dames, et, leur désir se manifestant d'y pousser une pointe, nous nous y dirigions tranquillement, quand, en vue du château, arrêt subit... Derechef inondation !.....

— Ah ! par exemple, proteste Marie de Faviès, aucune rivière ne coule sur ce plateau de Beauce. Vous n'allez pas nous faire croire que la Loire montait jusque là.

— Assurément non ! car suivant un distique latin sur la Beauce, faisant le pendant de celui que je citais pour le Blésois :

Belsia triste solum, desunt ubi bis tria tantum
Fons, fruges, uvæ, flumina, prata, nemus.

Mon récit prouve seulement que le vrai peut quelquefois n'être pas vraisemblable. Être coupé là par l'eau, si rare à cet endroit, constitue un comble.

— Et en faisant voter la création de ces routes, dit Thérèse, mon père ne le prévoyait sûrement pas (1).

— Expliquez-vous donc.

— Un abreuvoir, par suite des pluies, venait de déborder, de crever, et son contenu obstruait si complètement la route que, pour approcher de Talcy, il nous fallait rétrograder et entreprendre un long détour. Or, notre but principal demeurant Menars, nous résolûmes de revenir sur nos pas.

En quittant le Chatellier j'avais rencontré notre ancien maire Barat et l'avais mis au courant de nos projets. Il guettait aimablement notre retour, sur la place de Suèvres, pour nous informer des progrès rapides de la crue, nous avertir que le pont de Muides devenait impraticable, qu'à peine passerions-nous à Blois, en nous hâtant, sans nous arrêter nulle part. A notre vif regret, nous filâmes d'un trait, ralentissant à peine devant la grille de la cour d'honneur de Menars. A Blois, la rue Denis-Papin présentait une agitation inusitée, même aux plus grands jours de

(1) Persuadé que les bonnes voies de communication étaient les moyens les plus efficaces de favoriser et de développer les exploitations, M. Meurville porta tous ses efforts sur l'étude et la création de nouveaux chemins dans le canton agricole de Marchenoir qu'il représentait au Conseil Général, et dont dépend Talcy. A lui sont dues les deux routes d'Autainville à Vallières en s'embranchant sur la route de St-Laurent, et d'Autainville à Lorges traversant St-Laurent, Marchenoir, Talcy, Concriers, Roches, celle de La Chapelle-Enchérie à Ecoman passant par Beauvilliers, celle de Séris à Lussay. Il obtint aussi le classement d'une route allant de Blois à Pezou et d'une autre allant de Conan à Mer par Pontijou. Il fit rectifier celle qui traverse Villeneuve-Frouville. Jusqu'alors il n'était pas aisé de visiter les *Grignotiers* de Marchenoir (c'est ainsi qu'on en appelait les habitants, sans doute parce qu'il n'y avait pas moins de treize huissiers attachés au bailliage). Et par les mauvais temps on risquait de « poiser » suivant l'expression bien connue, c'est-à-dire d'enfoncer dans la boue humide. Par exemple, pendant l'automne 1685, Louis XIV, se rendant à Chambord et venant de Saint-Léonard Marchenoir, dut, vu l'impraticabilité des chemins, coucher à Séris ci-dessus nommé. D'où le dicton populaire : *n'est pas bon soldat qui n'est pas passé par Marchenoir.*

Au début du XIXᵉ siècle, un voyageur parti de Blois « dans une voiture « couverte d'un drap » raconte que de Pontijou, ci-dessus désigné, « il par-« vient avec peine jusqu'à La Vacherie (environ 4 kilomètres de Marche-« noir), que son conducteur marche à pied, refuse d'aller plus loin » et que « c'est seulement le lendemain qu'il roula lentement à travers les champs « labourés jusqu'à Marchenoir ». Aussi s'embarquait-on comme pour un voyage au long cours pour accéder à cette ville, sans compter le passage appréhendé de Pontijou. « Cette vallée, écrit notre voyageur, où se « trouve une pierre très élevée appelée la pierre du Prédicateur, et où « l'hiver s'écoulent avec fracas les eaux de la forêt de Marchenoir, est

foire, encombrée de curieux, d'émigrants, de colis, de voitures de déménagements. Le faubourg de Vienne disparaissait sous de vraies vagues. Au delà du pont, des bateaux tentaient un service de transport.

— J'eus alors l'impression de la guerre de 1870, dit Thérèse, quand bêtes et gens se sauvaient pourchassés par l'invasion.

— Que faire ? Évidemment dîner et coucher. Mais Mme Robin ne l'entendait pas ainsi. Ayant assuré à son mari l'auto le lendemain matin, elle voulait absolument tenir sa promesse. J'aperçois M. Champin, notaire, il m'engage à me renseigner à la Mairie. « D'après les dépêches, me répondit-on, il est douteux que vous « puissiez franchir la Loire à Chaumont. Mais peut-être serait-ce « possible à Amboise. » Faut-il risquer? Oui, déclare Mme Robin. Le chauffeur vérifie sa quantité d'essence. Jean court acheter une carte routière, de la bougie, des allumettes et une petite lanterne, une de ces dames télégraphie à Mlle Sausset, receveuse des postes à Neung et la prie de bien vouloir faire prévenir aux châteaux des Augères, de Marcheval, comme au Gué Mulon, de ne pas s'inquiéter d'un retard indéterminé. Puis nous voilà,

« presque déserte pendant le jour, mais fréquentée la nuit par de nom-
« breux fantômes, car c'est sur ses rivages marécageux que deux chas-
« seurs, à l'affût de canards sauvages, ont vu un homme qui avait deux
« têtes. »

Dans un mémoire du 20 janvier 1836 adressé aux administrateurs municipaux, M. Rousseau, ancien notaire à Marchenoir, exprimait le vœu que des chemins soient mis en état de confection et d'entretien, attendu que jusqu'à ce jour, tout était resté, en cette commune, dans une inertie complète, au préjudice du roulage, des débouchés agricoles et des propriétés. Enfin, en résumé, avant 1861, époque à laquelle M. Meurville fut nommé conseiller général, le canton de Marchenoir ne possédait que deux chemins d'intérêt commun (nos 42 et 50) ayant ensemble une étendue de 22 kilomètres, dont 18 seulement étaient terminés. Dix ans après, lorsqu'il cessa d'être conseiller général, le canton possédait huit chemins d'intérêt commun d'une étendue totale de quarante neuf kilomètres dont trente neuf terminés : vingt-sept kilomètres avaient été classés et trente et un construits en ce laps de temps.. Toutes les communes dont plusieurs ne pouvaient sortir de leurs boues étaient désormais dotées de bons chemins, et, de déshérité qu'était le canton de Marchenoir, il était devenu un des mieux desservis. Pour ces différents travaux, M. Meurville avait fait des voter subventions importantes, de même qu'il en avait obtenu pour construire les maisons d'école de Oucques, de Saint-Léonard, de Marchenoir, de Beauvilliers, les mairies de Villeneuve-Frouville, de Saint-Léonard, le nouveau cimetière d'Oucques etc.... et pour réparer les maisons d'école de Boisseau, de Saint-Laurent, de Briou, du Plessis l'Echelle, de Talcy, de Concriers, les églises de Lorges, de Marchenoir etc... les mairies de Saint-Laurent, de Briou, de Plessis l'Echelle, de Concriers etc...

par un pâle soleil couchant, lancés, comme en pleine mer, sur l'étroit ruban de terre de la levée battue par les flots : course impressionnante et d'une beauté sans égale. La chaussée nouvellement rechargée entaille les pneus. Une crevaison peut survenir, le moindre faux mouvement risque de nous précipiter dans l'abîme et nul secours à l'horizon ! Qu'importe ! Préoccupés d'atteindre le but, nous roulons à 70 à l'heure, hypnotisés par la splendeur de ces courants impétueux, vainqueurs de tous obstacles, charriant les objets les plus hétéroclytes. Le jour baisse, disparaît quand se dessine le pont suspendu de Chaumont. L'eau en effleure le tablier. L'emprunter est, à mon avis, d'une imprudence excessive. Continuons. Et, pourtant, ayant souvent fait le parcours en bicyclette, j'appréhende aux abords d'Amboise la déclivité de la route qui descend, remonte et forme cuvette. A ce moment la nuit tombe et une vision merveilleuse s'offre à nos yeux : les fenêtres du château de Chaumont dont la silhouette hardie s'estompe dans l'obscurité, s'allument une à une et leurs vives clartés se reflètent en un étincellement sur un océan sans limites. Devant cette apparition fantastique dont Gustave Doré eût été impuissant à rendre la majesté, mon imagination transportée au pays des rêves, remontant le cours des âges, me représentait mon ancêtre Largentier de Vaucemain, seigneur de cette demeure au XVI⁰ siècle, contemplant impassible, du haut de la croisée émaillée encore de ses trois chandeliers d'or sur champ d'azur, son arrière neveu, fugitif pygmée, dans ce décor grandiose. (1)

— Allons, allons ! ne vous frappez pas ! intervient Marie de Faviès. Votre fin de phrase rappelle le « pauvre oiseau plumé dans la marmite infâme ! »

— N'empêche, ma chère amie, que dans vos nombreux voyages en France et en Europe, vous n'avez jamais vu chose

---

(1) Voir sur nos ancêtres Largentier mes vol. *Souvenirs anecdotiques* et *Donations*. Nicolas Largentier de Vaucemain, seigneur de Chaumont, était fils de Jean Largentier de Castelnovo et de Marguerite Broglio (Broglie en français, on verra ce nom plus loin) sœur de l'archevêque de Turin. Des Largentier, Chaumont passa aux Sardini puis, de 1667 à 1700 aux Roffignac, (famille dont nous descendons en ligne directe, voir mon mémorial généalogique), par suite du mariage de Jacques à Roffignac et de Madeleine Sardini. De 1733 à 1739 Chaumont appartint aux Rochechouart, famille d'anciens seigneurs du Gué Mulon. En 1875 le château vint aux Broglie par mariage avec Mlle Say.

semblable. Chacun de nous, empoigné par l'impression et l'étrangeté de ce spectacle féérique, le ressentait à sa manière, et, captivé, restait sans paroles. Bref, puisque votre réflexion prouve votre attention, je termine... et j'abrège. Le contre bas de la route, objet de nos craintes, n'était pas encore envahi, et le pont d'Amboise, libre, nous permettait de franchir la Loire. Arrêt pour allumer les phares, remettre de l'essence, et aussitôt départ. Ciel sombre, pluie fine incessante. Nous décidons de rentrer par la grande route Montrichard, Selles, Romorantin et Neung.

A Montrichard nous nous assurons de la bonne direction. On nous répond affirmativement, mais en même temps on nous prévient que nous allons être bloqués par le débordement du Cher ! Je propose de coucher et de ne pas risquer de circuler la nuit dans de petites routes où aucun secours ne peut-être espéré. Je promets que nous pourrions trouver l'aide nécessaire chez mes cousins Le Conte de Roujou, dans leur maison pittoresquement assise dans la grande rue, au dessous des Roches dominées par le vieux château. L'auto pourra y être remisée. Au fond, je n'aurais pas été fâché de les voir, et même, le lendemain, de conduire mes compagnons de voyage de l'autre côté du pont, à Saint-Julien, à Beaumanoir, vignoble des Roujou. Je les eusse fait monter sur la tour dont le sommet était garni, entre les créneaux, de petits canons, et d'où l'on domine toute la vallée. Dans cette tour restaurée et aménagée par René Le Conte de Roujou, il s'était organisé une chambre voûtée, avec une ancienne haute cheminée peinte où se détachaient, sur champ d'azur et de gueules, les trois étoiles, les deux cœurs et le croissant de son blason..... Mais Mme Robin ne se laisse pas influencer, voulant tout tenter pour tenir la promesse de ramener l'auto à son mari le soir même. Nous voilà donc décidés à remonter par Contres. Un militaire qui passait nous indique le chemin et saute obligeamment sur le marchepied pour nous faire traverser la ville jusqu'au tournant de la route en côte à travers bois. A Ponlevoy nous côtoyons les murs du célèbre collège dont un de mes parents fut un des directeurs les plus estimés dans la 1re moitié du 19e siècle.

— Qui donc ?

— Rattier, auteur d'un gros volume de philosophie, je crois, que je vis jadis dans la bibliothèque de mon grand-père, son cousin germain.

Au milieu des ténèbres, quand tout le monde est couché et qu'aucune fenêtre ne paraît allumée, il devient très difficile de se reconnaître dans les sorties des villages. Jean descend à chaque croisement avec sa lanterne, inspecte sa carte et les poteaux quand il y en a, et enfin, sans nous être trompés une seule fois, nous passons par Thenay, Contres, Soings, Courmemin, Vernou, et arrivons à Neung à 9 hreues 1/2 du soir.

A ce moment seulement nous nous aperçûmes de l'éloignement du déjeuner. Cette constatation coïncidait avec la satisfaction d'une excursion mouvementée, allongée au delà de toutes prévisions, et terminée sans la fâcheuse panne, possible toujours, et funeste en la circonstance.

— Et quelle figure faisait votre père, demande Marie de Faviès lui qui n'admettait pas le moindre retard ?

— Celle que vous lui supposez. Edmée restée avec lui ayant souri en écoutant l'exprès de Mlle Sausset, son grand-père l'avait réprimandée vertement, car il ne voyait là rien de risible, déclarait-il.

En nous séparant de nos compagnes de route j'observais que partis le matin pour visiter Menars, nous ne l'avions pas vu.

— Ah ! répondit Mme de Chevarrier, Menars peut se retrouver, ce que nous avons vu ne se retrouvera pas.

§ XXV

De Mer et Muides à Chambord

11 avril, 5 h. 1/2.

— *Muides* ! Roger fais attention à cette descente et au tournant à gauche. Les accidents y sont fréquents. Ne nous casse pas Nous serions sans secours. Autrefois, en face, à droite, je connaissais un médecin qui aurait pu nous raccommoder, mais il est mort et j'ignore s'il a été remplacé.

— Ce bon docteur Ernest Torio, dit Thérèse, dont la visite de noce nous couvrit de confusion.

— Pourquoi?

— Ceci se passait il y a un tiers de siècle. Mon camarade Fatou, aujourd'hui chef d'État-major du préfet maritime à Brest, retour d'un voyage au long cours, venait nous surprendre au Chatellier. Nous y étions jeunes, nombreux, en gaieté et en veine de charades. Je revêtis l'uniforme d'enseigne de vaisseau et attendis, dans le salon, entre chien et loup, la réunion d'avant-diner. Bientôt la porte s'ouvre et paraissent, dans l'obscurité, deux silhouettes indistinctes que je crois reconnaître. Je me lève et continuant je ne sais quelle plaisanterie, j'étends majestueusement le bras en déclarant avec dignité — « Vous m'avez volé ma « femme et mon parapluie, Monsieur ! Nous ne pouvons plus « vivre ensemble, retirez-vous... rendez-moi mon parapluie ! »

Les lampes viennent aussitôt éclairer la scène et je me trouve vis-à-vis d'un couple inconnu et ahuri. Je bafouille des excuses, inintelligibles. Mme Meurville entre, salue, recule à ma vue, n'y comprenant rien. D'autres la suivent, surpris, et se font une contenance. M. Meurville arrive à son tour, redresse avec étonnement son lorgnon sur son nez, mais, grave comme toujours, procède aux présentations. Chacun prend place et tout s'embrouille. Coqs à l'âne. Le docteur Torio aimablement me com-

mence une phrase ! — « Vous, Monsieur, comme officier de marine... »
Alors les fous rires contenus éclatent en fusée. Scène du Palais-
Royal. Tout le monde parle en même temps. Il faut faire comprendre que je suis déguisé. Heureusement les relations dataient
de loin à Blois, où habitait Mme Torio mère, excellente musi-
cienne. Ma famille et la sienne (la famille de Journel) se connaissaient à l'île de la Réunion. Mme Ernest Torio très bonne musi-
cienne, comme sa belle-mère, nièce de l'amiral Miet, ami de mon
oncle le c^t Meurville, ne manquait pas de points communs avec
nous. Aussi les Torio prirent-ils la chose en gens d'esprit et la
bouffonnerie de ce début ne fit-elle que resserrer nos relations.
Peu après ils venaient déjeûner au Gué-Mulon.

— Avec toutes vos histoires, dit Marie de Faviès, êtes-vous sûr
de nous conduire dans la bonne voie ? Chambord semble long à se
montrer.

— Patience, dit Thérèse, nous allons tourner à gauche et
tout à coup le château surgira en pleine façade. C'est, à mon avis,
la plus belle arrivée. Regardez.

(Arrêt à Chambord, puis départ)

— Combien de fois suis-je venue ici ? Je ne puis le compter.
Aucune personne ne séjournait au Chatellier sans que nous l'y
amenions. Mon père connaissait le parc dans tous ses détours
car il y chassa de longues années muni de l'autorisation du
Comte de Chambord (1), annuellement renouvelée.

(1) Toutes ces autorisations écrites enfièrement à la main sur grand
papier ministre étaient ainsi libellées :

DOMAINE DE CHAMBORD

Jours de chasse 〉 Le lundi 12 novembre 1855.
et tous les lundis suivants jusques
et y compris le lundi 25 février 1856.

DE L'ORDRE ET PAR AUTORISATION DE MONSIEUR LE COMTE DE CHAMBORD

Il est permis à M. Meurville, de chasser dans le parc de Chambord
les jours indiqués, en se conformant aux règles et dispositions établies.

Monsieur Meurville est autorisé à tuer ou à panneauter un chevreuil
et à tuer les lapins.

Il est expréssément défendu de chasser sans être accompagné d'un
garde et de tirer d'autre gibier que celui désigné sur la présente autorisation laquelle devra être représentée au régisseur chaque fois qu'il y aura
lieu d'en faire usage.

Paris, ce 23 novembre 1855.

D. de Levis.

A chacune de ces permissions est joint un mot disant que le duc de Levis
est charmé d'avoir à l'envoyer.

Nous y fîmes plusieurs pique-niques. Un des mieux réussis fut celui de 1900. Nous étions 40. Partis de Neung en tramway, nous montions à Bracieux les uns dans un grand char à bancs, les autres à bicyclette, avec Mmes de Maussac, de Geoffre, de Pontalba, de Parazols, de Baudreuil, d'Estrées, de Cumont, Mlles Madeleine de Maussac, Marguerite de la Selle, Marie, Henriette, Jeanne, Monique et Régine de Geoffre, Cécile de Pontalba, Jeanne de Sauvebœuf, Éliette et Hélène de Cumont, MM. de Geoffre, de Baudreuil, de Pontalba, de Champeaux, Raymond de Cumont, d'Estrées et ses fils, Jean et François de Sauvebœuf, Patrice de Cumont, Amaury de la Selle, Alfred de Pontalba, Henri de Geoffre.

— Tu oublies mon père muni de son violon, remarquais-je.

— Pour nous faire danser. On prit des groupes de photographies. Plusieurs le représentent dans l'exercice de cette fonction, mettant en branle une immense et champêtre farandole sous les grands arbres. D'autres, avec Chambordcomme fonds de paysage, montrent quelques uns de nous faisant sauter sa crêpe, puis tous groupés sur un perron du château, et enfin repartant les uns empilés dans le char à bancs, les autres à bicyclette.

— Mais notre plus belle promenade peut-être dans les bois de Chambord, continuai-je, fût celle que nous fîmes simplement tous deux Thérèse et moi, en nous rendant à bicyclette du Gué Mulon au Chatellier, par la plus merveilleuse journée de printemps que l'on puisse imaginer. La pureté de l'air, la beauté et le charme de la nature renaissante, tout nous invitait à ralentir, à descendre, à nous asseoir pour jouir de cette dernière aprèsmidi de campagne, car c'était, comme tous les ans, l'époque de notre retour à Paris. Nous avions même retardé de 24 heures pour une affaire à traiter au Chatellier. Nous arrivâmes presque au soir à Saint-Dyé.

— Qui n'avait pas de secrets pour nous, observe Marie de Faviès, grâce à votre lorgnette astronomique dressée en face, sur la terrasse du Chatellier, et au moyen de laquelle on pouvait plonger jusque dans l'intérieur des maisons, en reconnaître les habitants et suivre indiscrètement leurs occupations.

— Sans qu'ils s'en doutent. Donc, après une courte visite aux Roger dont les murs du parc se reconnaissent aux tourelles de leurs angles, nous gagnâmes le port, appellation survivant à la dis-

parition séculaire des voiliers qui sillonnaient jadis si pittoresquement la Loire, à l'époque où Mme de Sévigné faisait placer,
à Orléans, son carrosse sur un chaland, s'y étendait sur de bons
coussins, baissait les glaces, jouissait, suivant son expression,
d'un tableau merveilleux et de tous les points de vue qu'on peut
imaginer, voguait ou s'engravait, et écrivait : Je suis

> Dans un petit bateau
> Dans le courant de l'eau
> Fort loin de mon château. (1)

Nous hêlames le passeur.

— Dont je me souviens aussi, dit Marie de Faviès. Il était
généralement occupé ailleurs à tirer du sable, à lancer l'épervier
au large ou à disposer des engins de pêche.

— Aussi fallait-il savoir le hêler, placer les mains en porte
voix, appuyer longuement sur la syllable « seur », et bientôt,
comme un écho lointain et plaintif, parvenait sa réponse portée
par l'eau. Sa démarche grave, pieds nus, sa stature élevée, son
visage, son cou, ses bras noircis par le hâle, sa barbe poussée
à l'aventure, son costume sommaire, me le faisaient paraître
un homme d'un autre âge.

Et quand, dans sa barque primitive, courbé en deux pour
pousser à fond l'énorme godille comme rivée à son sein droit,
il coupait silencieusement le courant sans a-coups, quand il
abordait l'île parsemée de végétations sauvages, qu'on franchis-
sait, en enfonçant dans le sable, jusqu'à l'amarre de sa seconde
barque ou l'on remontait pour joindre enfin la rive opposée, je
me croyais transporté à plusieurs siècles en arrière. Le panorama des hautes tours de l'Église, dominant la ligne inégale des
constructions à patine grisâtre, aidait ma pensée à vagabonder
vers le passé. Et chaque traversée me procurait cet attrait ar-
chaïque, soit que les mauvais temps la rendissent difficile, dan-
gereuse même, (parfois elle était impossible), soit que le ciel fut
pur et que la Loire, comme au jour dont je vous parle, se montrat
calme, majestueuse, et embrasée sous un resplendissant soleil
couchant. Car, c'était le 4 mai 1897, et, pendant notre admirable

---

(1) Lettres du 11 au 17 septembre 1675 et du 9 mai 1680, car trois fois
Mme de Sévigné, en se rendant d Orléans à Blois, passa devant Saint-
Dyé en naviguant ainsi.

et tranquille villégiature, un épouvantable drame jetait l'émoi sur Paris : l'incendie du bazar de la Charité où Thérèse était convoquée et devait être, sans cette affaire qui nous fit passer par le Chatellier et lui sauva peut-être la vie.

Dès le lendemain, une dépêche nous apprenait la mort, dans les flammes, de notre amie intime Mme Moreau-Nélaton, fille du chirurgien de l'Empereur, et de sa belle-fille, femme de mon camarade d'enfance. Aussitôt nous prenions le premier train pour assister aux funèbres services !

— Laissons ces tristesses ! dit Marie de Faviès. Changeons d'idées ! Parlons du temps où l'oncle Meurville nous conduisait pêcher à Saint-Dyé.

— Dès 1873, dans une charade, je le représentais avec son attirail, et chantais sur l'air *Quand on conspire* :

> Lorsque l'on pêche
> Avec ardeur,
> Que rien n'empêche
> D'être pêcheur.
> Avec adresse,
> Il faut savoir
> Pêcher sans cesse,
> Matin et soir.

bis

Ma cousine Luce, imitant Mme Meurville, reprenait en duo

> Quand rien ne presse,
> C'est trop de voir
> Pêcher sans cesse,
> Matin et soir.

Puis les enfants me cornaient sur l'air *Au clair de la lune* :

> Par faveur insigne,
> Toi, toujours si bon,
> Prête-moi ta ligne,
>
> MOI
>
> Pour prendre un goujon.
>
> LES ENFANTS
>
> — Non, c'est impossible.
> — Oh si ! rien qu'un peu
> N'sois pas insensible,
> Pour l'amour de Dieu ! etc...

§ XXVI

De Chambord à Neung.

— Il me semble, dit Marie de Faviès, reconnaître la route que nous avons parcourue quand ma mère me reprochait d'avoir oublié mon fer à friser, et que votre oncle Lions la calmait en lui assurant, avec un sérieux imperturbable, et sans qu'elle prit garde à sa complète calvitie, qu'il ne voyageait jamais sans le sien et me le prêterait. C'est le chemin que vous preniez pour venir de Suèvres à Neung ?

— Non, pas tout à fait. En ce temps là, après Muides nous laissions Chambord sur notre droite, traversions le Cosson à gué avec la calèche du Chatellier, car le pont n'était pas terminé, puis. après Toury et au milieu de la forêt de Boulogne, nous trouvions le breack du Gué Mulon venu à notre rencontre. D'autres fois nous effectuions le trajet sans relais, et alors nous faisions halte dans la forêt pour reposer le cheval. Nous rencontrions souvent des chasses à courre. Nous nous réunissions parfois avec mon voisin de Sologne René de la Selle. Par son mariage avec Mlle de Grandcour il avait les mêmes motifs que moi de se rendre à Suèvres. Il fut le premier à posséder une automobile dans le pays, sorte de vis à vis à quatre places avec des roues très légères comme des roues de bicyclette. Il débutait comme chauffeur lorsqu'il proposa à Thérèse de l'enmener au Chatellier. Je suivais à bicyclette, car il ne marchait pas très vite. Néanmoins il m'eût facilement dépassé sans certains accrocs et notamment sans une panne résultant de ce que, à un moment donné, il avait versé de l'essence où il fallait mettre de l'huile ou de l'eau, ou inversement. Nous arrivâmes donc en même temps. Notre apparition faisait sensation. A chaque village nous nous arrêtions et toute la population entourait la voiture. On n'avait encore jamais vu cela.

— Passons nous par Montrieux pour rentrer à Neung, questionne Marie de Faviès, nous en profiterions pour payer l'essence.

— Cela fait un détour insignifiant. Roger tu prendras la seconde route à gauche.

— Pas ici ?

— Non, ici c'est l'auberge de *Gobe-rien*.

— Qui n'engage pas à s'arrêter.

— Aussi l'appelle-t-on aujourd'hui *Tourne-bride*. Tourne toi même à gauche maintenant.

— Quel est ce beau château ?

— *Courbanton*. L'ancienne chatelaine était née le même jour que mon père, le 27 septembre 1828. Pendant leurs trente dernières années ils se réunissaient régulièrement à cette date.

(Court arrêt à Montrieux pour remercier Mottet de l'essence, et la payer. — Départ.)

— C'est votre boîte à puces, votre tortillard que nous traversons-là ?

— Soyez moins méprisante. Au moment où il fut établi et où les autos n'étaient pas répandues, ce moyen de locomotion semblait un progrès considérable. J'ai failli ici-même l'inaugurer par un accident. Sur l'invitation de M. Falliès, directeur et constructeur du tramway, j'avais pris place sur la première locomotive qui circula sur ces rails. Une énorme plaque de fonte avait été, par malveillance, placée en travers de la voie. Si le mécanicien ne l'avait pas aperçue à temps nous culbutions. Il s'arrêta à un mètre de l'obstacle.

En tous cas, quoi qu'il déraille parfois, et m'ait fait, pour ce motif, passer une fois une nuit blanche à Neuvy, il paraît encore plus rassurant d'être transporté par lui que par les trois demoiselles sans tête.

— Vous dites ?

— Je dis que, d'après la légende, il y a aux environs de Courbanton une voiture conduite par trois demoiselles sans tête, avec le couplet :

Fouette cocher
De la Gravette au Charbonnier
Cocher fouette
Du Charbonnier à la Gravette !

Seulement il y a beaucoup de Gravette plusieurs Courbanton,

celui dont la vue vient de me faire penser à ce refrain, un autre du côté de la Marolle. (1) Mais, trois dames blanches, trois fées se rencontrent souvent dans les légendes solognotes. A Gièvres, elles font des crêpes la nuit de Noël, à Souesmes elles dansent en chantant :

> Qui me mène
> Me ramène
> Qui me mènera
> Me ramènera

Et, sans accident, nous voici ramenés nous mêmes à Neung dont le *petit Chambord*, que vous apercevez à droite, marque l'entrée.

— Je ne vois rien.

— Mais si, à droite, immédiatement au bord de la route.

— Quoi ! cette maisonnette ?

— Pour le brave homme qui, à lui seul, sans le secours de personne, édifia sur ce bout de terrain une petite bâtisse devenue aujourd'hui cette maisonnette, c'était un petit Chambord, en comparaison du gite en plein air, du tonneau de Diogène, ou même de l'armoire que j'ai vu servir de demeure à une vieille bretonne, en 1881, dans le fossé de la route de Quimper à Audierne. Tout est relatif. Heureux celui qui sait, suivant ses moyens, se créer un nid, s'en contenter, et l'ennoblir à ses propres yeux. Là-dessus, Roger, tourne à gauche, en bas de la descente.

Le Gué Mulon. Terminus ! Et, comme c'est l'heure de l'Angelus, vous allez pouvoir chanter comme les anciens d'ici :

> Sur le pont d'Avignon (2)
> Ecoute de trois cloches le son : (3)

(1) M. Romieu rapportant cette légende dans son histoire de Selles, je pensais qu'il existait peut-être aussi un Courbanton du côté de Selles. Mais M. Touche greffier de Paix en cette ville et très au courant de la localité m'a répondu qu'il ne connaissait ni Courbanton, ni Charbonnier ni Gravette, du côté de Selles, qu'il ne connaissait qu'une Gravelle du côté de Mur.

(2) Le Pont d'Avignon sur la rivière *Le Néant*, au sud de Neung, sur la route allant à Marcilly.

(3) Les trois cloches de Neung datent de 1810. Les cloches précédentes avaient été descendues et brisées en 1793 : « Aujourd'hui 26 frimaire de « l'an 2me de la République française, l'assemblée ordinaire de la munici- « palité tenante heure et manière accoutumée : suivant le loy en datte du « ... il ne restera qu'une cloche dans chaque commune, en conséquence « nous nous y conformons de ce jour nous convenons que le citoyen Joi- « neau les descendra demain 27 du courant à raison de 3 l. par jour. — « Aujourd'hui lundi 10 nivose l'an 2me de la République française, l'assem- « blée ordinaire de la municipalité, tenante heure et manière accoutumée : « En vertu d'une lettre du district par lequel il nous est marqué d'envoyer

Pontpertas puis Pointilou
La Gravelle et le Beriou (1)

— Et, comme autre conclusion, demande Marie de Faviès, combien avons-nous couvert de kilomètres ?

— Moins qu'on pourrait le supposer, car nous avons fait un cercle complet sans détours. Du Gué Mulon au Moulin, 24 kil. ; du Moulin à Villesavin 19 kil. ; de Villesavin à Blois 13 kil. de Blois à Mer 15 kilom. ; de Mer à Chambord 10 kil. ; de Chambord à Bracieux, Montrieux et Neung, 17 kil. ; total 108 kil. environ.

— Arrêtons maintenant les plans pour demain. Nous devons être à cinq heures du soir à Paris.

— Il me faut revoir la voiture dans la matinée, dit Roger.

— On vous fera déjeuner à dix heures pour pouvoir partir vers 11 heures et demie.

« nos cloches incessamment, nous avons sur le champ pris des mesures pour « les envoyer, et ne pouvant pas les charger entière, nous avons été obligé « des cassé. (*sic*) Nous avons député le Sr Nivaud, d'Avignon, et Gaul-« lier, de la Chauvellerie, avec leur voiture pour les mener au district. » (Renseignement fourni par M. Bellessort maire).

Les trois cloches de Neung refondues en 1810, portent les inscriptions suivantes relevées par M. l'abbé Sauvé et M. Louis Bellessort :

† *L'an* **1810**, *le* **4** *du mois de juin, j'ai été bénite par Maître Jacques Pellé, curé de Neung cette paroisse et chef-lieu du canton et nommée Denise-Françoise par M. Pierre de la Haye, marguillier de l'extérieur et par dame Françoise Corbeau, fermière de la métairie de la Touchette* (grosse cloche).

† *L'an* **1810**, *j'ai été bénite par Maître Pellé, curé de Neung, cette paroisse chef-lieu du canton et nommée Julie-Anne-Alexandrine par M. Alexandre-Frédéric Dumaine, marguillier de l'extérieur et par dame Julie-Françoise Pichet, épouse de M. Boiffard, fabricien de cette église* (petite cloche).

† *L'an* **1810**, *le* **4** *du mois de juin, j'ai été bénite par Maître Jacques Pellé, curé de Neung cette paroisse, chef-lieu du canton et nommée Marie-Magdeleine-Henriette par M. Sébastien Naudin, maire et par Mlle Marie-Magdeleine-Henriette Pellé, sœur du susdit curé* (cloche moyenne ou miloulne).

Et on lit sur le registre de la paroisse : « Le 6 juin 1810, deux cent « vingt-trois livres pour payer la réfection des cloches. Après avoir fait « tous les efforts possibles dans la quête volontaire on a été obligé pour « faire la somme au fondeur de tirer à la quiesse (caisse) la somme dé-« noncée ci-dessus. — Le 10 février 1811 versé entre les mains de M. « Saussé fabricien seqcretaire, la somme de vingt francs pour compléter « la somme de cent francs qu'ils ont fait au maréchal pour ferrer les « cloches. — Le 26 octobre 1811 payé aux fondeurs de cloches pour « restant de ce qu'on leur réservait pour solde la somme de trois cent « quatre vingt treize francs sur quoy nous avons été obligé pour compléter « la due somme de tirer quarante six francs de la caisse des fabrissiens « de l'intérieur dont j'ai donné reçu. » (*sic*).

(1) Allusion a quatre étangs de la contrée des communes de Marcilly, et dont les trois derniers dépendaient autrefois du Gué Mulon.

§ XXVII

De Neung à Ligny-le-Ribault

12 Avril, 10 h. du matin.

— Une lettre de ce matin me nécessite un voyage à Paris. Si je profitais de votre occasion ?

— Sûrement. Et vous aurez sans doute encore des histoires à nous narrer en traversant Orléans où ont vécu nos grands parents.

— A cet effet j'emporterai donc une liasse de paperasses à parcourir, d'autant que nous pourrions ensuite passer par Chartres, puisque vous êtes venus par Pithiviers, et que Roger ne se soucie guère des montagnes russes de la grande route.

— Cela fait-il une sensible différence ?

— Environ de 40 kilomètres, avec l'avantage de prendre de bons petits chemins que je connais parfaitement, et d'arriver par Versailles directement dans notre quartier au lieu de parcourir tout Paris.

— Aurons-nous assez d'essence ?

— Oui.

— Soit.

— Thérèse et Edmée pourraient nous accompagner jusqu'à Orléans et revenir en tramway.

— Entendu.

11 heures 1/2.

— Booby s'agite, remarque Marie de Faviès. Il pressent le départ. Y sommes-nous ?..... En marche !

— *La Marolle* !

> De la Marolle sans tapage
> Dépassez vite le village
> Car dans toutes ces maisonnettes
> Où trouver deux âmes parfaites ?

disait-on jadis. Mais ce n'est pas ce que chantait la maîtrise de Neung quand elle battait son plein sous la présidence de Mlle de Maussac (aujourd'hui Mme de Parseval), et que cette petite paroisse sollicitait son concours pour les saluts solennels. En pareil cas, généralement, le landau enmenant la comtesse de Maussac, la présidente et votre serviteur comme organiste, précédait les équipages variés dans lesquels s'empilaient les enfants de Marie qui se mettaient en voix avec de joyeux refrains dont j'ai rappelé plusieurs dans mon histoire du Gué Mulon.

Cette région, autrefois, nous était familière, car mon père avait loué la chasse de M. de Mainville joignant la belle terre de la Giraudière dont nous apercevons le château au bout de cette percée à gauche. Au château de Maugué, en Vendômois, ma tante avait, au milieu du siècle dernier, un vieux garde ultra-septuagénaire, qui conservait de la reconnaissance à Mme la douairière de la Giraudière. Chaque année, le lendemain de l'ouverture de la chasse en Beauce, ce brave homme faisait à pied ses trente six lieues, aller et retour, pour lui apporter des cailles. J'ai toujours aussi entendu parler de Mme de la Giraudière par un ancien juge de paix de Neung, M. Beauvallet qui avait un culte pour elle.

Ce digne octogénaire, droit comme un i, longue redingote noire, chapeau noir et cravate blanche, visage rasé encadré d'une collier de barbe blanche, respectueux de ses anciennes fonctions répétait à l'accoutumée : « Je suis fils de juge de paix, petit-fils « de juge de paix, juge de paix moi-même, et père de juge de « paix. Malheureusement la tradition ne se perpétuera pas, car « mon fils a toujours été tellement occupé qu'il n'a pas trouvé « le temps de se marier. ».

Il avait rédigé une histoire de la contrée restée manuscrite et dont il publia seulement un extrait. Le passé lui avait fait entrevoir les divers partis qu'on pouvait tirer des plaines de bruyères, mais on ne le croyait pas s'il prétendait que la Sologne pouvait devenir un vignoble. On riait devant sa perspective de la voir traversée de voies ferrées. Aujourd'hui il constaterait la réalisation de presque toutes ses prévisions et triompherait avec le vieux dicton :

A Neung-sur-Beuvron
Vendange passe moisson.

Par ses récits et ceux du garde de Maugué le nom de la Giraudière m'était donc connu d'avance, et le château, resté inhabité un certain temps, m'apparaissait un peu fabuleux. En effet, les « anciens » n'en parlaient pas sans de mystérieux hochements de tête, et parfois, pour rien au monde, on ne les eut fait traverser le soir ou la nuit ses alentours. Les reflets de la lune sur les vitres, certains brouillards de la vallée auxquels ils attribuaient des aspects fantastiques, leur avaient fait transformer en manifestations extraordinaires des effets parfaitement naturels et explicables. De plus, M. Beauvallet avait choisi ce cadre de prédilection pour un roman d'imagination resté manuscrit et qu'il m'avait fait lire. Je m'étais naturellement forgé une idée de ce manoir caché dans les bois, et quand j'y fus la première fois, j'éprouvai la surprise, contrairement en ce qui advient en pareille circonstance, de le trouver tel que je me l'étais figuré : régulier, paisible, tranquille, empreint du cachet du grand siècle, avec ses majestueuses avenues de chataigniers séculaires, convergeant aux spacieux rond-points dessinés largement devant les douves de la cour d'honneur.

— On doit y prendre de bonne heure goût à la chasse. Voyez : encore un faisan.

— Oui, le pays est giboyeux. Quant aux faisans, aujourd'hui en abondance, ils étaient rares il y a un demi-siècle. M. Gaston de la Selle, de la Ferté-Beauharnais, fut des premiers, avec mon père, à les acclimater. En 1875, je tuai un coq à côté de monsieur Beauvallet. Il en fut navré, et rentré avant moi, il effraya mes parents en leur annonçant *qu'il m'était arrivé un malheur*. De son temps les perdreaux rouges étaient plus nombreux que les gris et il ne manquait jamais de raconter qu'en peu d'instants il s'en procurait « *une* couple ». Devant ses regrets d'en être sevré, mon père, en ayant tué deux, les lui fit porter. Lyrique et enfourchant Pégase il répondit :

Envoyer deux perdreaux pour le père et la fille
Qu'eût-ce été pour toute une famille ?

aussi, ayant convié une voisine, il ajoutait :

> Autour d'une table ronde
> Couverte d'un simple drap blanc
> On verra la brune et la blonde
> Se réjouir un instant !

— Voici des embranchements de chemins. Ne vous trompez pas, dit Marie de Faviès. Indiquez à Roger.

— Tout droit ! N'ayez crainte. A droite c'est la route d'Yvoy le Galleux, à gauche celle de Bonneville sans Pain dont on disait :

> De Bonneville sans pain
> Traverse vite le chemin,
> Car dans sa grande rue Grégoire
> A peine trouve-t-on de quoi boire !

conduisant de la Ferté Saint-Cyr autrefois « aux oignons » d'où le proverbe :

> Là si vous aimez l'oignon
> Pourrez faire ample provision.

puis à Beaugency où l'on chantait :

> Les maris de Beaugency
> N'en portent pas plus que les autres
> Mais ils en portent aussi
> Les maris de Beaugency.

— Qu'est-ce qu'ils portent ?

> Portent chapeaux à trois cornes
> Ca fait cinq avec les leurs
> Dix ne leur feraient pas peur !

Ici, nous sommes à Villeny le Pouilleux.

— Jolis noms : Yvoy le Galleux, Bonneville sans Pain, Villeny le Pouilleux !

— Supprimés depuis longtemps et injustifiés aujourd'hui, c'est maintenant Yvoy le Marron, Bonneville et Villeny tout court. Mais puisque nous en sommes sur les vieux dictons, je puis ajouter qu'on disait qu'à Villeny :

> Autant de services rendus
> Autant d'hommes pendus.

Et, en effet, en remontant à plus de cent ans en arrière, j'ai lu à ce propos : « Villeny véritable tanière de malfaisance, sans

« reconnaissance pour son châtelain, M. de la Giraudière qui
« grâce aux plantations de sapins et de marronniers avait rendu
« productive et salubre cette contrée alors stérile, et dont le
« sous-sol retenait des eaux marécageuses » (1).

— Vous nous faites une jolie description du pays.

— Parce que vous n'avez qu'à le regarder pour constater
maintenant son changement, son aspect prospère et luxuriant.

Pour désoler M. Beauvallet il suffisait de prononcer ces quali-
ficatifs désuets. Il ne voyait rien au-dessus de la Sologne. Et si
j'en déplorais la platitude, il essayait de me convaincre du contraire, allant jusqu'à m'expliquer que la vigne pousse généralement en coteau, qu'elle réussit en Sologne, donc,.....

M'intéressant au passé, je me plaisais à l'interroger sur l'histoire des Solognots. Que dis-je ? Solonais, car, à ses yeux, la ter-
minaison « gnot » était un terme de mépris. Si l'on voulait hu-
milier les Polonais, affirmait-il, il suffirait de les faire appeler
Polognots.

— En prétendant la Sologne accidentée, votre M. Beauvallet
n'avait peut-être pas complètement tort, observe Marie de
Faviès. Nous avons eu une descente à la sortie de Villeny, en
voici une autre.

— Oui, celle de Ligny le Ribault où nous arrivons, et aux
cottages neufs avoisinant la gare, verts, jaunes, rouges, vous
jugerez aussi que le pays n'est plus ni pouilleux, ni galeux, ni
sans pain.

(1) La plupart de ces dictons est rapportée dans l'histoire manuscrite
de Marchenoir, par Péan Rousseau et Moutet, communiquée par M. Bellessort, notaire et maire à Neung.

§ XXVIII

Jouy-le-Potier. — Un opulent fermier général

12 avril 10 h. ½.

— *Jouy-le-Potier* !

Le deuxième jeudi de chaque mois je vais m'asseoir, à Paris, dans l'ancien salon de Barthélémy Thoynard, seigneur de Jouy-le-Pothier, au XVIIIe siècle. Mon père faisait de même et mon fils s'efforce de continuer la tradition.

— Que voulez-vous dire ?

— Que mon père a été administrateur, censeur, membre du Conseil des Directeurs et Vice-Président de la Caisse d'Épargne de Paris, que depuis trente et un ans j'en fais partie comme administrateur, puis censeur, et enfin membre du Conseil des Directeurs, que Jean en est administrateur et membre du Comité de Direction depuis 10 ans, et que la caisse d'Épargne possède et occupe le bel hôtel de Barthélemy Thoynard, seigneur de Jouy-le-Potier.

— C'était donc un opulent personnage ce châtelain solognot ?

— Certes, et avec cela, expérimenté en affaires. Fils d'un lieutenant criminel au présidial d'Orléans, appartenant à une très bonne famille et très aisée (1), entré tout jeune dans les emplois, Thoynard était devenu inspecteur général des fermes de Rouen, Caen et Alençon, lors de la catastrophe du système de Law, qui fit perdre des sommes considérables à nos aïeuls orléanais Couët de Montarand. Thoynard, plus heureux, avait trouvé moyen de placer ses billets dans différentes caisses et d'en tirer argent comptant. A ce moment les fermes générales, mises en régie, furent affermées à des adjudicataires choisis qui prirent une grosse impor-

---

(1) V. Mémoires de la Société archéologique de l'Orléanais t. 28. 1902. Nicolas Thoynard et son testament V. archives du Loiret, fief de Jouy-le-Potier A. 114.

tance dans le royaume et furent considérés comme des colonnes de l'Etat. Et tandis que nos grands parents de Montarand se déterminaient à gagner Saint-Domingue avec nombre de gentilhommes, désireux de refaire leur fortune, Thoynard devenait, en France, fermier général en 1721, et, maintenu ultérieureument dans cette charge, n'y perdait point. En effet, en 1725, il abattait trois maisons pour construire sa riche demeure au coin de la rue Coq Héron et de la rue actuelle du Louvre. En passant par là aujourd'hui l'attention est attirée par un superbe portail artistement ouvré. En haut des fines sculptures sur bois de la porte, se lisent les initiales de l'ancien propriétaire. Un aigle, support ordinaire de ses armoiries, soutient à gauche l'écusson qui orne le milieu du fronton de pierre. La cour, régulière et sobre, a grand air dans sa simplicité. Deux étages, et un rez-de-chaussée, composent la façade du fond, d'architecture très pure, avec ses trois rangs de cinq fenêtres chacun, où les lettres B. T. entrelacées se distinguent sur les balustrades en fer forgé. Une tête d'ange, dans un cartouche, surmonte la fenêtre du milieu du rez de chaussée. Celle du dessus est coiffée d'un chapiteau de pierre comportant une horloge dont le cadran est porté par un Amour.

Les mêmes balustrades en fer forgé, avec le chiffre B. T. se retrouvent dans la rampe de l'escalier de gauche particularisé par un tournant très court et très gracieux, et aussi dans les deux ailes en retour élevées d'un étage seulement au-dessus du rez-de-chaussée. Et, en vous retournant, vous constatez que le côté intérieur du portail ne le cède en rien en intérêt, |avec son aigle délicatement sculpté, et le balcon qui couronne le tout et fait communiquer les deux ailes.

— N'est-ce pas en face la grande poste ?

— Oui.

— Je suis passée vingt fois là sans songer à m'arrêter. Je le ferai maintenant.

— Et si, avançant un peu, vous jetez un coup d'œil dans la cour, vous remarquerez, à gauche, un élégant écusson ovale de pierre surmonté des armoiries accolées de Thoynard et de sa femme (1) timbrées de la couronne de marquis et soutenues

(1) D'après Dubuisson, Roserot, armorial de l'Aube nº 778, d'après une inscription en l'église de Saint-Rémi sur Barbuise, enfin d'après l'armorial de l'Aube publié par M. Le Clert, Thoynard baron d'Arcis,

par des aigles. A l'intérieur une plaque de marbre noir relate leurs titres, qualités et fondations pieuses (1).

Mais l'extérieur ne laisse pas supposer les merveilles de l'in-

seigneur de Dosnon, Saint-Didier, (C^ne de Dosnon) Pouan, Montsuzain, Voué, Villette, Plancy, Le Chêne, portait : *d'argent au cœur de gueules accosté de deux demi-vols de même et accompagné, en chef, de trois étoiles d'azur posées en fasce, et en pointe d'un croissant de même.*

Ces armoiries sont gravées sur le cartouche de la Caisse d'Epargne écartélées avec un écusson portant une croix ancrée. A ces armes sont accolées celles de sa femme sans doute, Marie de Saint-Pierre, qui comportent une fasce voûtée surmontée de six étoiles posées en voute, et en pointe d'un lion.

L'armorial de l'Orléanais mentionne les armes des Thoynard : *d'azur au croissant montant d'argent, au chef cousu de gueules chargé de trois étoiles d'or.*

(1) Ce cartouche retrouvé paraît-il dans les combles de l'hôtel, avait été remis à l'Église Saint-Eustache, où il semblait devoir être à sa place, puis renvoyé à la Caisse d'Epargne .Il porte l'inscription suivante :

D. O. M.

Mre BARTHÉLEMY THOINARD

CH^r SEIG^r DE CETTE PAROISSE
BARON D'ARCIS (a), DU VOULDY ET DE
MONÇAY (b), SEIG^r DE CENDRAY (c) JOUY-
LE-POTHIER (d), LIGNY (f) COURY, POUAN (g)
MONTSUZAIN (h), NOZAY (i), VILMILAN
ET EN PARTIE D'ARCUEIL, DÉCÉDÉ EN SON
CHATEAU DES GASCHETIÈRES (k) LE 7 NOV.
1752, A FONDÉ A PERPÉTUITÉ SUIVANT
LES TERMES DE SON TESTAMENT
OLOGRAPHE DU 25 JUILLET 1747 DÉPOSÉ
CHEZ D'AOUST, NOTAIRE A PARIS UNE
GRANDE MESSE DES MORTS QUI DOIT ESTRE
CÉLÉBRÉE LE JOUR DE SON DÉCEDS
EN SUITTE LES PRIÈRES QUI SE DISENT
AUTOUR DES DÉFUNTS AVANT DE
LES ENTERRER POUR LE REPOS DE
SON AME ET DE CELLES DE DAME MARIÉ
DE SAINT-PIERRE SON ÉPOUSE ET DE
LEURS ASCENDANTS ET DESCENDANTS.

PRIÉS POUR LUY S'IL VOUS PLAIT.

(a) Arcis-sur-Aube (Aube) où Thoynard était en outre seigneur de Dosnon, Saint-Didier Commune de Dosnon, Voué, Villette, Plancy, le Chêne.

(b) Ancienne paroisse unie à Lailly (Loiret)

(c. d. f.) Région de Jouy-le-Potier et de Ligny-le-Ribault (Loiret) ainsi que Mizottier dont Thoynard était aussi seigneur. M. de Caumartin avait vendu en 1728 les terres de Ligny et de Cendray à Barthélémy Thoynard et à Dame Marie de Saint Pierre son épouse, qui y ajoutèrent quelque temps après celle de Pully et des Gaschechères. Vers 1770 Mme Vve Thoynard se défit de Pully et de Ligny et céda Cendray à son petit fils Pierre Arnault de la Briffe (Renseignements fournis par M. de Basonnière

(g h i) Commune d'Arcy-sur-Aube

(k) Commune de Lailly.

térieur. Au fond de la cour à droite, un large escalier de pierre, avec sa rampe en fer forgé, conduit à la salle du Conseil, à laquelle je faisais allusion tout à l'heure, en disant que je m'y rendais le deuxième jeudi de chaque mois. Elle est garnie de boiseries admirables, rocaille fin Louis XIV et commencement Louis XV. Au centre des cinq principaux panneaux, ressortent de délicieux médaillons où se détachent des groupes exquis de femmes et d'enfants et des attributs tels que chevalets, palettes, équerres, compas, caducées, lyres, flutes, harpes, cornemuses etc... symboles des Sciences, du Commerce, des Arts, de la Musique. La glace de la cheminée est couronnée par un groupe de deux amours se regardant au milieu de guirlandes de roses. Les deux glaces entre les trois fenêtres portent les lettres B et T.

Les peintures allégoriques, au dessus des quatre portes, rappellent l'Astronomie, l'Histoire, la Musique, l'Art du paysage. On a offert cent mille francs de ces boiseries il y a déjà longtemps. Que vaudraient-elles aujourd'hui ?

— Elles doivent vous procurer des distractions au Conseil ?

— Nous en aurions peut-être davantage si nous siégions à côté, dans le cabinet de l'Agent général, où se trouvent cinq trumeaux dus certainement à un élève de Boucher. Chacune de ces cinq peintures nous montre une femme nue mollement étendue. L'une avec un Amour, des casques et des flèches, représente évidemment Vénus et Cupidon. L'autre respirant des fleurs peut s'appeler Flore. Une troisième jouant d'une lyre personnifie la Musique. Une quatrième entourée de fleurs d'où émerge un serpent fait penser à Cléopâtre. La dernière tenant une coupe en sa main droite, la tête ornée de pampres et de raisins, est entourée de fruits comme Pomone. Des instruments de musique sont sculptés sur le pourtour de la glace.

Mais, en fait de glaces, la plus belle est celle du petit salon réservé, deux fois par semaine, au Comité de Direction. Elle se distingue par une disposition curieuse. Une sorte de palmier monte jusqu'en haut à l'intérieur et à quelques centimètres du cadre, laissant apparaître la glace dans l'intervalle. Au sommet, deux enfants nus, assis, se tournent le dos en tenant des fleurs. Les portes de cette pièce sont les plus belles de l'hôtel.

— C'était donc un ami des arts votre Thoynard ?

— Très probablement, car, dans une construction, les tendances du propriétaire apparaissent toujours. Par contre, ce n'était peut-être pas un savant et un lettré à en juger par les vestiges de sa bibliothèque. Sous trois portes à doubles battants vitrés, admirables de sculpture, s'aperçoivent des rangées d'imposants in-folio avec ces titres : *Histoire de l'Académie* ; *Traité de l'Eglise Gallicane* ; *Histoire de de Thou* ; *Histoire de Thurenne* ; *Œuvres du P. Girard* ; *L'antiquité expliquée* ; *Histoire de l'Eglise* ; *Histoire des Empereurs* ; *Mémoires de Bassompierre* ; *Le Mercure* ; *Corneille* ; *Mémoires de Brantôme*......

— Eh bien, il me semble que ces ouvrages dénotent au contraire un savant et un lettré.

— Assurément, mais ouvrez et tachez de consulter ces volumes... vous n'en trouverez que les dos collés sur le mur !

— Alors le truquage n'existe pas d'aujourd'hui.

— Apparemment.

— Pardon de vous interrompre. Quel est ce château à gauche précédé d'une large avenue de grande allure, devant lequel nous venons de passer ?

— C'est Cendray, précisément un des châteaux de mon Thoynard (1) dont je ne vous ai pas encore énuméré toutes les merveilles à Paris. Car j'ai omis de vous parler de la petite antichambre donnant accès au salon du Conseil et au cabinet de l'Agent général. Là aussi, de ravissantes boiseries entre trois portes à deux battants. Au dessus de celle du milieu sont sculptés des personnages. Et au-dessus des deux autres, se faisant face, des peintures représentent les attributs des Sciences, des Lettres et des Arts : sphère céleste, lunette, livres, liasse de papiers, lyre, roses etc... dans un encadrement qui se distingue par une particularité rare : en haut, à droite, un serpent s'enroule autour du cadre, s'en détache, déborde sur la peinture et le rejoint ensuite.

Au second étage, dans l'appartement de l'Agent général, on remarque une glace de cheminée avec des attributs divers : casque, flèche, caducée, torche enflammée. Les fenêtres de son salon s'adornent de frontons d'alcoves provenant de l'ancien hôtel de la Providence, rue Herold, acquis par la caisse d'Épargne pour agrandir ses bureaux. Peut-être un de ces frontons abrita-t-il

(1) Le Château actuel a été construit à l'emplacement du château de Thoynard et l'a remplacé.

Charlotte Corday, car c'est dans cet hôtel qu'elle descendit lorsqu'elle vint à Paris.

— Tout cela est peu connu.

— Fort peu. Cependant, en 1909, les amis du Louvre en ayant ouï parler demandèrent à visiter. Et au jour fixé, le 10 Décembre, à 1 heure 1/2, grande fut la stupéfaction du personnel de la Caisse d'Épargne, du public et du quartier, de voir une file de voitures et d'autos encombrant les rues avoisinantes et se prolongeant jusqu'au quai de la Seine. On s'attendait à un groupe nombreux, mais pas à un bataillon. On commença à compter les visiteurs, mais après mille on dut y renoncer. Environ douze cents personnes défilèrent, dans le plus grand calme d'ailleurs, et les garçons de bureaux, d'abord effarés, souhaitèrent ensuite de fréquentes visites de ce genre, car la Société des amis du Louvre leur laissa un pourboire de cent francs. Peu de temps après, un article avec photogravures parut dans le Monde Illustré (1). Depuis, nous n'avons guère eu que la visite des membres du bureau du Vieux Paris.

J'oubliais de vous signaler qu'une vasque ornait jadis le milieu de la façade de la cour d'honneur. Malheureusement elle a été enlevée et j'ignore son destin.

— Vous me ferez visiter tout cela.

— Volontiers, et sans émouvoir la population comme pour la visite des amis du Louvre.

De l'autre côté, l'hôtel donnait sur un jardin aujourd'hui occupé par la salle des remboursements. Là, sur un gracieux fronton, des enfants nus encadrent un vase de roses.

Le seigneur de Jouy-le-Pothier n'a rien négligé pour se construire une admirable demeure (2). En a-t-il tiré vanité ? C'est possible, si le reproche qu'on lui fit d'être suffisant et fat ne constitue pas une complète médisance. Pardonnons-lui, en tous cas, d'avoir éprouvé de l'orgueil à la vue de l'œuvre si réussie pour laquelle il s'était entouré de véritables artistes, et imposé,

<hr>

(1) Numéro du 10 janvier 1910.
(2) Après être passé par héritage en plusieurs mains l'hôtel de Thoynard fut vendu comme bien national aux frères Enfantin puis fut acquis par Mme Brunière et devint après sa mort la propriété de sa fille mariée au Procureur général près la cour de cassation Jacques Dupin. M. et Mme Dupin y habitèrent longtemps. L'hôtel fut acheté en 1842 par la Caisse d'Épargne et de Prévoyance.

à coup sûr, d'importants sacrifices. Aussi comprend-on moins la ladrerie dont il fut taxé. Parfois, il est vrai, des gens riches et dépensiers sous certains rapports, montrent de la lésinerie par de petits côtés. L'ordre parfait de Thoynard, source de l'accroissement de sa fortune dégénéra-t-il en mesquinerie de détails ? Quoiqu'il en soit, les méchantes langues l'accusèrent, lui et sa femme, de rivaliser d'avarice, et ce vilain défaut lui valut un qualificatif dont je n'offusque pas vos chastes oreilles.

— Dites toujours... en auto on va vite... cela ne paraît pas.

— Eh bien, on l'appela « la chiasse des hommes ! »

Cette épithète malsonnante est la moindre des conséquences de son vilain défaut qui lui procura un lamentable trépas.

Il avait caché ses trésors en son château des Gaschetières, à 7 kilomètres d'ici, à gauche, en un caveau dont il conservait seul la clef, et dont la serrure fonctionnait seulement à l'extérieur. Absorbé un jour dans l'examen de ses richesses, il laissa, par mégarde, la grille se refermer sur lui, et ce fut longtemps après qu'on découvrit cet opulent personnage mort de faim devant sa fortune.

Par une cause opposée, son fils (1) mourut à son tour sur la paille, non en contemplant son or, mais en face des ruines de son château, après en avoir vendu jusqu'aux poutres, jusqu'aux chevrons. Il en avait été réduit à cette extrémité par ses folles prodigalités. Prenant le contre pied de son père, un jour que celui-ci le poursuivant le reproche et la menace à la bouche, l'atteignait dans un hôtel à Orléans et montait l'escalier, le fils, tirant son épée s'écria : « Arrêtez-vous ! Au quatrième degré il « n'y a plus de parents ! » (2)

Ce malheureux était tombé dans une telle misère que Mme de Bonvoust, arrière grand'mère de M. Ernest de Basonnière, pro-

_____

(1) M. de Basonnière m'écrit qu'il s'agit de son petit-fils et non de son fils.

(2) Ces faits sont restés de notoriété publique dans la région de Beaugency où des anciens me les ont rapportés. Voir aussi l'Histoire de Beaugency par Pellieux, page 72, et l'histoire de l'Orléanais de l'abbé Patron à propos du château des Gaschetières. — Au sujet de Thoynard, M. de Basonnière m'écrit : « M. de Courchant dans ses souvenirs de la marquise « de Créquy parle d'une dame d'Es.... et prétend que celle-ci était une « demoiselle Thoynard, fille du fermier général et d'honnête et discrète « personne Jeanne Poisson, cousine germaine de Mme de Pompadour. « Cette assertion est inexacte. Il n'y avait aucune parenté entre le Thoy- « nard qui nous occupe et la favorite de Louis XV. Le père du fermier « général épousa, il est vrai, en secondes noces Mlle Madeleine Guymont,

priétaire actuel du château de Cendray, et qui habitait le château
de Fontpertries à Lailly, lui faisait, chaque semaine, l'aumône
d'un pain.

Morale : Il ne faut être ni ladre, ni prodigue.

« tante à la mode de Bretagne de Mme de Pompadour, mais il n'eut point
« d'enfants de ce second mariage. Voici d'ailleurs un tableau généalo-
« gique qui met la chose au point :

Barthélémy THOYNARD épouse 1° en 1683 Anne DE LA CHASTRE 2° en 1690 Madeleine-Nicole GUYMONT, sans postérité. Du 1er mariage :	**Jean LE NORMANT** épouse en 1624 Charlotte DU LAURENT	
	Madeleine LE NORMANT épouse en 1654 Henri GUYMONT	**Charles LE NORMANT DU FORT** épouse en 1669 Marie PARTHON
Barthélémy THOYNARD épouse en 1709 Marie de SAINT-PIERRE	**Madeleine-Nicole GUYMONT** épouse en 1690 Barthélémy THOYNARD veuf d'Anne DE LA CHASTRE. *sans postérité*	**Charlotte LE NORMANT DU FORT** épouse en 1691 Godefroy-Louis Cte d'ESTRADES / **Hervé-Guillaume LE NORMANT DU FORT** épouse en 1709 Elisabeth FRANCIN
Barthélemy-François THOYNARD DE JOUY épouse en 1739 Anne-Marie Jacqueline LALLEMANT DE LÉVIGNEN		**Charles-Jean Cte D'ESTRADES** épouse en 1732 Huguette DE SEMONVILLE / **Charles-Guillaume Borromée LE NORMANT D'ÉTIOLES** épouse en 1741 Jeanne-Antoinette POISSON depuis marquise de POMPADOUR
Anne-Marie Jacqueline THOYNARD DE JOUY épouse en 1758 Pierre Cte D'ES... DE L...		

§ XXIX

Trucs électoraux

12 avril 10 h. 3/4.

— Quel est ce beau château à gauche ?

— *Villefallier*. Du temps des Morogues il était loué à mon cousin Lory qui l'habitait par moitié pendant la saison de chasse avec ses beaux parents Berryer, neveux du grand orateur légitimiste dont la famille connaissait depuis longtemps la nôtre. Je dis « par moitié » car Lory et Berryer y avaient chacun leur installation complète : salon, salle à manger, cuisine, chambres etc... et leurs gens particuliers. Dans le vestibule, divisé en deux, chacun disposait d'un côté, l'un à droite, l'autre à gauche. Les invités respectifs ne devaient pas se tromper pour accrocher leurs chapeaux. On vivait ainsi sous le même toit sans se mêler, sauf à la fin de la journée où l'on se faisait de réciproques visites dans le grand salon laissé en commun. Les lapins pullullaient jusque devant le perron, pour le plus grand dam du propriétaire, mais pour le plus grand agrément de Lory.

— N'était-il pas le fils de ce grand chasseur que nous voyions autrefois venir jusqu'au Chatellier ?

— Parfaitement ! Et qui, locataire pendant de nombreuses années de près de deux mille hectares dans la région de Bracieux, dénué d'ambition politique, aristocrate jusqu'au bout des ongles, et dédaigneux des luttes populaires, s'était cependant laissé porter au conseil général où il avait été élu. Une rivalité de chasse, avait, je crois, décidé de sa candidature. En tout cas, notre ami Mahot de la Quérantonnais, royaliste, et un des principaux appuis du journal « L'Avenir », soutenait son adversaire. N'ayant rien à dire contre Lory, en dehors de la divergence apparente d'opinion, il avait réussi à lui retirer un certain nombre de voix par le manège suivant. Lory était de l'île de la Réunion et dans mes souvenirs, j'ai même noté qu'en 1794, peu de jours après l'arrestation, par les sans culottes, de mon trisaïeul Grangier de Gondenans, émigré dans l'ile sur le bâtiment de l'amiral de Saint-Félix, cet amiral de Saint-Félix fut arrêté par les révolutionnaires au moment où il assistait au mariage Lory-Routier de Granval. Donc, le jour du vote, Mahot de la Quérantonnais, très connu dans la contrée, se promenait de l'un à l'autre, demandant d'un air bonasse :

— Alors vous allez nommer un créole conseiller général ?

— Un quoi ?

— Un créole. C'est une drôle d'idée..

— Créole ? qu'est-ce que c'est ?

— Créole ! fouetteur de nègres ! nous ne savez pas ? Ah ! je comprends, on s'est bien gardé de vous en prévenir... et voilà comment on conduit les pauvres électeurs aux urnes... comme un troupeau de moutons..... dans les griffes d'un créole !

Là-dessus, il s'éclipsait. L'interlocuteur, en solognot prudent et méfiant, soucieux de ses intérêts, car vous connaissez le proverbe :

Niais de Sologne qui ne se trompe qu'à son profit

l'interlocuteur donc, soucieux et pensif se répétait à lui-même : « Créole? fouetteur de nègres? », et pour peu qu'il hésitat, changeait son bulletin préparé.

— Le château de Roujou après être sorti de notre famille n'a -t-il pas été possédé par des Lory ?

— Parfaitement. Par la mère du « fouetteur de nègres », qui a laissé une réputation de beauté. Maintenant le château est aux mains de M. de La Morandière qui, avec un soin et un goût parfaits l'a restauré de fond en comble, restituant les magnifiques poutres apparentes revêtues de fines décorations, les hautes cheminées, répandant partout, grâce à son talent de peintre, des ornementations dans le style de l'époque, sur les murs des salles et des galeries, garnissant les appartements de meubles du temps, de bustes, de portraits historiques (tel celui de Ronsard), de tableaux, réunissant une magnifique bibliothèque, reconstituant la curieuse poterne d'une des tours qui, au moyen d'un petit pont levis permet de franchir les douves pleines d'eau, etc..., toutes choses qu'il me fit visiter en détail et avec un charmant empressement, lorsqu'il sut les souvenirs de nos grands parents qui nous rattachaient à sa demeure.

De Roujou il ne reste plus dans notre famille qu'une magnifique pendule Louis XIV, pendule royale comportant l'effigie du roi, ornée de fleurs de lys et d'un prix inestimable, conservée par les Lory, en leur hôtel à Paris.

— Vous parliez tout à l'heure, dit Thérèse, du truc électoral du « fouetteur de nègres », il est le pendant de celui de l'épingle de cravate de notre cousin Denormandie.

— Oui, lorsqu'Ernest Denormandie se présenta à la députation dans l'Yonne, contre Doumer, il portait en épingle de cravate une tête de chien, dont on distinguait mal les détails à distance. Les agents électoraux adverses, répandirent le bruit que son cléricalisme était tellement intransigeant qu'il arborait le pape en épingle de cravate. Évidemment il fallait beaucoup de bonne volonté pour distinguer la silhouette et la tiare pontificale. Mais l'électeur naïf n'y regardait pas de si près, et, sans désapprouver les opinions religieuses, trouvait excessif et impolitique de les afficher à ce point.

§ XXX

Cléry.

Orléans, Beaugency
Notre-Dame de Cléry
Vendôme, Vendôme

— Que chantez-vous là ?

— Un refrain qui a bercé mon enfance et est de circonstance
car nous arrivons à Cléry, lieu de pélerinage et de fête le 8 septembre, un des buts d'excursions annuelles des enfants de Marie
de Neung. Là, dans l'église que Louis XI fit bâtir en donnant,
à la suite d'un vœu, son pesant d'argent, elles assistaient à la
messe avec leur bannière, à des places réservées à leur groupe,
puis déjeunaient en pique-nique et allaient jeter une épingle dans
la source pour se marier dans l'année.

— Au dernier pélerinage, où j'assistai avec elles, dit Thérèse,
la source produisit un effet d'un autre genre. Il faisait très chaud,
les enfants de Marie en burent abondamment, et, résultat, durent
se promener toute la nuit. Aucune ne voulut l'avouer.

— Voulez-vous, dis-je, qu'on vous montre le crâne de Louis XI?

— Il m'indiffère, et nous ne devons pas nous attarder.

— Il m'indiffère aussi quoique je dusse être reconnaissant à ce
roi de m'avoir valu un succès imprévu au collège.

— Lequel ?

— Cela n'a vraiment aucun intérêt pour personne.

— Racontez toujours pour faire passer le temps.

— Eh bien ! Nous étions en seconde ; notre professeur, M. Grégoire, vieux et fatigué, ne nous apprenait rien, impuissant à s'opposer au chahut permanent et aux farces variées en honneur
dans sa classe, et dont nous avions projeté d'écrire le recueil,
agrémenté de ses expressions favorites sous le titre de « Gré-
goriana » . Un matin où Grégoire ânonnait suivant son expression « un sommaire », et où notre attention était absorbée

par un brillant lâcher de hannetons, la porte s'ouvrit laissant apparaître brusquement un inspecteur de l'Université flanqué de Bicolor, le censeur, venu d'Orléans et ainsi nommé à cause de ses cheveux blancs et de ses favoris teints en noir de jais. Illico nous fûmes debout, M. l'Inspecteur fit un léger salut en disant avec solennité : « Asseyez-vous, messieurs ». Puis prenant place avec Bicolor, devant la chaire, il demanda la liste des élèves et manifesta l'intention d'interroger ceux du concours général. Je frémis.

Un froid silence régnait, interrompu seulement par le vol des hannetons que Bicolor regardait avec effarement.

— Le premier, dit l'inspecteur, est M. des Portes de la Fosse (mon excellent camarade actuellement lieutenant-colonel).

Je respirai, mais aussitôt M. l'inspecteur ajouta :

— Je ne veux pas interroger le premier, je passe au second. C'était moi ! Quelle tuile !

— Levez-vous. Donnez-moi les dates du règne de Louis XI ?

Louis XI, en effet, figurait au programme. Mais Grégoire ne nous en avait pas dit un traître mot. Je séchai complètement, et Grégoire, inerte, n'avait pas l'idée de me tendre la perche en avouant la lacune de son cours.

Bicolor cessa de regarder les hannetons, fixa sur moi un œil mécontent, mes 49 camarades (nous étions 50) prirent un air gouailleur, l'inspecteur se renfrogna, puis dit sèchement :

— Vous ignorez les dates ? dites au moins ce que vous savez ?

Un instant interloqué je me ressaisis, je commençai, et peu à peu j'aperçus le visage de mon interrogateur se rasséréner, Bicolor sourire, Grégoire s'épanouir. L'aplomb me revint et, quand j'eus fini, les lèvres de l'inspecteur laissèrent tomber sentencieusement les paroles suivantes :

— Les dates vous échappent, Monsieur, mais avec de l'exercice vous arriverez à les retenir. Elles ont leur importance. Par contre, vous avez compris l'époque de Louis XI, les personnages de ses entours, sa politique compliquée, pour en déduire la moralité et les enseignements. Je n'hésite pas à le dire, vous m'avez fait plaisir, et comme preuve, je crois pouvoir, sans inconvénient, vous donner un conseil que je ne donne jamais à un élève : celui de lire un roman. Lisez Quentin Durward de Walter Scott, Monsieur, cela vous intéressera beaucoup.

— Merci, M. l'inspecteur.

Parbleu ! je lui avais débité uniquement et textuellement ce que j'avais lu dans Quentin Durward.

L'inspecteur se leva, serra chaleureusement la main de Grégoire et sortit dignement flanqué de Bicolor. La porte a peine fermée, Grégoire remonta sur sa chaire, au bruit infernal et cadencé des poings tapant sur les tables, des talons frappant le plancher, et des hurlements rythmés sur l'air des lampions :

Heu ! Grégoire
Faut l'tuer
Heu ! Grégoire
Faut l' tuer !

Vous voyez que ce souvenir de collège est ici sans objet. Revenons donc au refrain *Orléans, Beaugency* etc. que répétaient, dit-on, les cloches de Vendôme, et..... surtout les paysannes en berçant leurs bébés. Il date de l'époque où Charles VII s'était retiré derrière la Loire, car, pour être complet, il faut dire :

Mes amis, que reste-t-y
Au Dauphin si gentil :
Orléans, Beaugency, etc...

On l'avait intercalé dans une charade jouée il y a un demi-siècle, pour la fête de mon père. On y faisait allusion à ce vignoble que nous traversons, à notre joie enfantine d'être invités à assister aux vendanges, et l'on nous faisait chanter sur l'air *Oui vraiment le bien vient en dormant* :

Pour aller faire les vendanges
Nous sommes sortis ce matin,
Du raisin chantant les louanges
Qui sert à faire le bon vin.
Pour animer notre courage,
Et récompenser nos labeurs,
Venez voir, venez voir à l'ouvrage
Venez voir les petits vendangeurs.
Venez voir, venez voir les petits vendangeurs *(bis)*.

§ XXXI

Orléans. — Les Meslier, de Montarand.

12 avril, 11 heures.

Ce n'est pas petite gloire
Que d'être pont sur la Loire.
On voit à ses pieds couler
La plus belle des rivières
Que de ses vastes carrières
Phebus regarde couler.

— Encore des vers de mirlitons ! Vous n'avez pas « amassé la chaud », comme on dit en Sologne, pour élucubrer ceux-là, s'écrie Marie de Faviès. Vous en avez fait de mieux jadis en mon honneur, au temps où vous me compariez à une déesse.

— Gardez-vous des jugements téméraires. Ces vers sont, bel et bien, du bon La Fontaine et inspirés par le pont d'Orléans que nous franchissons, mais il trouvait la ville bâtie en amphithéâtre, et elle ne m'apparaît pas ainsi.

— Essayez donc de vous cacher ! Voyez cette jeune femme qui nous fait signe. Arrête Roger.

— Bonjour ma tante, dit Mme de Martel en s'approchant.

— Toi ici ?

— Mon mari étant au front, je suis, en ce moment, dans une petite maison que ma belle-mère avait au faubourg Saint-Marc, au lieu de rester seule et isolée dans notre propriété de Normandie

— Tu viendras alors nous voir au Gué Mulon avec tes enfants ?

— Entendu, n'est-ce pas ?

— Oui, sejournez-vous ici ?

— Nous traversons et nous sauvons.

— La rue de Recouvrance est loin, questionne Marie de Faviès ?

— Non, pourquoi ?

— C'est là que demeurent les Guignard. Nous pourrions nous y arrêter un instant, à moins qu'ils ne soient à leur château de Bionne.

— Volontiers ! Roger, tourne à gauche, après le pont, deuxième ou troisième rue à droite. Quel nº ?

— 24. Notre parenté vient par les Meslier et les Pierrebourg ?

— Oui. Quant aux Guignard, je ne puis y penser sans me rappeler M. Ludovic Guignard de Butteville que j'ai vu autrefois à Blois, vice-président de la Société d'Histoire naturelle, et secrétaire général des Amis des Arts, et qui est, m'ont-ils dit, de leur famille. Après s'être livré à un travail héraldique de bénédictin, il avait fait remonter sa maison..... au roi Gwinn, descendant de Hu Gadarn, conducteur des Kymnis en Europe, six cents ans avant Jésus-Christ (1) ! En tous cas, treize cents ans après Jésus-Christ le vieux mot français guignard impliquait l'idée de gaieté ou de plaisir, et Regnault de Trye l'emploie en ce sens dans le refrain d'une ballade qu'il composa au XIVe siècle. Il a sans doute aussi concouru à l'appellation de la Guignardière ancien « lieu seigneurial » dépendant autrefois du Gué Mulon. Mais laissons cette diversion etymologique et hypothétique, nous voici au 24. Sonnons ! -

(Courte visite)

— Avons-nous encore d'autres parents à voir rapidement ?

— Si l'abbé de Beauregard n'était pas mobilisé j'aurais tenté de le rencontrer, mais j'ignore où il est. J'ai bien encore ma cousine Antoinette de Corlieu, mais elle doit-être en Seine et Marne, pendant que son mari et ses fils sont au front.

— Pouvez-vous au moins, nous montrer la maison de notre arrière grand-père Meslier ?

— Non. Le cloître Saint-Sulpice où il demeurait au nº 10, n'existe plus. Sis à la place de la rue Jeanne-d'Arc actuelle, il allait de la rue de l'Aiguillère (aujourd'hui Sainte-Catherine) à la rue Neuve (aujourd'hui rue Charles-Sanglier).

— Vous connaissez bien Orléans ?

— Un peu, l'ayant habité pendant six mois, après la guerre de 1870. Beaucoup de changements ont été effectués depuis, tels que le percement de la rue de la République. Au moment de la Commune mon père avait sauvé les archives de la Société d'assu-

____

(1) Voir Histoire de Selles en Berry par Romieu, page 340.

rances l'Étoile dont le siège était à Paris, rue du Mont-Thabor, en face du ministère des finances qui fut entièrement incendié, et sur l'emplacement duquel s'élève maintenant l'Hôtel Continental. Il avait tout transporté à Orléans, rue Saint-Euverte, au coin de la rue du Petit Saint-Jean (1). J'occupai cette maison avec mes parents en 1871 et je m'y liai avec mon voisin Norbert Deschamps dont la plus grande distraction, dans sa chambre transformée en chapelle, consistait à chanter la messe et les vêpres, en m'apostrophant : — « Enfant de beurre et d'ivoire, il faut devenir un homme ! » Avec son frère Joseph, devenu officier de cavalerie, et sa sœur Thérèse devenue petite sœur des pauvres, il m'avait fait jouer un drame où, dans un rôle muet, je représentais Bayard mourant au pied d'un arbre.

Fidèle à sa vocation, il entra au séminaire et devint vicaire à Saint Paterne. Je ne manquais jamais d'aller l'y voir chaque année. Mais il se dépensait tellement pour sa paroisse et s'infligeait à lui-même tant de mortifications qu'il n'y résista point et mourut.

Son père qui était conseiller à la cour Impériale me faisait aussi de grands sermons. C'était une famille tout en Dieu, peu fortunée, mais parfaite.

On raconta un jour que le ciel envoyait une dot à Thérèse Deschamps sous la forme d'un aérolithe tombé dans un champ leur appartenant. On mit ce trésor céleste un moment en dépôt

(1) Le 5 juillet 1871, mon père s'exprimait ainsi à la réunion du Conseil d'Administration de la Société L'Étoile : « J'ai fait tout ce qui dépendait « de moi pour parer aux conséquences désastreuses que pouvait entraîner « pour nous l'insurrection du 18 mars, survenant juste au moment de « nos recouvrements et à l'époque à laquelle se font les assurances. « L'interruption des communications paralysait toutes nos affaires. « D'autre part les projets que révélaient déjà les insurgés me donnaient « pour la sécurité des bureaux de la Société des craintes que la suite n'a « que trop justifiées, car c'est à un changement de vent providentiel que « nous avons dû de ne pas être brûlés avec le Ministère des Finances. J'ai « donc, non sans de grandes difficultés, fait sortir de Paris toutes nos « polices, nos répertoires, nos bordereaux, et les ai fait transporter à « Orléans où les employés sont venus aussi et où j'ai établi le siège « provisoire de la Société. Orléans est le centre de nos affaires et malgré « l'insurrection elles ont suivi leur cours. Nous avons pu en avril et mai « liquider presque complètement l'exercice 1870, régulariser les assole- « ments et réaliser des affaires qui nous eussent certainement échappé « si nous étions restés tout le temps de l'insurrection, sans communi- « cation avec la province. »

(Extrait des procès verbaux du Conseil d'Administration).

au musée de Vendôme où je le vis. Évalué tout d'abord à des millions, il fut en fin de compte vendu pour une somme assez peu importante. Thérèse d'ailleurs, touchée par la grâce, entra aux petites sœurs des Pauvres.

— A propos de musée, vous avez énuméré, dans un de vos volumes, ceux de Paris et de province où l'on conserve des peintures de notre ancêtre Laurent de la Hire (1) qui donnait tant d'émulation à notre oncle de Roujou (2) Y en a -t-il à Orléans ?

— Mon énumération est incomplète, car précisément je n'ai pas cité le musée d'Orléans qui possède un paysage de Laurent de la Hire intitulé : *le berger d'Arcadie* (3) A droite on voit un tombeau (4) sur lequel les bergers lisent des inscriptions, puis deux femmes vêtues l'une en bleu, l'autre en rouge. Ce paysage qualifié l'un des meilleurs du musée par le conservateur, a fait partie de la collection du président Haudry et a été donné par Mme d'Hauteroche. Malheureusement nous n'avons pas le temps d'aller vous le montrer.

— Si nous n'avons personne de vivant à voir, demande Marie de Faviès, pouvez-vous au moins nous arrêter à la tombe de nos grands parents de Montarand ?

— Rien de plus facile. C'est notre chemin pour sortir d'Orléans. Vous savez que l'ancien cimetière a été désaffecté. Les cendres de nos grands parents ont dû être transportées dans le nouveau cimetiére. Je l'ai raconté dans mes « Souvenirs de famille, Mariages ». J'ai aussi relaté dans mon volume «Donations et fondations » l'ancienne épitaphe élogieuse de notre aïeul de Montarand.

(1) Voir mes volumes précédents et notamment « *Donations* et *Fondations*. J'ajoute que Laurent de la Hire (1606-1666), votre septième aïeul, ordonnateur des monuments royaux, membre de l'Académie de peinture et de sculpture (qui disparut lors de la tourmente de 1793), et l'un des douze premiers anciens, est cité dans les procès verbaux de l'Académie relevés par Montaiglon : Vol. I pages 14, 16, 22, 23, 25, 27, 31, 41, 43, 44, 52, 59, 62, 73, 118. Sa biographie a été écrite par Guillet de Saint-Georges Vol. III page 62, lue à l'Académie, Vol. IV page 338. Une autre biographie de lui a été faite par Saint-Gelais Vol. V pages 15 et 38. Fils d'Étienne de la Hire votre huitième aïeul (1583-1643) déjà connu comme peintre en Pologne, il est père de Philippe de la Hire. Voir pages 34, 57, 188.

(2) Voir pages 30, 31, 34, 48, 57 à 60 et à la table des noms.

(3) Hauteur 0.68, largeur 0,84.

(4) Ami intime du grand mathématicien Gaspard Desargues, Laurent de la Hire « aussi habile dans l'architecture que dans la perspective » mettait fréquemment des monuments dans ses paysages.

§ XXXII

Au nouveau Cimetière.

— La sépulture de la famille de Montarand, s'il vous plait ?

— Prenez à gauche. Section C. Allée Ouest, 4e Division, 2 et 3 fin.

. . . .

— Nous y sommes. Ici, les seuls noms sont gravés sur la tombe

Jn.-Bapte -Augin Bon Couët de Montarand
Procureur général
Près la Cour Royale d'Orléans
Chevalier de la Légion d'Honneur
1756-1824
Désirée Jauvin de Léogane
Bne de Montarand
1776-1860

— Et la négresse ? demande Marie de Faviès.

— La fidèle négresse qui les avait suivis depuis St-Dominique, qui ne les avait jamais quittés, et qu'à sa mort on avait inhumée non loin de ses maîtres ? Ma foi, je ne sais pas ce qu'est devenue sa sépulture.

Voici l'inscription de notre grand oncle :

Louis Auguste Bon Couët de Montarand
Ancien Magistrat
A la Cour Royale d'Orléans
1798-1868

Il désirait suivre la carrière de son père, avait débuté comme substitut du Procureur de Roi à Tours, puis avait été nommé substitut du Procureur général à Orléans en 1829. Mais survint la Révolution de Juillet. Préférant briser son avenir plutôt que de rétracter son serment à son roi et de servir la branche cadette, il démissionna aussitôt. (1) Une gravure le représentant

(1) Voici textuellement la relation de la séance tenue par la Cour d'Orléans au lendemain de la Révolution de juillet :

« Au commencement de la délibération de ce jour (13 août 1830), en la « chambre du Conseil, M. le Baron de Montarand substitut du Procureur

donnant d'un geste énergique et large sa démission dans la chambre du conseil, devait ,avec la relation de cette séance, être insérée dans le volume : *Recherches historiques de l'Orléanais* de Lottin. Mais, la censure d'alors en empêcha l'insertion. (1) J'ai vu un exemplaire de cette gravure, au château du Plessis, chez notre tante à la mode de Bourgogne Mme de Beauregard.

Lors du transfert de son cercueil de l'ancien cimetière ici, l'on constata que son corps était absolument intact. A côté voici notre tante :

Gabrielle Seurrat de la Boulaye
B^{ne} de Montarand
1826-1868

Elle était la cousine de son mari (2). En effet, dès avant la Révolution, nous étions parents des Seurrat de la Boulaye et de Guilleville et M. de Beauregard conserve dans ses archives d'intéressantes correspondances échangées entre eux et notre aïeul de Montarand.

Nous cousinions avec eux par notre quatrisaïeule Couët de Montarand née Caillard.

Dans mon histoire du Gué Mulon je signale Madeleine Caillard de Gidy, femme de Cahouet de Senneville, seigneur du Gué Mulon. Et aussitôt après avoir lu ce détail, Maricourt (notre cousin par les Jauvin) m'écrivit qu'il descendait aussi des Caillard, qu'il avait publié les mémoires de son aïeule Marie Caillard épouse du célèbre avocat Chardon, née d'une branche protestante et convertie par Bossuet, tous deux cités par St-Simon (3)

« général protesta contre la réquisition. Il déclara que si ses conclusions
« étaient suivies, fidèle aux exemples qu'il avait reçus de son père et au
« serment qu'il avait prêté à Charles X, il donnait immédiatement sa
« démission, ne pouvant requérir au nom d'un autre pouvoir que celui
« qui avait reçu son serment. Il ajouta qu'en présence des deux abdica-
« tions de Charles X et du duc d'Angoulême, le roi de France était
« Henri V. »

 (1) Ainsi qu'il résulte de la mention inscrite page 475, 6me volume.
 (2) Voir ci-après page 154.
 (3) Chardon reçu avocat le 25 novembre 1659, bâtonnier le 9 mai 1699, mourut en janvier 1714. La conversion de Chardon s'étant produite avant celle de sa femme, le roi l'ayant fait venir lui avait dit fort obligeamment qu'il était bien aise de voir un homme de son mérite qui prenait le bon parti, que s'il avait affaire à lui, il le trouverait toujours. De ce mariage naquirent 3 enfants : Marie-Anne, religieuse à la Madeleine de Trainel à Paris, Elisabeth, mariée à Henri de Besset de la Chapelle, petit neveu de Boileau, secrétaire du Conseil de la marine, grand'mère de la prési-

En même temps il me faisait tenircet opuscule intitulé : *Du Protestantisme au Catholicisme*, édifiant récit de conversion, tableau vécu des diverses étapes, des phases successives de l'âme ramenée au catholicisme par l'étude approfondie de notre religion.

Dans un article intitulé *La succession de la Duchesse de Vendôme* et dont Maricourt m'envoya aussi un tirage à part, il raconte dans quelles circonstances ladite Mme Caillard de la Monnerie, veuve de l'avocat Chardon, prêta, en 1719, à la princesse de Condé douze mille livres qui ne furent remboursées que plus d'un demi-siècle après. La famille conserva une bague d'émeraude de la plus belle eau héritée sous le nom de « bague de la princesse palatine » et sans doute donnée par la princesse de Condé à la suite des services rendus par les Chardon (1).

Maricourt me racontait aussi, à propos des Pajot de Marcheval seigneurs du Gué Mulon, la parenté de sa grand'mère, née Mazenod, avec l'intendant Pajot. Il y a là des filiations que je n'ai point et qu'il pourrait être curieux de rechercher avec lui, si nous en avions jamais le loisir.

Pour en revenir aux Seurrat de la Boulaye, une grande intimité nous unissait jadis, et lorsque Caroline de Montarand épousa notre grand père Meslier en 1827 (2) elle eut comme témoins ses cousins Seurrat de la Boulaye et de la Taille (3).

L'heure s'avance. C'est le moment, après une prière sur les tombes, de nous séparer. Thérèse et Edmée vont regagner Neung-sur-Beuvron, et nous allons continuer sur Paris.

— Inutile de nous reconduire au tramway, dit Thérèse, nous avons largement le temps de le gagner à pied. Vous êtes sur votre route et cela vous retarderait.

dente d'Hozier ; et Daniel Chardon, écuyer, conseiller à la Cour des aides, père du chevalier Chardon, célèbre jurisconsulte du 18e siècle, intendant de Corse et lieutenant de police de Paris. La famille Chardon s'est éteinte dans la famille de Maricourt.

(1) Revue des études historiques Novembre Décembre 1904.

(2) Le 4 octobre

(3) Voir ci-après page 154.

§ XXXIII

Montarand. — Voves.

12 avril 11 h. 1 2.

— Il y avait une fois, du temps des Carlovingiens, un moine nommé Aranus.

— Votre histoire remonte bien haut !

— Elle n'en est que plus respectable. Donc au temps des Carlovingiens.

— Carolingiens.

— Oui, je sais. Quand j'étais jeune on disait Carlovingiens, on disait Moyen-âge, Clovis, Annibal etc... Depuis, la science a fait d'énormes progrès, l'histoire un pas immense : On dit Carolingiens, époque médievale, Clodovech, Hannibal avec un H. Donc, au temps des Carolingiens — pour vous faire plaisir — certain moine Aranus, suivant la tradition, vint du Mont Carmel avec d'autres religieux pour civiliser et catéchiser les abords de la forêt d'Orléans. Il s'installa en un lieu un peu élevé qu'on nomma, en souvenir, *Mons Aranus*, en latin, soit Montarand en français.

— Ah ça ! voulez-vous nous faire descendre maintenant d'un moine ?

— En aucune manière. Ne vous impatientez pas ! Par la suite une partie considérable des terres et même une assez grande étendue de la forêt d'Orléans passèrent des mains des moines dans celles de la maison de Lorraine qui posséda Montarand à partir de l'an 900 pendant plusieurs siècles. Les Guise y installèrent un rendez-vous de chasse. Une rue, dite des Guisois va du château de Montarand à l'Église paroissiale de Fleury et rappelle leur souvenir. Ensuite le château de Montarand et une partie du domaine des Guises passa à nos ancêtres Couët issus d'une ancienne maison d'Orléans.

— Où avez-vous su tout cela ?

— Chez notre oncle à la mode de Bourgogne M. de Beauregard qui a fouillé les archives, et a eu la très grande amabilité de me fournir tous ces détails sans aucun travail pour moi. A mon tour je vous les rapporte fidèlement, car, dans moins de cinq minutes vous serez à 500 mètres du château de Montarand.

— Pas possible.

— Si vraiment. Et d'abord saluez ! Nous traversons *Fleury*, paroisse des Montarand dont ils étaient seigneurs. A côté du château appelé souvent le « grand Montarand », il y a le « petit Montarand » et, de l'autre côté, la maison des Carmes dont un clocheton indique une chapelle. Roger, tourne à gauche, nous sommes arrivés.

— Il faut nous arrêter, dit Marie de Faviès. Henriette, prépare ton kodack.

— Plus une seule pellicule !

— C'est fâcheux. Il faudra compter sur notre seule mémoire pour conserver le souvenir de notre visite.

— Faisons un peu le tour. Voici la façade. On y accède à droite, par côté, au moyen d'une avenue aboutissant à des chemins de terre. A gauche est l'entrée principale fermée d'une grille sur un chemin entretenu... On nous regarde, n'ayons pas l'air d'étrangers, demandons à entrer.

(Les nouveaux propriétaires, récemment acquéreurs, paraissant des cultivateurs, nous accueillent avec le plus grand empressement, disant avoir lu le nom de nos parents dans de vieux titres, et nous proposent de visiter tout l'immeuble, ce que nous refusons par discrétion... et aussi pour ne pas trop nous retarder. Nous nous contentons du rez de chaussée et de l'extérieur).

— Les fenêtres semblent dater cette construction de l'époque Louis XIII.

— Oui, dit Marie de Faviès, mais élevée d'un premier étage, flanquée de deux pavillons plus bas, ne vous rappelle-t-elle pas, en plus petit, le Chatellier avec ses cinq fenêtres de façade ?

— En effet ! Et si du Chatellier on aperçoit la belle église de Saint Dyé comme fond de paysage, d'ici l'on distingue fort bien l'imposante cathédrale d'Orléans. Et si nous n'avons pas la spacieuse terrasse du Chatellier, du moins, à l'aspect actuel du jardin, on reconstitue facilement, en imagination, le parterre à la française de jadis. Voici, auprès, un puits comme au Chatellier.

— Et le petit Montarand ?

— Séparé par le chemin, et sis dans cette belle futaie enclose avec des prairies. D'après ce que me dit notre hôte, la maison a été rebâtie, surelevée et est aujourd'hui plus importante que le grand Montarand. Son propriétaire fait l'élevage des chevaux et fait courir. Inutile de demander à visiter. Rien ne nous rappellerait l'ancien temps, que cette belle garenne, apanage ordinaire de toute gentilhommière. Donc, en route !

Voici le chemin appelé « rue de Montarand », puis la route de Cercottes que nous traversons !

— *Saran*, encore un pays dont les Montarand étaient seigneurs.

— Nous parcourons donc tout leur fief ?

— Pas complètement, car ils étaient aussi seigneurs de la Mainferme près de Jargeau et de Villenau près Saint-Mesmin

— *Gidy* ! Seigneurie du père de Madeleine Caillard de Gidy que je vous rappelais tout à l'heure (1) et qui épousa Cahouet de Senneville, seigneur du Gué Mulon, alors que Marguerite Caillard épousait notre ancêtre Benoit Couët, seigneur de Montarand.

— Et maintenant qu'allons-nous voir ?

— *Voves*. Si nous ne devions pas faire une visite en coup de vent, ce qui ne serait pas convenable, nous nous arrêterions chez notre pauvre cousine Hudault dont le mari a disparu et est malheureusement très certainement tué. Peu de temps avant la guerre, nous étions, Thérèse et moi, passés en automobile en revenant d'Évreux à Neung. Arrêtés dans ces environs par une panne, remorqués par un cheval, nous avions échoué chez eux au moment où ils allaient eux-mêmes partir pour la Normandie. Avec une amabilité sans égale, ils insistèrent pour nous garder à dîner et coucher jusqu'à ce qu'un mécanicien d'Orléans, appelé par dépêche, puisse venir nous remettre en marche. Et le lendemain en même temps que nous remontions en auto, ils démarraient dans la leur. La perte de Hudault est un grand malheur pour les siens et pour le pays. Avec un zèle infatigable il s'était mis à la tête de la jeunesse locale, avait créé des Sociétés de

(1) Voir pages 142, 143, 225, 230.

sports etc... le tout sous le patronage catholique. Estimé de tous les partis par sa droiture, il acquérait une influence indéniable et des plus heureuses. A son temps il écrivait, et son volume intitulé *Jean Turoit* où il ramène aux idées saines et à la terre eut un succès mérité. Sa femme est admirable d'énergie.

Elle a de qui tenir. Vous savez quel courage civique son père (1) à maintes fois déployé au conseil municipal de Paris où il se fait écouter malgré ses idées très réactionnaires. Vous connaissez l'héroïsme de son frère aîné Maurice, tué à sa batterie en donnant les plus beaux exemples. Espérons que son frère Emmanuel échappera aux dangers auxquels l'expose son grade de capitaine d'infanterie.

(1) Alpy, qui épousa notre cousine Berthe de Gabory.

§ XXXIV

Le conseiller Meslier de la Hire à la fin de sa vie.

Nous sommes en plein pays chartrain cher à notre bisaïeul Meslier, qui, quoique fixé à Orléans (1), n'oubliait pas son pays natal où il conservait quelques propriétés héritées de son père en 1815, et des parents et amis avec lesquels il entretenait d'affectueuses correspondances. Jetons un coup d'œil sur celles que j'ai là, car cette route uniforme n'a rien qui appelle particulièrement notre attention.

Voici son cousin Pougin de la Maisonneuve (2), qui, en Juin 1821, lui écrit de Chartres, où il demeure, une lettre détaillée pour lui faire part du mariage de sa fille Amélie avec le comte de Lanascole capitaine au 2ᵉ régiment de cuirassiers de la garde royale. Il lui explique que le comte de Lanascole, âgé de 28 ans, a rang de chef de bataillon, tient garnison à Paris, que sa mère habite Guingamp, qu'il est neveu du marquis de Barrin, de la marquise de Montbelle, mère d'un premier chambellan de Monsieur. Vous vous souvenez que je vous ai raconté que notre grand'-mère s'était retrouvée avec Lanascole au bal donné à Blois en l'honneur de la duchesse de Berry.

— Aussi ma mère parle-t-elle souvent d'eux, dit Thérèse. Du mariage de d'Amélie Pougin de la Maisonneuve (3) avec le

(1) Voir dans quelles circonstances page 162.

(2) Louis Pierre Pougin de la Maisonneuve, marié à Mlle Hue de Lorville, fils de Louis Pougin de la Maisonneuve (1736-1818) trésorier de France à Orléans, député aux Etats généraux, marié à Mlle Olivier de Leuville. Louis Pierre Pougin de la Maisonneuve avait un frère Jacques marié à Mlle de Masclary d'où : 1° Ludovic marié à Mlle de Vaublanc (famille d'autre part alliée à la nôtre), d'où Fernand et Mme de Charant; 2° Adolphe, receveur des finances sous Louis Philippe, marié à Mlle Hardouin dont il eut treize enfants parmi lesquels : Victor, père du général de cavalerie de la Maisonneuve de qui je tiens les détails de cette note, et l'amiral Albert de la Maisonneuve ami de mon oncle le cᵗ Meurville.

(3) Il ne faut pas confondre les Pougin de la Maisonneuve avec nos autres cousins du Fayot de la Maisonneuve qui nous sont parents, par la famille de Vroïl.

comte de Lanascole (1) est née Marie de Lanascole qui épousa le marquis d'Argence (2) et en eut plusieurs enfants dont Madame Le Vavasseur.

— Parmi les amis d'enfance de Meslier se trouvait un curé chartrain qui fut à Marville lès Bois et à Boulay les deux Eglises. Ils se visitaient réciproquement et n'oubliaient pas de se bien traiter. Lisez cette lettre du 9 Février 1820 du bon abbé :

Mon ami,

Ma gouvernante a découvert dans mon clocher deux moineaux d'une certaine taille. Elle les a dénichés à ton intention. La mienne qui n'était pas beaucoup éloignée de la sienne, m'a fait engager une partie de chasse dans laquelle j'ai tué un lapin et deux perdreaux. Tu voudras bien recevoir ces minces étrennes. Sous huit jours j'aurai le plaisir d'aller m'entretenir avec toi. Il est quatre heures du soir et jamais heure ne m'est plus agréable que celle où j'ai le plaisir de me dire ton intime ami.

Et du 6 Janvier 1823 :

Mon ami,

Ce serait mal commencer l'année envers un bon et vieil ami de lui adresser des reproches et lui chercher noises. Je sais que tu en mérites quelques unes de ma part. Mais passons rapidement sur ce chapitre, et ne pensons qu'à bien nous porter afin que notre petite barque coule doucement, gaiement, et longtemps, sans tempête ni naufrage sur le fleuve de la vie.

Tu as bien trompé, et moi le premier, trois emplumés qui ont séjourné chez moi au moins trois mois en t'attendant ; ils se faisaient une fête de disputer d'embonpoint avec toi.

— D'après son portrait, sa robe rouge avait, en effet, toute la place de s'étendre sur son thorax avec majesté (3).

— D'ailleurs, ajoute Marie de Faviès, n'a-t-il pas laissé la

(1) Voir ci-dessus page 44.

(2) En 1890 un d'Argence établi depuis plusieurs années au Tonkin, y fut assassiné avec sa femme et son fils, j'ignore s'il y a quelque rapport.

(3) Ce beau portrait en miniature a été acquis en 1917 à la vente de Mlle Guichard le Conte de Roujou, par M. Lucas, de Tours, qui a refusé, malgré les démarches du notaire de la famille et de Mme Regnault de Beaucaron de laisser prendre une simple photographie ! La mise en vente de ce portrait a été une surprise pour nous, sans quoi nous l'eussions racheté.

réputation d'avaler un chapon entier à lui tout seul à son déjeuner ?

Deux quadrupèdes à longues oreilles sont morts de dépit de n'avoir
pu flatter ton odorat de leur parfum distingué. Toutefois, ces deux
espèces qui ont été livrées à des dents étrangères n'ont point été
mangées sans qu'on ait bu à ta santé dont je réclame le plus prompte-
ment des nouvelles.

Tu voudras bien aussi me dire un mot de ta famille au bonheur de
laquelle je m'intéresse vivement. Puissions-nous dans vingt-cinq ou
trente ans encore nous réunir et trinquer, et nous voir servis par la
bonne Henriette que je n'oublie point.

— Henriette, le fidèle cordon bleu !

Dans la réponse que j'attends de toi, dis moi si on peut se flatter du
plaisir de te posséder un jour. Le plus tôt sera le mieux. Tu m'as tant
donné de marques et de preuves d'amitié chez toi que je désire trouver
l'occasion de prendre ma revanche. Je t'embrasse de tout mon cœur.

Et du 23 décembre de la même année.

.....J'aurai plus facilement le moyen de voir mon ami et plus particulièrement ceux d'Orléans auxquels je tiens et je tiendrai toute ma
vie. Respects et civilités de ma part, je t'en supplie, à ces aimables
personnes qui font l'agréable société dont tu fais partie. Tout ce qui
t'appartient m'intéresse, dis moi deux mots de ta famille. Je n'y vois
plus, le jour finit et mon amitié pour toi ne finira jamais.

Ton vieil camarade.

. Dans cette lettre il est fait allusion à « l'agréable société dont
Meslier faisait partie ». Il ne passait pas inaperçu en effet au milieu
de cette société orléanaise de la Restauration aussi aimable que
choisie. Volontiers on lui demandait de fabriquer des couplets
de circonstance.

En voici pour le mariage Fougeron en 1819 :

> Un bon chrétien doit au ciel sa prière
> Pour tous les biens qu'il reçoit ici-bas.
> Mes chers amis, c'est l'instant de la faire,
> N'oublions pas, après un bon repas,
> De prier Dieu pour ceux qui n'en n'ont guère,
> De prier Dieu pour ceux qui n'en n'ont pas.
>
> Grâce à Louis nous n'avons plus de guerre,
> Nous renonçons aux assauts, aux combats,

Nos armes sont la fourchette et le verre
Pour attaquer la bouteille, les plats.
Prions le Ciel pour ceux qui n'en n'ont guère,
Prions le Ciel pour ceux qui n'en n'ont pas.

Pauvres français, dans un temps de misère
Nous engraissions un bataillon de rats ;
Vrais charançons que notre ministère
Nous fait payer comme des potentats.
Prions le Ciel pour qu'il n'en reste guère,
Prions le Ciel pour qu'il n'en reste pas.

Olympie est bien certaine de plaire
Par sa candeur, par ses touchants appas,
Tous les plaisirs, tous les biens de la terre
Étant échus à l'heureux Stanislas,
Il doit prier pour ceux qui n'en n'ont guère,
Il doit prier pour ceux qui n'en n'ont pas.

De vos enfants, voyant le sort prospère,
Cher Fougeron, désormais ici-bas
Vous n'aurez plus aucun souhait à faire
Pour éloigner les soucis, les tracas.
Les cœurs contents sont ceux qui n'en n'ont guère,
Les cœurs contents sont ceux qui n'en n'ont pas.

Je le sais bien, un critique sévère
De mes couplets doit faire peu de cas.
L'homme d'esprit, sans se mettre en colère,
L'homme d'esprit, ennemi du fracas,
Sait pardonner à ceux qui n'en n'ont guère,
Sait pardonner à ceux qui n'en n'ont pas.

Le petit-fils de ces heureux époux a épousé ma cousine Mlle Tenaille d'Estais.

Madame de J*** ayant demandé le code des femmes qu'elle voulait étudier, il le lui envoya, avec ces trois couplets, le 30 mars 1824 :

On ne devrait rien désirer
Quand on possède l'art de plaire,
Mais vous voulez faire admirer
Un mérite plus qu'ordinaire,
Et mêler aux plus heureux dons
Tous les secrets d'une science
Qui ne convient qu'à des grisons
Et qu'on nomme jurisprudence.

Accomplissez votre destin
Lisez avec persévérance,
Sans dévorer grec ni latin
Vous aurez fait votre licence.
Avec l'art que je vous connais
Bientôt, à l'aide du grimoire,

> De commentaires sur nos lois
> Vous ferez retentir la Loire (1)
>
> En instruisant vos villageois
> D'un docteur vous aurez la gloire,
> Et votre chambre quelquefois
> Sera pour eux un vrai prétoire.
> Puissiez-vous garder le talent
> (Après que vous serez savante)
> D'être pour nous, comme a présent,
> D'une simplicité charmante.

En novembre 1826, peu avant sa mort, une amie d'enfance lui écrit : « Vous me dites avoir beaucoup parlé de moi, est-il « vrai que je sois encore présente à votre souvenir ? Il est flatteur « de n'être pas oublié de ses anciens amis. Je désire que votre « santé soit assez bonne pour vous permettre d'exécuter le « projet que vous avez formé de venir nous visiter. Vous ne pouvez « douter du plaisir que j'aurai à vous voir et à vous renouveler « de vive voix l'assurance des sentiments distingués que vous « savez si bien inspirer. » Il répondait :

> Je vous aimais dans votre enfance.
> Aujourd'hui, j'en conviens, et c'est sans embarras.
> Je vous aimais dans votre adolescence
> Alors vous aviez mille appas.
> Libre d'un long hymen, vous m'offrez même chance,
> Je vous aime toujours, quoique grison, hélas !
> Peut-être vous direz que je suis en démence
> Fidèle à mon destin, j'ai répondu d'avance,
> C'est que le cœur ne vieillit pas.

Trois mois et demi après, le 7 mars 1827, il termine sa carrière caractérisée par ces lignes tracées de sa main : « Il ne m'est pas « permis de dire que j'ai rempli mes diverses places avec succès, « mais au moins il m'est permis d'énoncer que, dans tous les « temps, je me suis fait honneur par mon zèle, mon exactitude, mon « dévouement à mes devoirs, et surtout qu'à toutes les époques « de la Révolution, j'ai professé des principes politiques entiè- « rement opposés à ceux qu'a mis en pratique cette succession « d'insensés et de déprédateurs qui ont désolé pendant vingt cinq « ans notre belle patrie. »

(1) Sa maison avoisinait la Loire.

§ XXXV

Mariage Meslier-de Montarand. — Chauveau-Lagarde.

12 avril 2 heures.

— Sept mois après, le 4 octobre 1827, son fils Augustin-Louis-Pierre-Henri Meslier, issu de son mariage avec damoiselle Augustine-Marie-Victoire de la Hire, demeurant à Paris dans un des immeubles qu'il y possédait, rue du Bac, n° 16 (1), muni de la dispense de deux bans accordée par Monseigneur l'archevêque de Paris, sous le sceau de M. de Boislève vicaire général, conduisait devant les autels, en l'Église Saint Paterne à Orléans, damoiselle Caroline Eugénie Couët de Montarand, munie de la même dispense par Monseigneur l'Évêque d'Orléans, demeurant chez sa mère à Orléans, rue des Grands-Champs, n° 11, fille de feu Jean Baptiste-Louis-Augustin, baron Couët de Montarand, Procureur général à la cour royale d'Orléans, chevalier de l'ordre royal de la Légion d'honneur et de dame Jeanne-Louise-Marguerite Joséphine Jauvin de Leogane. Le vicaire général du diocése, l'abbé Blandin, curé de la paroisse « les conjoignit en sacrement de ma- « riage par paroles de présents et leur donna la bénédiction « nuptiale. »

Les témoins étaient son oncle Claude François Chauveau-Lagarde, chevalier des ordres royaux de la Légion d'honneur, de Charles III d'Espagne, de Constantinien et de Saint-Georges de Deux-Siciles, avocat à la cour royale à Paris, et son beau-frère Désiré-Joseph le Conte de Roujou substitut de M. le procureur du Roi près le tribunal civil de Blois. Les témoins de notre grand mère étaient Louis Auguste baron Couët de Montarand, son frère, substitut de M. le Procureur du Roi près le tribunal civil de

---

(1) Cette maison, aujourd'hui complètement défigurée, était une des plus anciennes de la rue du Bac, et comportait quatre étages.

Tours, Jacques Seurrat de la Boulaye, son cousin paternel (1) demeurant à Orléans, rue des Anglaises n° 7, et Charles Gabriel Ephrem de la Taille, conseiller à la cour royale d'Orléans, aussi son cousin (2), demeurant rue du Pot-de-Fer, n° 2.

Ainsi, malgré ses 71 ans, Chauveau-Lagarde n'avait pas hésité à prendre la diligence et la poste pour venir à Orléans servir de témoin au mariage de son neveu.

En retournant à Paris il fit comme nous : il ne voulut pas perdre l'occasion d'un pélerinage de famille, et passa par Chartres d'où il écrivit le 10 octobre à notre tante de Roujou :

Nous voilà, ma chère amie, dans notre ville natale, nous y sommes arrivés à 8 heures du soir malgré un orage et une averse qui nous ont assaillis dans une nuit obscure à une bonne lieue de Chartres. Nous y avons déjà parcouru tous les lieux que nous y avions à voir, les diverses maisons qui ont été habitées par la famille Meslier et par la nôtre. Nous avons été faire visite aux personnes qui s'intéressent encore à nous. Nous leur avons remis ou fait remettre vos billets de faire-part. Nous nous sommes beaucoup entretenus de vous tous et de toi en particulier dont nous avons dit tout le mal que nous en pensons. Nous les avons satisfaits encore en leur donnant des détails sur les circonstances du mariage de notre ami Auguste, et principalement sur le bonheur qu'il doit ressentir et qu'il éprouve, en effet, j'en suis bien assuré, d'avoir trouvé une aussi charmante femme, et de s'être allié à son aimable famille. Nous te prions de leur renouveler à

(1) Jacques Seurrat de la Boulaye, fils de Jacques Isaac Seurrat de la Boulaye, député de la noblesse et de Marie-Anne Renée Renault, épousa en 1797 Marie Chantal de Loynes de Morett d'où Marie-Gabrielle Seurrat de la Boulaye dont la tombe est indiquée ci-dessus page 142, et qui, contractant une nouvelle alliance avec notre famille, épousa notre oncle le baron Auguste Couët de Montarand, d'où Marie-Thérèse Couët de Montarand mariée à Jean Sourdeau de Beauregard et Marie-Chantal Couët de Montarand mariée au baron Isle de Beauchesne.

(2) Charles Gabriel Ephrem de La Taille (oncle du général de la Taille), né le 19 juillet 1790, avait épousé le 20 avril 1813 à Orléans Anne Renée Félicité de Loynes de Fumichon, fille de Félicité Seurrat de la Boulaye (sœur de Jacques Seurrat de la Boullaye note ci-dessus) et de Claude de Loynes de Mazères baron de Fumichon, et petit-fils de Jacques Isaac Seurrat de la Boulaye député de la noblesse (note ci-dessus). De là vient la parenté de Charles Gabriel Ephrem de la Taille avec notre grand-mère de Montarand. De son mariage avec Mlle de Loynes de Fumichon il eut Louise de La Taille mariée en 1838 à Louis de Loynes d'Estrées propre neveu de Marie Chantal de Loynes de Morett épouse de Jacques Seurrat de la Boulaye (note ci-dessus). D'où le comte Joseph de Loynes d'Estrées, au Château de Villedard, qui a bien voulu me donner ces détails

tous l'assurance de nos sentiments, et de les embrasser pour nous de bien bon cœur.

Reçois aussi pour toi notre affection la plus tendre. Fais-en part à ton excellent mari que nous aimons comme il le mérite, et songez à nous, à Beauval et partout ailleurs.

Quant à nous soyez bien assurés que nous avons trop de plaisir à vous conserver dans notre mémoire la place que vous y occupez.

Tout à toi, ma chère Rose et à tout ce qui t'appartient.

Ton vieil oncle,

CHAUVEAU-LAGARDE.

P.-S. — Je te préviens que j'ai commandé moi-même et recommandé le pâté fameux que tu recevras à Blois vendredi prochain. Je vous prie, en le mangeant, de boire à la santé des voyageurs. Nous serons à Paris samedi.

— Ces célèbres pâtés, de réputation justifiée, figuraient jadis sur notre table familiale le 1er janvier. Jusqu'à sa mort, survenue vers 1895, un vieil ami de Chartres nous en envoyait un énorme régulièrement le 31 Décembre. Il s'imposait ce devoir annuel en reconnaissance d'un service que mes parents lui avaient jadis rendu, et n'omettait pas d'expliquer la manière d'ouvrir ces pâtés. Les profanes en soulèvent la calotte et plongent dedans. Les amateurs au contraire, découpent en rond la base de la croûte et la maintiennent en forme de cloche pour recouvrir le pâté, tant qu'il n'est pas terminé.

— Dans sa lettre Chauveau-Lagarde parle des diverses maisons qui ont été habitées par les Meslier. Les connaissez-vous ?

— Non, je sais seulement par les papiers que mon cousin Ferdinand de Lignac m'a communiqués, vers 1905, à son château de Chapelutte, qu'alliés aux Salmon au XVIIIe siècle, les Meslier habitaient le quartier de la cathédrale. Nous voici en face, et ne fut-ce qu'en souvenir, arrêtons-nous une minute.

Si vous voulez y faire un kilomètre, vous n'avez qu'à suivre cette ligne qui est sur le sol et permet de parcourir cette distance dans l'Église même.

— Il y a la célèbre vierge noire.

— Oui, mais il y en a une autre moins connue des étrangers et qui cependant excite une dévotion locale non moins vive. Voyez ce pilier tout noirci par les cierges. Ce sont ceux que l'on brûle à cette vierge « pour qu'ça aille ou qu'ça vienne ».

— Ce qui signifie ?

— Que si, dans vos proches, vous avez un malade qui traîne, on vient brûler un cierge « pour qu'ça aille ou qu'ça vienne » c'est-à-dire pour qu'il se décide à guérir ou... à mourir.

— Charmant !

— Admirez le tour du chœur. Toutes ces pierres finement sculptées sont, disaient les paysans, faites avec les coquilles d'œufs de la Beauce. Autrement dit ce sont les offrandes, souvent en nature, des gens de la campagne, qui y ont largement contribué.

Si Chauveau-Lagarde resta attaché à sa ville natale, celle-ci ne l'oublie point. En 1902 une brillante cavalcade représenta toutes les célébrités locales, en remontant aux temps les plus reculés jusqu'à nos jours. Chauveau-Lagarde devant y figurer en bonne place, notre ami Bellier de la Chavignerie m'avait convié à ce spectacle. La cavalcade passa étincelante des costumes les plus divers et les plus riches. Mais on ne pouvait décemment mettre Chauveau-Lagarde à cheval, ni l'affubler d'un vêtement théatral. Alors il défilait à pied, figuré par un pâle voyou revêtu d'une toge d'avocat, pataugeant piteusement dans la boue, lamentable apothéose de notre oncle !

Par contre, ce voyage me rapporta la reproduction de son portrait conservé au musée. M. Bellier de la Chavignerie me fit la gracieuseté d'autoriser un photographe à en prendre un cliché. Et le photographe n'eut point à s'en repentir, car ensuite il en vendit beaucoup d'épreuves dans le public.

Une autre fois, quand nous disposerons de plus de temps, nous irons contempler cette toile. Aujourd'hui il nous faut reprendre notre route sans nous arrêter davantage. En compensation, je vous entretiendrai encore de notre grand oncle, tout en roulant.

§ XXXVI

Chauveau-Lagarde à la fin de sa vie. — Paris-Terminus

— Chauveau-Lagarde qui vécut des heures si sombres pendant
la Terreur, qui ne craignit pas d'affronter l'échafaud pour dé-
fendre la Reine et madame Élisabeth, qui risqua chaque jour sa
tête pour sauver des innocents, qui, sous la Restauration, se montra
si grave jurisconsulte dans les deux conseils du Roi, était, dans
l'intimité, le plus gai, le plus charmant, le plus spirituel des cau-
seurs.

Nous avons lu tout à l'heure des vers du conseiller Meslier.
En voici, pour la fin, de Chauveau-Lagarde, adressés à son ami
Muraire pour le jour de Saint-Honoré, sa fête. Il revenait d'un
voyage où il avait eu une extinction de voix. Ces couplets,
inédits je crois, sont intitulés : *la Parole*.

> Sur un gros volume de lois,
> Après une longue audience,
> Je suis resté deux jours sans voix,
> Réduit au plus triste silence.
> Mais de tous nos maux, l'amitié
> Et nous guérit et nous console,
> Pour venir fêter Honoré
> Elle m'a rendu la santé
> Et j'ai recouvré... la parole.
>
> Pour des contes bleus j'avais pris
> Bien des miracles de l'histoire,
> Mais je n'en serai plus surpris :
> Honoré me force à les croire.
> Maintenant son maître Jésus
> Pourra venir à son école :
> Par le chemin de ses vertus
> Il donne la force aux perclus
> Et rend aux muets... la parole.
>
> Lui-même, lorsqu'il veut parler,
> Il sait vaincre un plus grand obstacle,
> Et, sans effort, sans y songer,
> Faire encore un plus grand miracle ;
> Le discoureur le plus ardent

Qu'un silence forcé désole
Devant lui reste en l'admirant,
Et, pour s'instruire en l'écoutant,
Quitte avec plaisir... la parole.

Aussi j'ai bien pris mon parti,
Et je me suis fait un usage
Qui doit-être à jamais suivi
Par tout homme prudent et sage ;
Et sans jamais m'en écarter,
Variant à propos mon rôle,
Quand il parle, pour l'écouter,
Quand il se tait, pour le louer,
Je quitte ou je prends ... la parole.

Parmi tous les dons précieux
Qu'il a reçus de la nature,
Celui qui nous paraît le mieux
En combler surtout la mesure,
C'est une si grande bonté,
Qu'à moins d'une entreprise folle,
Pour la peindre avec vérité
L'orateur le plus consommé
Voudrait prendre en vain... la parole.

Mais de lui-même il a tracé
Deux fois la plus parfaite image,
Et par là nous a dispensé
De lui présenter d'autre hommage.
Ses enfants offrent à son cœur
Ennemi des discours frivoles
Le bouquet le plus enchanteur
Et l'éloge le plus flatteur,
Sans qu'il soit besoin... de paroles.

Chauveau-Lagarde, aimable, volontiers enjoué, aimait le monde et y était recherché. Et Désaugiers chantait :

Gn'y a jamais d'dispute
Chez c'luron-là,
Et dans aucun' lutte
Personn' n'appell' ra
Chez Chauveau-Lagarde
La garde (bis)
Chez Chauveau-Lagarde
Pour mettre le holà !

Sans d'autres ressources que celles de sa charge il recevait grandement :

A -t-il une pièce
De vin vieux exquis ?
En cave il la laisse
Pour doubler son prix.
Et Chauveau-Lagarde
La garde (bis)

> Et Chauveau la garde
> Pour ses meilleurs amis.

Généreux, désintéressé, il ne thésaurisait pas et donnait souvent à ses clients d'autres secours que celui de ses consultations et de sa parole :

> Chez Thémis charmée
> C't appui des innocents
> Doit sa renommée
> A ses seuls talents.
> Et Chauveau-Lagarde
> La garde (vis)
> Et Chauveau-Lagarde
> La gardera lontemps !

« Ce maudit temps qui est si vieux, écrivait-il en 1835 (1) va pour moi d'une vitesse effrayante... »

> C'est pour l'innocence
> Et *lœtitiam*
> Qu'il r'çut l'existence,
> Amis *utinam*
> Que Chauveau-Lagarde
> La garde (bis)
> Que Chauveau la garde
> *In vitam œternam.*

Conservant l'existence pendant quatre vingt-cinq ans, notre grand oncle Chauveau-Lagarde, belle et noble figure, conscience pure et droite, loyale et chevaleresque, digne de la fleur de lys que le roi introduisit dans son blason, qualifié le plus aimable des défenseurs, se plaisait après avoir traversé une époque formidable, aux douces et simples réunions amicales et familiales. Et lorsque, fort de sa foi religieuse, il vit approcher la mort, il se reporta aux joies intimes qu'il avait goûtées, et déclara qu'il avait été aussi heureux qu'on peut l'être en ce monde (2).

— Votre dossier tire à sa fin, dit Marie de Faviès.

— Oui, très à propos, car nous arrivons à la barrière de Paris. Il est 4 h. 1/2, impossible d'être plus exacts. Vous serez à cinq heures juste chez vous, même en me déposant au coin de la rue Boissière.

— Nous irons bien jusqu'au 49, quoique vous n'ayiez plus rien à nous raconter.

(1) Lettre du 30 octobre à M. Gennetry maire de Bourges
(2) Il est mort le 24 février 1841.

— Il ne faudrait pas m'en défier, je pourrais vous dire que ma rue, naguère « de la Croix Boissière », tire son nom de la croix de bois ou boissière érigée à l'endroit où débouche actuellement la rue du Bouquet de Longchamps ; qu'elle relevait de la célèbre abbaye du Bois de Boulogne autrefois ; que l'emplacement de la Croix Boissière figure encore sur les plans de Paris à la fin du XVIIIᵉ siècle ; que de toutes les Croix parisiennes, la croix des Petits Champs ; la Croix Faubin, la croix Nivert, qui servent encore à dénommer trois de nos rues, la Croix Boissière était la plus vénérée par la foi populaire ; qu'on y allait chaque année le jour des Rameaux suspendre le buis bénit. Je pourrais ajouter que notre petit hôtel est bâti sur un terrain où fleurissait jadis la vigne et qui appartint ensuite à la famille du romancier Georges Ohnet. Mais je m'arrête : car nous voici à ma porte. J'ai maintenant à vous remercier de cette promenade et de cette révision du passé que vous avez provoquées. Pendant ces trois jours, nous avons presque oublié la guerre. Ce court répit, cette détente ont fait du bien. Et puis, avec tous les souvenirs que vous avez réveillés, il me semble désormais à moi, déraciné des confins de la Champagne et de la Bourgogne, que je suis moins un étranger en Blésois et en Orléanais.

— Vous savez ce qui vous reste à faire ?

— Quoi donc ?

— Consigner tout cela par écrit. Je voudrais retenir bien des détails.

— Lesquels ?

— Ils se confondent en ce moment dans mon esprit. Écrivez tout, je choisirai. Et puis, vous nous devez le résumé des circonstances qui amenèrent notre bisaïeul le lieutenant général Meslier en Blésois et Orléanais, plus un aperçu des travaux scientifiques de notre ancêtre Philippe de la Hire, enfin les détails sur le système de sauvetage des noyés du grand oncle l'échevin Pia.

— La fatigue de ma vue me force à me réserver aux choses indispensables, surtout pendant les tristes temps que nous traversons.

— Dictez simplement comme vous avez parlé.

— Cela finirait par former presque un volume, et très décousu **comme sujet.**

— N'importe, il complèterait les précédents publiés pour vos enfants.

— J'essaierai.

Donc, prolongeant la trêve de quelques jours, je dictai la relation exacte de notre rapide pélerinage, en y intercalant les textes que je n'avais fait qu'indiquer et des notes confirmatives. Puis je redigeai les résumés demandés sur les Meslier, de la Hire et Pia dont je donnai plus tard lecture et que je placé en annexes. J'y ajoute la description du plafond de la tour du Gué Mulon qui se rapporte à plusieurs personnages cités au cours de notre excursion, et complète l'histoire que j'ai publiée chez Plon.

Mais à quoi bon, dira-t-on, ressasser toutes ces vieilleries maintenant que Roujou, Beauval, Beaumanoir, Le Foix, le Chatellier etc... sont vendus et que la nuit de l'oubli s'étend sur leurs hotes d'antan ? Assurément je ne me fais guère d'illusion sur l'intérêt de ces souvenirs, même pour le cercle restreint auquel ils s'adressent. Et pourtant, j'avoue m'être plu à vous les rappeler, mes chers enfants, estimant que si chacun agissait ainsi, le résultat dépassant l'ambiance, aurait une répercussion générale. Le culte des traditions empêche de déchoir. Cette vérité s'applique aux peuples comme aux individus qui les composent. Leurs fastes respectifs sont inséparables. L'amour du foyer et de la petite patrie entraîne celui de la grande. Et l'on voit les tristes conséquences d'ordre général, nées des lois successives qui ont, comme à plaisir, sapé les bases des familles dont l'ensemble forme la nation. L'histoire particulière, locale, n'est incompatible ni avec la grande histoire, ni avec les sciences, le progrès et le soin du présent et de l'avenir. Au contraire, tout se tient et se soutient. Et quand on a le bonheur de posséder un héritage d'honneur, il faut le garder, y puiser une ligne de conduite ferme et droite, et des exemples et des réconforts plus indispensables aujourd'hui que jamais. Les circonstances tragiques du moment justifient ces derniers mots, car nous ne pouvons pas plus longtemps nous soustraire à notre vie d'angoisses. Un implacable ennemi foule notre sol... une offensive est imminente...

Que nous réserve l'avenir ?

A la grâce de Dieu !

Ire ANNEXE (1)

CIRCONSTANCES QUI AMENÈRENT LES MESLIER EN ORLÉANAIS ET BLÉSOIS

§ I

Comment Meslier fut pourvu par le duc d'Orléans de la charge de lieutenant général.

— Notre trisaïeul le conseiller du Roi Meslier, grenetier au grenier à sel, fermier général des petits domaines du duché d'Orléans, comptant, suivant la tradition, transmettre ses fonctions et charges à son fils Henri Placide (notre bisaïeul), les lui avait assurées quand il était encore stagiaire au Parlement de Paris. Or, en 1786, le duc d'Orléans désira, pour ses convenances personnelles, résilier la ferme générale dont le bail valait encore six ans.

Mais l'indemnité due à Meslier, dépouillé en outre de 2.400 livres annuelles, n'en privait pas moins Henri Placide de sa situation espérée. Le duc d'Orléans, dans son propre intérêt, souhaitait brusquer les choses. Sur ces entrefaites, le lieutenant général civil criminel et de police de Montargis « étant tombé dans l'état de démence », il importait grandement au prince et aux habitants de son apanage de le voir remplacé le plus tôt possible. La charge allait être adjugée sur saisie réelle aux requêtes du Palais. Alors le marquis Ducrest, chancelier, chef du Conseil, surintendant des finances de Mgr le duc d'Orléans, l'offrit à Henri Placide, promettant de lui accorder gratis les provisions particulières à obtenir en la chancellerie du Prince, et, en outre, de lui verser la somme nécessaire à l'achat de l'office, soit 32.000 livres tournois à titre de prêt, sans intérêts pendant huit ans, et ensuite à 4 0/0, sans limite pour le remboursement.

(1) Voir page 6. Note lue postérieurement à notre excursion.

Toutefois Henri Placide avancerait de ses deniers les frais de sa réception évalués à 10.000 livres.

Tel fut le mélange d'avantages et de désavantages fixes et aléatoires, proposé par le chancelier au nom du prince, pour tenir lieu à Henri Placide Meslier, tout à la fois :

et de l'indemnité due à son père pour la résiliation du bail des petits domaines ;

et de l'indemnité à lui directement due pour l'abandon de sa profession d'avocat au Parlement de Paris, exercée depuis quatre ans ;

et des frais à faire pour sa réception.

En résumé, par suite de ces conventions : d'une part Henri Placide Meslier resterait créancier du Prince pour l'indemnité de résiliation due à son père, et, d'autre part, il serait son débiteur pour l'avance de 32.000 livres à lui consentie.

Sur la parole du chancelier engageant celle du Prince, Henri Placide accepta. Des difficultés ayant été soulevées par les créanciers du lieutenant-général dément, il dut s'engager dans un procès contre eux, et faire juger que l'office ne pouvait être adjugé au delà du taux de sa finance originaire. Il gagna aux requêtes du Palais, devint adjudicataire de la charge moyennant 32.000 livres, et en réclama aussitôt le versement au marquis Ducrest pour consigner son prix.

Le marquis Ducrest de St-Aubin, figure bien connue au palais Royal, est le frère de Mme de Genlis (1), et mérite un instant d'attention.

Notre cousin André de Maricourt le cite dans son intéressant ouvrage sur Mme de Souza où il nous permet de pénétrer si bien dans ce coin curieux de la société du XVIIIe siècle. Il le qualifie « philosophe et rêveur, mélomane et dissolu, inventeur de navires en papier mâché et de chars de combat ». Il n'exagère sûrement pas, car Meslier ne tarde pas à ressentir, à son détriment, les effets de ce cerveau bizarre. Tout à coup, à sa grande surprise, le

(1) Mme de Genlis parle beaucoup de son frère le marquis Ducrest, dans ses mémoires, ainsi que Forneron dans son histoire des émigrés. Il y a aussi les mémoires de sa fille Georgette Ducrest.

chancelier se dédit, prétexte « qu'il reconnaît par une réflexion
« tardive que l'arrangement dont il est tombé d'accord offre à Mes-
« lier fils des avantages trop onéreux pour le prince, et propose
« des modifications presque entièrement destructives du pre-
« mier pacte. »

Ce revirement inattendu, inexplicable, plonge Meslier dans une
situation critique, car il a contracté l'obligation pure et simple au
greffe des requêtes du Palais de verser son prix. S'il tarde, il va
être poursuivi pour la consignation ! Au pied du mur, il doit en
passer par les exigences injustifiées du chancelier, et ,afin d'obtenir du trésor du Prince le versement effectif des 32.000 livres,
il signe, contraint et forcé, le 12 Octobre 1787, une obligation
par laquelle, contrairement aux promesses formelles, il ne gardera
ce capital sans intérêts que jusqu'au 1er Septembre 1791, et
paiera ensuite un intérêt de 5 o /o.

Ducrest déployait-il à l'accoutumée ce zèle excessif en faveur
du Prince et les résultats en étaient-ils favorables ? Quoiqu'il en
en soit, peu après, il est remplacé, comme chancelier, par le comte
de la Touche (1) dont le premier soin est « dans les vues d'utilité
publique » d'inviter Henri Placide Meslier à presser sa réception
et son installation dans la charge de lieutenant général.

Henri Placide Meslier expose au comte de la Touche l'embarras
dans lequel l'ont mis les procédés du marquis Ducrest, et le prie
d'en appeler au Prince. Celui-ci n'hésite pas un seul instant à
donner raison à Meslier qui a bientôt la satisfaction de recevoir
la lettre suivante rétablissant le premier pacte :

A Monsieur Meslier, lieutenant général du bailliage de Montargis,
rue des Mauvaises Paroles, nº 7, à Paris.

Au Palais Royal, le 22 Mars 1788.

J'ai mis votre réclamation, Monsieur, sous les yeux de Mgr le Duc
d'Orléans et je vous annonce, avec bien de la satisfaction, qu'elle lui
a paru juste. En conséquence, sans avoir égard aux arrangements
postérieurs dont vous demandez la nullité, S. A. S. entend que l'on sui-

---

(1) Le Vassor de la Touche, figure bien connue aussi au Palais Royal,
parent de la Touche-Tréville. Les Le Vassor de la Touche sont tombés
dans une branche des Polignac et dans les Wathier de Bourville dont une
des descendantes est Mme Victor de Vathaire, de Dijon(Voir ce nom dans
mes volumes précédents). grand'tante de mes cousins de Maricourt.

vra les premiers qui avaient été convenus lorsque vous avez traité de votre office de lieutenant général du Bailliage de Montargis.

Ainsi les 32.000 liv. de finance que Mgr le Duc d'Orléans vous a prêtées pour l'acquisition de cette charge resteront dans vos mains pendant huit années consécutives, gratuitement, à compter du jour de votre installation au dit siège. Au bout de ces huit années cette somme de 32.000 fr. portera intérêts à 4 pour cent, au profit de Mgr et vous payerez ces intérêts chaque année au Trésor de S. A. S. pendant tout le temps que vous exercerez la dite charge de lieutenant général.

Enfin, Mgr le Duc d'Orléans vous fait remise pleine et entière de tout droit de mutation que vous seriez dans le cas de payer à ses parties casuelles pour raison du dit office de lieutenant général dans toute autre circonstance.

Voilà, Monsieur, la décision de S. A. S. consignée sur un travail que je lui ai présenté le 15 de ce mois, et que je m'empresse de vous faire connaître afin de vous tranquiliser, et de vous mettre à portée de consommer entièrement cette languissante affaire.

J'ai l'honneur d'être, avec un bien sincère attachement,

      Monsieur,

Votre très humble et très obéissant serviteur (1)

                  LE Cte DE LA TOUCHE.

Dès réception de cette lettre Meslier va de l'avant, fait les sacrifices personnels promis, obtient des provisions du Roi et du Prince suivant l'usage, se fait recevoir au Parlement, réalise ses meubles, abandonne irrévocablement le Parlement de Paris en Juillet 1788, transporte son existence à Montargis, et y est installé le 7 Janvier 1789.

-----

(1) Écrite de la main de M. Lallemand alors secrétaire de la chancellerie et signée du comte de la Touche.

§ II

Comment le lieutenant général Meslier, perdant sa charge par la Révolution, préfère se ruiner plutôt que de verser à la Nation le capital dû au duc d'Orléans.
Comment il risque la guillotine plutôt que de remplir des fonctions judiciaires après la mort du Roi.

— Surviennent les événements révolutionnaires. Le nouvel ordre de choses anéantit ses fonctions en octobre 1790, après dix-neuf mois seulement d'exercice, lui faisant perdre le fruit de ses dépenses personnelles acquittées pour sa réception, et « les avantages que le Prince avait entendu lui attribuer pour les diverses indemnités qu'il croyait lui-même lui devoir. »

En 1791, la Nation, remboursant les offices, verse à Meslier les 32.000 livres de la finance de sa charge... en assignats qui déjà ne présentent plus qu'une valeur effective de 29.000 livres. Meslier veut de suite établir et régler son compte avec le Prince, et le comte de la Touche, quoique n'ayant plus la direction de ses finances, s'entremet à cet effet. Mais « l'agitation graduelle de « ces temps malheureux et le tourbillon dans lequel vivait alors « l'ancien prince ayant entraîné des longueurs, aucune décision « positive n'est encore survenue lorsque la Terreur, l'enlèvement « du prince, sa captivité à Marseille, sa mise en jugement, et l'im- « possibilité d'avoir avec lui aucune relation, même d'intérêt, « imposent à Meslier de garder le plus profond silence sur sa « position. »

Le 6 novembre 1793 la tête du prince tombe sur l'échafaud, et une loi condamne à mort, sans rémission, ceux qui, étant détenteurs d'une valeur quelconque lui appartenant, ne vont pas en faire la déclaration au gouvernement. Malgré le danger de se manifester, Meslier cependant fait sa déclaration détaillée au bureau de la régie des biens des condamnés, établi dans des bâtiments dépendant de l'Hôtel de Ville de Paris, connus sous le nom de Saint-Esprit. Mais alors, au lieu de se libérer facilement et entièrement en versant au trésor public la poignée d'assignats qu'il avait reçue, il s'en abstient, estimant que la confiscation des biens du Prince était « d'une injustice révoltante », qu'elle devait être rapportée tôt ou tard. Il refuse donc d'établir son compte avec la Nation « ajournant toujours à suivre cet objet à l'époque « à laquelle les créanciers de feu Monseigneur ou ses enfants « seraient remis à la tête de leurs affaires ». Il achève ainsi de compromettre sa fortune et sa tranquillité, et plutôt que de traiter avec un gouvernement auquel il ne reconnaît aucun droit, laisse les assignats tomber à rien entre ses mains, et brave l'échafaud.

— Il n'en fallait pas tant en effet pour être au moins déclaré suspect, arrêté et jeté en prison, remarque Marie de Faviès. Meslier n'émigra-t-il pas à Saint-Domingue?

— Je ne le crois pas. C'est son frère, notre oncle Meslier de Mondonville, ainsi nommé d'une des terres de son père. Ses péripéties, des plus mouvementées, me furent racontées il y a une trentaine d'années. Je négligeai de les noter et ne m'en souviens plus. Je me rappelle seulement qu'il ne put partir qu'à la faveur d'un déguisement en saltimbanque. De lui, j'ai seulement son portrait ici. Voyez , il a fort bon air avec sa croix de Saint-Louis, et remarquez la finesse et la distinction de ses traits.

Comment notre bisaïeul Meslier put-il éviter la prison et la guillotine? Je vois seulement, dans une lettre adressée en 1814 au chancelier de France, que restant commissaire du roi Louis XVI au district de Montargis, puis appelé à la présidence du tribunal du district de Chartres, il tint bon « jusqu'au moment de la déplo- « rable condamnation de cet infortuné monarque, époque à la- « quelle il donna sa démission dont les dangers ne l'ont pas ar- « rêté. » Je lis dans une autre lettre « qu'il a fait ensuite cent « métiers pour sauver sa tête de la faulx révolutionnaire. »

Pendant ce temps, le marquis Ducrest de Saint-Aubin, qui paraissait prendre les intérêts de son prince au point de renier ses promesses, a trouvé moyen d'être plus tranquille : il a fui la France et habite Hambourg en 1794.

« On imaginerait malaisément, écrit Maricourt, (1) plus étrange « ménage que le couple formé par le marquis Ducrest de Saint- « Aubin et Mlle de Pradher, sa femme. Fille d'un maître de vio-

(1) Mme de Souza, par André de Maricourt.

« lon, véritable petite merveille de douceur et d'esprit... fort
« appréciée par Lepelletier de Mortefontaine, le beau-frère de
« Mme de Bourzac. Ces gens — c'était la loi commune — ne
« possédaient rien et recevaient beaucoup. On mangeait à leur
« souper un rôti de chétives proportions, accompagné d'une
« méchante salade ; mais la conversation spirituelle et piquée
« d'anecdotes des maîtres de maison suppléait à l'insuffisance des
« mets. »

§ III

Comment Meslier, après la Révolution, harcelé sans répit par l'administration des domaines, lui tient tête, et fidèle au duc d'Orléans, refuse de verser à tout autre qu'à lui. — Comment le retour des Bourbons lui permet de s'acquitter et de rentrer dans la magistrature.

— Le 9 Thermidor arrive, mais la Révolution a ruiné Meslier et, pour comble, l'administration des domaines, se basant sur sa déclaration de dette vis-à-vis du duc d'Orléans, l'accable d'une série de vexations progressivement acharnées et qui se traduisent, à partir de 1806, par les poursuites les plus rigoureuses.

La perte presque totale de son patrimoine laisse « peu de prise à l'espèce de rage avec laquelle la Régie agissait ». Il n'a plus aucun immeuble. Elle découvre un petit pied à terre qu'il a conservé à Paris. Un jour, pendant une de ses absences, elle saisit ses meubles. Il « ne craint pas de faire ouvertement tête à l'orage », de poursuivre la nullité de la saisie, « attendu qu'il s'agit d'une succession confisquée et que cette forme s'applique seulement aux impositions directes et indirectes. »

Lasse de ne rien pouvoir obtenir de lui, la Régie des Domaines s'en prend à ses enfants. Ceux-ci, du chef de leur mère, née de la Hire, que Meslier avait eu le malheur de perdre à Montargis, le 10 février 1803, possèdent encore personnellement divers immeubles provenant eux-mêmes de leur grand'mère Mme de la Hire, née Pillé, décédée à Versailles, le 1ᵉʳ janvier 1803, savoir :

Une maison située rue du Temple (1).

Une maison située rue des Vieilles-Haudriettes (2).

Moitié d'une maison, rue du Bac (3).

Moitié d'une maison située sur le Pont Saint-Michel où pend pour enseigne « La Malle ».

(1 et 2) Nous possédons encore ces maisons. Voir mon volume de « Souvenirs intimes ».

(3) Nos parents la possédaient encore sous la Restauration et y habitaient. Voir page 153.

Une maison à Montargis, rue des Cinq-Maris.

Deux inscriptions de rente sur l'Etat.

Un pré à Monteresson, près de Montargis.

Plus diverses petites rentes foncières dues par des particuliers de Châtillon-sur-Loire et Montargis.

Donc Meslier voit les biens appartenant à ses enfants grevés d'inscriptions et leurs revenus frappés de saisie-arrêt. « Ses récla-
« mations sont suivies incessamment de nouvelles entreprises
« contre la fortune de ses pupilles, ce qui a constitué une lutte
« judiciaire pendant laquelle la colère des administrations du
« domaine du prétendu empire s'accroissait journellement de
« l'opiniatreté des refus de Meslier de reconnaître le droit qu'elles
« s'arrogeaient de le faire ou payer, ou rendre compte, ou liqui-
« der. »

Finalement « la Régie trompée dans le résultat de tous ses
« efforts vexatoires » se borne « à maintenir encore sur quelques-
« uns des biens venant de l'épouse du sieur Meslier (même sur
« le domaine de Viroy acheté par Mme de la Hire, née Pillé, le
« 20 août 1768, et vendu le 2 prairial, an IV, par leur fille, unique
« héritière, Mme Meslier, sans que M. Meslier en ait jamais été
« propriétaire), des inscriptions hypothécaires mais auxquelles
« elle n'avait jamais osé donner suite. »

*
* *

Telle est l'existence perpétuellement traquée que Meslier mène jusqu'en 1814. Alors se réalisent ses fermes espérances : les Bourbons rentrent.

Aussitôt il prévient le duc d'Orléans de sa dette envers lui et de son vif désir de s'acquitter. Il réussit à réunir 6.000 francs, et le 30 décembre, sans attendre le règlement, il les lui annonce spontanément en acompte. En effet, le 23 janvier 1815, le sieur Bichet, caissier de Son A. R. S. lui en donne quittance.

Meslier dirige désormais tous ses efforts vers son unique but : se libérer définitivement vis-à-vis des héritiers du Prince. Mais « les malheurs nouveaux qui ont suivi l'immense forfait du
« 20 mars » éloignent de lui indéfiniment cette liquidation « et le
« rejettent sous les coups de la Régie ».

Le second retour des Bourbons, en 1815, ranime son espoir

d'en terminer. Malgré que les ressources sur lesquelles il comptait pour s'acquitter envers Monseigneur aient été fort diminuées par les événements, il revient de lui-même à la charge, et demande qu'il soit procédé, sans retard, à la liquidation de ce compte «soit « par S. A. S. elle-même, soit par l'administrateur général qui « jouit de sa confiance, soit par les membres de son Conseil. »

Bientôt il a la satisfaction de voir prendre en considération :

L'intention bien constante du feu Prince d'assurer au fils d'un homme attaché depuis longtemps au service de sa maison, en compensation d'un bail avantageux et de l'état qu'il lui faisait abandonner, une charge honorable rapportant au moins quatre mille livres par an et dont il lui accordait la jouissance gratuite pendant huit années, et ensuite moyennant un seul intérêt de 4 0/0 des 32.000 l. prêtées qu'il pouvait garder sa vie durant,

Les dépenses personnelles faites pour les frais de réception en conformité des désirs de Monseigneur,

Les pertes de son état et de sa fortune,

La délicatesse qui l'a cependant empêché de rembourser au trésor public la poignée d'assignats faciles à se procurer jusqu'au commencement de l'an IV et qui l'aurait à jamais libéré,

Les vexations auxquelles il a été en but de la part de la Régie,

Le courage avec lequel il les a bravées plutôt que de reconnaître ses droits,

La constance avec laquelle il n'a pas désespéré de la Providence qui lui donnerait la satisfaction de traiter tôt ou tard avec le véritable héritier et de lui conserver la chance de lui garder ce qui lui appartient,

La persévérance avec laquelle, dans la plus médiocre fortune, il a pratiqué, depuis le retour du numéraire, de rigoureuses économies lui permettant d'offrir à Monseigneur une espèce d'épave, un recouvrement inespéré,

La spontanéité avec laquelle il a écrit à Monseigneur le 30 décembre 1814, et lui a versé un acompte provisoire au commencement de 1815,

En conséquence, le 1er octobre 1816,

Jacques-Philippe Bichet, Intendant des Domaines de Son Altesse Sérénissime Monseigneur le Duc d'Orléans, fondé de sa procuration passée devant Me Cristy, notaire à Paris, le 8 juin

1814, et aussi fondé de pouvoirs de S. A. S. Eugénie-Adélaïde-Louise d'Orléans, Mademoiselle d'Orléans, héritière de Mgr Louis-Philippe-Joseph d'Orléans, duc d'Orléans, leur père, signe avec l'ex-lieutenant-général Henri-Placide Meslier, demeurant à Paris, cour du Harlay, n° 22, un acte sous seing privé aux termes duquel, après rappel des faits et de l'intérêt que le feu Prince avait eu à pourvoir Meslier de cette charge, les comptes sont établis en quatre articles concluant à ce que, compensation faite avec l'indemnité de résiliation due à Meslier père, et moyennant le versement d'un solde de 12.505 livres, en deux fois le 1er juin 1817 et le 1er juin 1818, Henri-Placide Meslier sera entièrement quitte vis-à-vis des princes d'Orléans et définitivement libéré.

Puis, à la date du 15 novembre 1816, le Conseil de S. A. S. Mgr le duc d'Orléans « après avoir mûrement délibéré » approuve et ratifie purement les dispositions ci-dessus.

Les deux paiements sont ensuite effectués par Meslier. Les récépissés constatant sa libération portent les n°s 58 et 97 de la Caisse de S. A. S. Mgr le duc d'Orléans, et sont signés par le caissier Bichet, le contrôleur de la comptabilité Croizette-Desnoyers et de Breval.

Sur ces entrefaites, le roi l'a renommé, le 19 septembre 1815, procureur royal criminel du département d'Eure-et-Loir, avec rang et insignes de Procureur général. Survient la loi du 25 décembre 1815 qui, par mesure générale, supprime ces fonctions et Meslier se retrouve sans situation. Mais « vu que son dévoue-
« ment à Sa Majesté et son désir de continuer à servir ses conci-
« toyens ne sont pas douteux » il est appelé en 1818, à un siège de conseiller à la Cour Royale d'Orléans, et le 10 juillet il écrit sur son calepin :

> Par trop longtemps une cohorte
> De dégoûts et de déplaisirs
> A monté la garde à ma porte
> Et martyrisé mes loisirs.
> Les Dieux ont abjuré la haine
> Dont je portais l'injuste poids,
> Je reprends mon ancien domaine
> Et je rentre au temple des lois.

Telles sont les circonstances de carrière particulièrement honorables pour notre bisaïeul, qui ont commencé à l'attirer en Orléanais et Blésois. Mais elles n'eussent pas suffi à l'y fixer s'il ne s'y était ajouté un intérêt de famille : son alliance avec les Le Conte de Roujou.

§ IV

Origine des Le Conte de Roujou.

— Nos pères se montraient fort chatouilleux sur leurs alliances. Leur attachement à la petite patrie, leurs ramifications poussées à l'infini par des générations successives dans des maisons anciennes et honorables leur constituaient une force singulière et une influence indéniable. Le soin de son rang entraînait le respect de soi-même et des autres. Et si, dans notre ascendance directe, j'ai pu montrer une suite ininterrompue d'heureux ménages, c'est sans doute parce que je n'y ai rencontré, aussi haut que je suis remonté, que des unions bien assorties à tous égards. On trouve donc, sans surprise, dans les papiers de notre bisaïeul Meslier, des notes minutieuses sur les Le Conte de Roujou auxquels il allait s'allier. Parcourons-les à notre tour :

Les Le Conte, dont les armoiries (1) sont enregistrées à l'armorial général de France, le 26 septembre 1696, et dont la maison figure dans le dictionnaire de la noblesse publié en 1700 avec approbation du roi, descendent en ligne directe d'un ami de Cujas, Antoine Le Conte, Antonius Contius, profond jurisconsulte et célèbre professeur de droit à Bourges, auteur de cinq ou six gros in-folios conservés à la bibliothèque Nationale (2). Je me souviens avoir vu son portrait, une petite gravure, dans la tour de Beaumanoir, (3) chez notre oncle Charles Le Conte de Roujou. Antonius Contius était fils de Jean Le Conte, prévost de Noyon, et sa postérité s'essaima dans la magistrature du Poitou, du Blésois et de la Sologne.

(1) Les Le Conte de Roujou portaient : *de gueules à deux cœurs et à un croissant posé en pointe, au chef d'azur chargé de trois étoiles.*

(2) Il y avait un George Le Conte curé de St-Romain-sur-Cher en 1521. Et le 30 Novembre on inhuma dans l'Eglise de St-Romain Dame Renée de Maussabray épouse de François Le Conte, seigneur de Chezelles. J'ignore s'il y a quelque rapport avec Antonius Contius.

(3) Voir page 62 et 107.

Jetons seulement les yeux sur les branches des Le Conte du Plessis, de la Tretaudière ou Tertaudière, des Places et de Roujou qui seules nous intéressent (1).

Dans la première partie du XVIIe siècle, damoiselle Catherine Le Conte épouse Henri de Passac, chevalier, seigneur du Chêne, paroisse de Salbris ; et le 30 décembre 1644, suivant acte reçu par Jacques Lenoir, notaire à Blois, elle règle avec son frère, Adrien Le Conte, seigneur du Plessis, conseiller du Roi, receveur des aides, tailles et taillons, et payeur de la maréchaussée de l'élection de Loches, la succession de défunt Messire Nicolas Le Conte, vivant chanoine de l'église de Notre-Dame de Bayeux.

(1) Je cite donc seulement pour mémoire et sans en rechercher la filiation :

Joannes le Conte receptor regius, le même probablement que Jean le Conte conseiller du Roi et receveur des tailles de 1623 à 1628 qui assiste le 19 juin 1622 à la consécration de l'Eglise des Capucins de Romorantin.

Gabriel le Conte conseiller du Roi, maître des eaux et forêts à Romorantin en 1648.

Pierre le Conte, seigneur de Molineuf, garde scel du baillage de Romorantin en 1688.

Parmi les baillis de Blois au siège de cette même ville de Romorantin figurent de 1634 à 1671 Nicolas le Conte, écuyer, seigneur de la Guérinière, maître des requêtes ordinaires de son Altesse Royale le duc d'Orléans, et, de 1671 à 1708, Jean le Conte seigneur de Bièvre, lieutenant du baillage de Blois (1672) puis lieutenant-général civil et criminel (1693), fonctions exercées par le père et le fils successivement.

De 1713 à 1751 Joseph le Conte est avocat au siège royal de Romorantin et de Millançay.

En 1745, Jacques Joseph le Conte est prêtre, chanoine de l'Eglise collégiale et séculière de N. D. de Romorantin.

Dans cette même ville, Jean Joseph François le Conte de Bièvre fut, de 1742 à 1775, avocat et procureur du roi, conseiller du Roi et de S. A. S. Mgr le duc d'Orléans et son procureur au bailliage police et eaux et forêts. Il est l'auteur d'un travail manuscrit mis souvent à contribution par M. Dupré pour ses recherches historiques sur Romorantin et la Sologne publiées dans le Loir-et-Cher historique.

Le 3 janvier 1758, il est institué légataire universel par son cousin Joseph Nicolas Le Conte de la Pinauderie.

J'ai parlé dans l'histoire du Gué Mulon des inondations exceptionnelles qui produisirent à Romorantin les 26 et 27 Novembre 1770 un véritable désastre. Le procureur du Roi Le Conte de Bièvre prit une part active aux mesures administratives et de police qui durent être décidées et à la distribution des secours.

En 1771, Jean François Le Conte, seigneur de la Dabinerie, est conseiller du Roi maître des Eaux et forêts de Romorantin.

En 1779, Jean Guillaume Le Conte, seigneur de la Dabinerie, est officier au régiment blésois.

En 1781, Jean Ambroise Augustin le Conte de Boisguillon est lieutenant au régiment du Vexin infanterie.

A la veille de la Révolution, en 1782, en 1789, on trouve encore Louis Guillaume le Conte de Bièvre, secrétaire, greffier du tribunal du Point d'honneur.

Dans les mêmes temps nos Le Conte sont seigneurs de la Trétaudière et le 25 juillet 1695 (1), damoiselle Anne Le Conte, fille de défunt noble Pierre Le Conte, seigneur de la Trétaudière, et de damoiselle Charlotte Bédacier, épouse Messire Jacques Massasis, écuyer, seigneur des Ormeaux et du fief de Jupeau, directeur des fourrages de l'armée du Roi en la ville de Hombourg. Leur fille, damoiselle Marie-Anne épouse, le 22 janvier 1713 (2), son cousin Messire Jacques-Joseph de Baffart, écuyer, sr du Bois du Lys, de la vicomté de Millançay, de Tichenay, de la métairie d'Abas, de Boussay, de Ragon, de Vissavin, des Landières, de la Gautruère et des Cloux, fils de défunt Jacques de Baffart, écuyer, sr de Boussay et de dame Jeanne Le Conte.

Et si je cite ici particulièrement ces personnages, c'est que Millançay (3), Boussay (4), Bois du Lys (5) et autres lieux sont dans le voisinage du Gué-Mulon.

(1) Contrat reçu Béranger et Moreau notaires royaux à Amboise.

(2) Contrat reçu Branchet, notaire à Amboise. Du côté du futur : Mme de Boussay, sa mère, maistre Joseph Le Conte, avocat au Parlement, son oncle maternel ; Damoiselle Magdeleine le Conte, Michel Henri de L'Etang, sieur de Tillesasus (?), Tillecler (?) et dame Louise... son épouse ayant le germain sur le futur. Damoiselle Marguerite Bricet, fille, cousine desdits futurs. Alexandre Rocherot, prêtre chanoine du chapitre de l'Eglise de Tours. Alexandre de Crespin, chevalier seigneur de Billy, parent paternel.

Du côté de la future : Ses père et mère. Paul Massasis, conseiller du Roi en l'élection d'Amboise. Damoiselle Marie Massasis, oncle et tante. Simon de Foyal, écuyer, sr de Prebois et dame Marie Le Conte, son épouse. Dame Marie Fédé, épouse du dit sr Paul Massasis. Damoiselles Françoise et Anne Massasis et Paul Massasis, capitaine d'Infanterie et damoiselle Marie Massasis, cousin et cousines germaines. Dame Scaron, épouse de Messire Antoine Bergeron, chevalier, seigneur de la Goupillère, ancien intendant et dame Catherine Bergeron, Vve de M. de Boisseau, écuyer, seigneur de Cangey, Demoiselle de la Goupillière.

(3) En ce qui concerne Millançay, chatellenie distincte de Romorantin, et qui avait sa circonscription à part et même sa *vicomté*, Le Conte de Bièvre s'exprime ainsi : « Il y a près de Millançay un domaine qui relève « du fief de cette seigneurie et que l'on appelle la *vicomté* ; comme il dé- « pend de la terre de Villechenay, Messieurs de Baffart, propriétaires de « cette terre jusqu'en 1793, prenaient la qualité de Vicomtes de Millançay, « même dans leurs actes de foi et hommage ; et cette qualité ne leur a « jamais été contestée. Ainsi les comtes de Blois, seigneurs de Romorantin « et de Millançay, avaient leurs vicomtés en cet endroit, comme à Blois « et à Châteaudun. Cependant la vicomté de Millançay n'est attribu- « tive d'aucune juridiction, soit que les vicomtes l'aient laissé perdre par « laps de temps, soit qu'ils ne l'aient jamais eue. » En 1549, Adam de Baffart, écuyer, était vicomte de Millançay. En 1571, Jehan de Baffart, écuyer, était vicomte de Millançay, seigneur de Bois du lys et de Villechenin.

Il existait autrefois à Millançay un château dont il reste encore un pigeonnier. Dans les décombres d'une tourelle on trouva jadis un squelette et la lance d'un guerrier. (Hist. de Marchenoir par l'abbé Moutet)

(4) Appartient aujourd'hui à M. Robin, des Augères.

(5) Appartient aujourd'hui à M. Joseph Beulay.

Le 9 mars 1737, Jacques-Louis Le Conte de la Trétaudière, demeurant à Chaumont-sur-Loire, fils de défunt Pierre Le Conte et de dame Pauline Paul, « dont le père fut célèbre en son temps comme peintre du Roi » (1), épouse damoiselle Anne Ferrand, fille de feu J. B. Ferrand et de Anne Gitton, de Chaumont-sur-Loire (2).

L'année 1740 se signale par une grande misère en Sologne. A une souscription publique ouverte à Romorantin pour la subsistance des pauvres, prennent part MM. de Baffart, Joseph Le Conte de la Pinaudière, Le Conte de la Dabinerie, des Places, receveur des tailles.

Vers cette époque, Joseph Le Conte de la Tertaudière, demeurant à Blois, paroisse Saint-Sauveur, possède les lieux et métairies de la petite Goutechattière, paroisse de Chaumont et épouse Marie Françoise Jallon (3).

Le 25 novembre 1743, Elisabeth Le Conte, fille de défunt Sébastien Le Conte, sr des Places et de Marguerite du Vigneau, épouse Antoine Becquereau, conseiller du Roi, grenetier au grenier à sel de Montrichard (4).

(1) J'ignore ce peintre dont je n'ai pu trouver trace.

(2) Contrat reçu Rabier et Turmeau, notaires à Chaumont sur Loire. Etaient présents du côté Le Conte et de sa mère : Messire Louis de Rollan, écuyer, de Madeleine Pauline Le Conte, son épouse, sa sœur. Joseph Le Conte des Places, son frère. Ursule le Conte, sa sœur. Rocherot de la Moricière, procureur du Roi des forêts à Amboise, cousin. Du côté de la future : Ferrand de la Ville de Tours, son frère, et Marie-Anne-Louise, son épouse et demoiselle Marie Ferrand leur fille. Ferrand de la Touche et dame Marie Seran, son épouse. Dame Maria Ferrand épouse de sieur Bouchereau, de Montrichard.

(3) Voir actes reçus Turmeau notaire à Chaumont et Vallon notaire à Blois.

(4) Contrat passé dans le bourg de Mosne près Amboise, en la maison de la dame Vve Le Conte en présence de : du côté Becquereau : Charles Lesieur chef des fouriers de la maison du Roi son oncle ; dame Françoise Becquereau sa sœur ; Claude Sagot avocat au baillage et chatellenie de Montrichard, son cousin germain. Roger Boisgauthier, sr du Boulay son cousin germain ; Théophile Pineau sr de Beauval et damoiselle Françoise Pineau sa fille. Toussaint Sepot, sr de la Retery ? François Dubois avocat au siège royal de Montrichard. — Du côté de « Ysabel » Le Conte : Marguerite du Vigneau sa mère; Pierre Le Conte, sr de la Trétaudière, son frère ; Marguerite Le Conte veuve de Jacques Mourier, greffier au grenier à sel d'Amboise, sa tante ; Marie Lenoir, veuve de René du Vigneau, avocat et procureur du Roi au grenier à sel d'Amboise, sa tante ; Marguerite Briar, veuve de François le Conte et à présent femme de François Verrier sa tante. Pierre le Conte, conseiller du Roi et receveur des tailles en l'élection de Châteauroux, son cousin germain; François Drias, avocat au siège royal d'Amboise. Renée Deniont, femme de Pierre le Pot, conseiller du Roi et grainetier au grenier à sel de Montrichard, ses cousins.

§ V

Le Conte de Roujou et Richou de Richefort. — Un trousseau au XVIIIe siècle.

— Joseph-Louis Le Conte, fils de Joseph Le Conte de la Trétaudière et de Marie-Françoise Jallon, né à Blois en 1742, prit, avant la Révolution, le nom de la terre et du beau château de Roujou-en-Sologne lui appartenant. Reçu avocat en parlement en 1767, il épousait à Paris en 1770, sa cousine germaine Anne-Louise-Françoise-Charlotte Richou de Richefort, fille de Louis Richou de Richefort et de dame Anne-Madeleine Van der Tin, d'origine hollandaise. M. Richou de Richefort, secrétaire de la petite écurie du Roi, fonction alors très honorifique, très recherchée, comportant entrées à la cour, s'était vu choisir comme tuteur oneraire des mineurs de Coigny (1), Mlle Richou de Richefort ayant perdu sa mère en 1752, avait pour subrogé-tuteur, son cousin Antoine Courteille, chef du gobelet du Roi, fonction également très honorifique et dont j'ai parlé dans mon histoire des Chatelliers et du Gué-Mulon. Ce fut un mariage d'inclination, et voici en quels termes Joseph-Louis Le Conte écrivait à sa fiancée :

Chère Cousine et bonne amie,

J'arrive dans l'instant de Chaumont pour mes affaires, mais la première est de vous écrire. Il m'est doux de m'entretenir avec vous ! Avec vous, ma bonne amie, qui devez faire le bonheur de ma vie. Que m'importent maintenant les biens, les affaires ! Je n'y fais attention que parce que nous devons bientôt dire : nos biens, nos affaires ; et ce qui est plus prétieux à mon cœur, nous dirons : nos parents ! Aimables

---

(1) Après sa mort les fonctions dans la maison de Coigny passèrent à son neveu M. Benoiston de Châteauneuf, père de M. de Châteauneuf, membre de l'Institut, section des Sciences morales, qui jouissait d'une pension de 1.500 francs, d'homme de lettres, et mourut en mai 1856.

parents qui font leur bonheur de me voir depuis huit jours. Peut-être n'ai-je pas assez senti ce bonheur qui fait le mien, mais puis-je être heureux même avec eux, tandis que je ne vois pas mon petit ange ? je ne seray parfaitement heureux que lorsque nous serons tous réunis.

Mon cousin Jallon ne paraît pas bien éloigné de venir nous marier ; je voudrais bien le décider ; actuellement il y a des berlines qui servent de diligence depuis Blois jusqu'à Orléans.

Ma mère se porte bien et embrasse sa fille ; quand elle m'en parle je crois lui voir passer dans ses bras l'aimable amie que le Ciel m'a donné.

Je lisois avant hier dans une lettre que j'ay écrite à ma mère il y a deux ans ; *j'ai eu hier une conversation plus étudiée qu'à l'ordinaire avec ma cousine Richou ; j'en ai été fort content, on aperçoit que, sous son petit air dévot, il y a de l'esprit.* Je me rappelle très bien cette conversation que nous eûmes un soir auprès du feu, et la remarque judicieuse que je fis était l'aurore de l'amitié et le crépuscule de l'amour.

Il vient de m'arriver ici une aventure dans laquelle vous jouez le principal rôle. Une femme qui me doit quelque argent, avait mal parlé à ma mère qui, pour la punir, m'avait conseillé de ne la plus ménager. Je voulais en conséquence faire saisir ses meubles. Elle vientde venir et m'a parlé d'un ton plus honnête; je luy ai répondu que son impertinence ne me permettait pas de faire quartier ; enfin après bien des pleurs :

— Je vous demande trois mois m'a-t-elle dit, au nom de la dame que vous allez épouser.

— Vous n'aurez pas, luy ai-je répondu, attesté un nom si cher en vain ; l'amour vous fait grâce en vous accordant trois mois que vous ne méritez pas.

Elle est sortie, et je vous écris bien content de ce que j'ay fait. Cependant si tous mes débiteurs connaissaient mon cœur, je retournerais à Paris la bourse vide. J'ai été étonné et j'ai voulu savoir qui luy avait appris mon mariage. Elle a dit que c'est dans un voyage qu'elle a fait chez M. de Mellony (1) pour voir une de ses parentes qui y est domestique.

Adieu ma chère cousine, embrassez pour moi, je vous supplie, notre cher papa, bien des civilités à Madame Guériney et mille compliments à Lafond (2) et à Châteauneuf (3)

(1) C'étaient des parents ou de vieux amis, car en 1818, je retrouve encore une lettre adressée à notre tante de Roujou et signée: « de Mellony d'Alméras. »

(2) Nos parents étaient en relations avec les Lafond de la Duye, seigneurs de la Picardière. Est-ce de quelqu'un de cette famille qu'il s'agit ici ?

(3) Son cousin germain... Voir ci-dessus, page 178.

J'ai l'honneur d'être avec plus que du respect, de l'estime et de l'attachement, car je suis et veux être toute ma vie, ma chère bonne amie,

Votre obéissant serviteur,
Votre tendre amant,
et votre fidèle ami.

Le Conte.

Par curiosité regardons le trousseau, *qu'en dehors du sien personnel*, Mlle Richou de Richefort tenait de sa mère :

Une robe d'étoffe de soie à carreaux,
Une robe de satin rayée doublée de taffetas,
Une robe de gros de Naples bleu,
Une robe de satin rayé,
Une robe de ratz de St-Maur noir,
Une robe de satin broché,
Une robe de droguet blanc,
Une robe de taffetas rayé bleu,
Une robe de taffetas à petites mouches,
Une robe de damas doublée de taffetas,
Une robe de toile de couleur doublée de taffetas,
Une robe de mousseline doublée de taffetas,
Un jupon de satin blanc doublé de taffetas blanc,
Un jupon de satin blanc piqué,
Deux paniers garnis de baleines couverts de toile rayée,
Deux paires de mules de différentes étoffes de soie,
Deux mantelets avec leurs coiffes garnis de dentelles,
Huit paires de bas de soie blancs,
Quinze garnitures et manteaux de mousseline garnis de différentes dentelles : Malines, Valenciennes, Angleterre, à brides et à réseaux.
Quatre paires de manchettes à deux et trois rangs,
Quatre fichus de pareilles dentelles,
Six paires de manchettes de mousseline rayée et brodée,
Un coupon de dentelles de deux aulnes,
Dent de Malines à réseaux,
Un autre de cinq aulnes de Malines à brides,
Quatre bonnets garnis de dentelles,
Huit bonnets piqués,
Deux peignoirs et deux tabliers toile de coton,
Neuf bonnets de futaine garnis de mousseline,
Dix pièces d'estomac de futaine piquée,
Trois douzaines de mouchoirs,

Quatre fichus de mousseline,
Trente-six chemises garnies ou non de mousseline,
Huit camisoles de nuit,
Cinq corsets de bazin et toile,
Cinq camisoles de couches de futaine,
Deux manteaux de lit de mousseline,
Un autre manteau de lit,
Un mantelet de mousseline brodée,
Cinq jupons de bazin rayé,
Quatre jupons de futaine,
Cinq paires de poches de bazin,
Une montre faite par Audenet à Paris, dans sa boîte d'or avec sa chaîne d'or et crochet de simil or et un cachet de jaspe monté en or,
Une tabatière d'or de forme contournée,
Une tabatière d'écaille forme ronde à charnière d'or,
Une bague d'une pierre d'émeraude et de quatre brillants montée en or,
Une paire de boucles de souliers de pierres du Temple montées en argent,
Deux éventails d'ivoire,
Un manchou de martre.

M. Richou de Richefort demeurait à Paris, 24, rue Hautefeuille. M. et Mme Joseph-Louis Le Conte de Roujou y vécurent avec lui ; c'était, à sa manière, un sage qui « pour toute philosophie » avait consigné de sa main « en 15 articles, ses moyens sûrs de vivre heureux » :

Beaucoup de christianisme sans superstition.
Plus de bon sens que de science.
Estre inviolable à ses promesses.
N'aimer et ne haïr que ceux qui le méritent.
Estre sans envie et sans avarice.
Nulle ambition, nul procès.
Un revenu médiocre, mais assuré.
Une maison autant commode que propre.
Point de maître, mais estre fidèlement servy.
Peu d'amis et de livres, mais choisis.
Assez d'occupations pour n'être jamais oisif.
Assez d'oisiveté pour n'estre jamais trop occupé.
Avoir soin de sa santé plus par sobriété que par les remèdes.
Laisser couler sans chagrin ce qui ne doit pas toujours durer.
Attendre avec confiance ce qui durera toujours : la vie éternelle.

Il mourut en 1780, et M. et Mme Joseph-Louis Le Conte de Roujou continuèrent à habiter la même maison.

Le Conte jouissait d'une réputation des plus honorables au Parlement de Paris comme avocat consultant. Et, après un quart de siècle de l'exercice de sa profession, il possédait une belle fortune. Survint la Révolution qui le ruina. Un banquier de la Cour, dépositaire de ses fonds, se sauva en Angleterre en les emportant. Peu en sécurité à Paris, il se réfugia en 1791, avec toute sa famille, en son château de Roujou où il se sentait entouré d'estime et d'affection. La tourmente révolutionnaire, en effet, sévit moins durement en Sologne qu'ailleurs, et il est à remarquer que les seigneurs de la plupart des châteaux et des grandes terres des environs de Blois ne sortirent point du royaume et leur présence sauva beaucoup de domaines considérables.

Joseph-Louis vécut là ignoré jusqu'en 1796. Lorsqu'au mois de mai de cette année, le peuple dut élire des juges, la notoriété de sa famille, de sa valeur personnelle, de la sagesse et de la prudence de ses avis, le désignèrent. Il hésitait cependant à accepter et ayant accepté voulait se retirer. « C'était d'autant plus fâcheux observe Dufort de Cheverny (1) qu'on en disait du bien ». D'autre part M. de Montreuil (2) constate que le peuple ne fut heureux que dans un seul choix, celui de Le Conte. Retiré en son château de Roujou, une députation des plus honorables habitants de Blois l'y vint chercher et, écrivent Dufort de Cheverny et M. de Montreuil, « sa conduite lui mérita le suffrage de tous les partis. » Depuis cette époque il ne cessa d'être élu président, soit au civil, soit en police correctionnelle, et exerça ses fonctions avec capacité et probité (3).

En 1798, le *Journal des hommes libres* dénonça un soi-disant comité de chouans à Blois, et ses principaux membres, Le Conte de Roujou en tête, en l'incriminant notamment d'avoir été

---

(1) « Mémoires ». (2 vol. Paris, Plon 1886).

(2) Blois pendant la période révolutionnaire (Blois, Moreau, 1889).

(3) Cheverny rend hommage à sa capacité, à son attitude, à sa probité, et, dit, en 1799, que si on le consultait, il voterait pour lui, mais il ajoute qu'il était faible, défaut peu compatible avec la correction constante qui, de l'aveu de tous, lui gagna l'estime générale dans des fonctions particulièrement difficiles et délicates, au milieu d'une époque terrible.

l'avocat de la maison de Villeroi. Il se trouvait dénoncé là en excellente et des plus honorable compagnie (1).

Après avoir été nommé membre du Directoire, à Blois, Joseph-Louis Le Conte de Roujou fut élu le 25 germinal an VIII, par le département de Loir-et-Cher, par 148 voix sur 227, au corps législatif (Conseil des Anciens) où il joua un rôle utile. Avec son excellent ami et ancien confrère au Parlement, Lebrun, plus tard duc de Plaisance, il travailla activement à préparer les éléments du Code civil.

Au 18 brumaire, il était à Saint-Cloud avec Bonaparte. La préfecture de Bruxelles lui fut offerte, mais il refusa, estimant « qu'ayant consacré toute sa vie à l'étude des lois, il se considérait insuffisamment préparé à l'administration. » (2) Comb'en d'autres, mo'ns capables, eussent accepté avec empressement !

Il borna son ambition à rester au Tribunal de Blois, à rendre des services comme Membre et Président du Conseil général dont il fit partie dès l'origine, pour le canton de Contres, jusqu'à sa mort, survenue presque subitement en 1802.

(1) Cheverny qui relate le fait répète que Le Conte s'est toujours sagement comporté et que c'est grâce à lui et à Bodin, Durand de Romorantin, et Thibault dénoncés en même temps, que les autorités ne sont pas plus mauvaises ,« et que le Directoire entendrait bien mal ses intérêts s'il ne le consultait pas. »

(2) Ce fait dément le caractère intéressé que Dufort de Cheverny lui suppose un moment.

§ VI

Mariage Meslier-Le Conte de Roujou,

— Donc, sous l'ancien régime, le monde du Parlement où se côtoyaient les fils de la noblesse et de la haute bourgeoisie, gardait jalousement ses privilèges, ses règles, ses traditions, son urbanité (1). Les jeunes se réunissaient volontiers chez des anciens et y rencontraient appui, bienveillance et souvent la source de leur bonheur. Ainsi se connurent et s'apprécièrent Le Conte de Roujou et Meslier dont les deux sœurs épousèrent l'un le président Ami, l'autre Chauveau de la Garde (c'est ainsi qu'il signait avant la Révolution).

De son mariage avec Mlle Richou de Richefort, l'ex-avocat en parlement Joseph Louis Le Conte de Roujou avait eu un fils Désiré (2).

De son mariage avec Mlle de la Hire, l'ex-avocat en Parlement et lieutenant général Meslier avait un fils Augustin (3).

Suivant les exemples de leurs auteurs, Désiré Le Conte de Roujou et Augustin Meslier voulurent, après la Révolution, continuer au barreau reconstitué par Napoléon Ier, les relations intimes qui unissaient leurs parents sous l'ancien Parlement.

Augustin Meslier avait une sœur, Rose. (4) C'est un écueil de doter un enfant d'un tel prénom si l'avenir ne le justifie pas. Heureusement il le justifia. La suite se devine. Désiré s'éprit de la jeune fille, se montra digne d'elle et, le 30 juin 1813, Madame

(1) Maricourt a publié un charmant article sur le rôle important et si honorable des anciens avocats.

(2) Désiré-Joseph-Louis, né à Paris, le 2 avril 1788, rue Hautefeuille, 24, dans la maison de ses grands-parents Richou de Richefort.

(3) Augustin-Louis-Pierre-Henri, né à Paris le 10 mars 1792, rue du Vert-Bois, paroisse Saint-Nicolas-des-Champs, dans la maison de sa grand'mère et marraine, Mme de la Hire.

(4) Née à Viroy, C[ne] d'Amilly, près Montargis, le 7 juin 1794 (21 prairial, an II), dans la terre de sa grand'mère Mme de la Hire.

veuve Le Conte de Roujou, par des billets imprimés avec un en-
tête gravé par Besnard dans le style de l'époque et représentant
un Cupidon ailé tenant d'une main le flambeau de l'Amour et déposant de l'autre une couronne de roses sur un couple de tourte-
reaux, faisait part du « mariage de M. Le Conte de Roujou, son
fils, avocat à la Cour impériale d'Orléans et au Tribunal de l'arrondissement de Blois, avec Mlle Rose Meslier de Chartres ». Car
Meslier tint à ce que la cérémonie se passât, non à Paris, mais au
pays de ses aïeux. Désiré Le Conte de Roujou se transporta donc
à Chartres, élit domicile à l'hôtel de l'Empereur, place des Bar-
ricades, signa son contrat chez Le Dreux, notaire, et chanta à sa
fiancée la romance de Julien à Rose :

> Quand j'ai vu le printemps renaître
> Et la fleur briller dans nos champs
> J'ai dit : rendons à notre maître
> Hommage des fleurs du printemps !
> Amour aime assez qu'on l'encense,
> Mais, avec lui, l'on ne perd rien :
> Il tient toujours sa récompense
> Pour celui-là qui le sert bien.

> Entre un amant et sa maîtresse
> Tout doit parler de leur amour,
> Tout doit parler de leur tendresse,
> Rêves de nuit, plaisirs de jour :
> Le moindre mot, la moindre chose
> Dit « j'aime », exprime leur bonheur.
> On le dit avec une rose
> Comme on le sent avec son cœur.

> A la porte de ma maîtresse
> Je plante un mai, l'arbre d'amour,
> Ma bouche dit « j'aime sans cesse »,
> L'arbre le dit à son tour.
> Ce tendre mot jamais n'ennuie,
> C'est le premier mot des amours,
> Rose, dis-le toute ta vie,
> Ton amant t'aimera toujours !

> On dit que la froide vieillesse
> Des amours perd le souvenir.
> Ah ! s'il est vrai, c'est de tristesse
> Que l'homme doit alors mourir.
> Puisse cet arbre au dernier âge
> Nous rappeler notre bonheur !
> Je sens qu'assis sous son ombrage
> J'aurai toujours le même cœur.

Puis au repas de famille on produisit les couplets suivants dont l'auteur signa seulem nt Ch....., (Chauveau Lagarde ?) :

Surnom de Rose
Vous le reçutes en naissant
Fraîcheur de rose
Vous embellit en grandissant.
Sur votre bouche elle repose,
Votre douce haleine répand
Odeur de rose

Bien aimer Rose
Oui c'est un besoin pour nous tous,
Cultiver Rose
Ah ! n'en serons-nous pas jaloux ?
Désiré seul, sans qu'on en glose,
Fera fleurir, en bon époux,
Boutons de rose.

Près de vous, Rose,
Je vois encor un couple heureux :
Un autre Rose
D'Achille enfin comble les vœux (1).
Achille a su gagner sa cause
Et trouver les ris et les jeux
Près de sa Rose.

Dans chaque Rose
Doux sourire, aimable candeur,
Dans chaque Rose
Enjouement, grâces et douceur :
Oui, les deux sœurs sont même chose,
Je les surnomme en connaisseur :
L'unique Rose

De chaque Rose
Nous sommes tous les vrais amis.
A chaque Rose
Buvons, buvons à leurs maris !
A trinquer quand on se dispose
On voit toujours, à mon avis,
Couleur de rose !

Un ami fit le portrait de la jeune mariée et le remit à son père qui écrivit au dessous :

Portrait parlant d'une fille chérie,
De l'amitié présent inattendu,
Rends à mon cœur le bien qu'il a perdu,
Te voir encor embellira ma vie.

(1) J'ignore de qui il est question.

Désiré Le Conte de Roujou s'installa à Blois son pays d'ori-gine. De son côté Meslier ne se contentant pas de l'effigie de sa fille, se rapprocha d'elle, et, après la mort de son père, l'ancien con-seiller du Roi, fermier général des petits domaines, vint en 1815 à Orléans, où il fut nommé, en 1818, conseiller à la Cour Royale, et retrouva le Procureur Général baron de Montarand qui avait connu à St-Domingue son frère Meslier de Mondonville (1). Quel-ques années plus tard son fils Augustin épousa Mlle de Monta-rand (2).

Telles furent les circonstances honorables de carrière et de fa-mille qui amenèrent nos grands parents Meslier en Orléanais et Blésois.

(1) Meslier de Mondonville mourut vers 1815, d'après une note du cale-pin de notre bisaïeul Meslier, où il écrit « qu'après la mort connue du pauvre Mondonville, il a partagé la succession de son père en quatre au lieu de cinq. »

Plus loin, sur le même calepin il mentionne : « Le 19 mai 1820, M. Carle, curé de Savannah, le meilleur ami de feu mon frère, qui a quitté la Géorgie il y a un an, est passé par Orléans et m'a été amené par M. de Montarand. Ils ont dîné le 20 chez moi.

(2) Voir page 153.

2me ANNEXE (1)

LES TRAVAUX DE PHILIPPE DE LA HIRE ET DE SES FILS ET LEUR ROLE A L'ACADÉMIE D'ARCHITECTURE ET A L'ACADÉMIE DES SCIENCES

— L'Académie royale d'architecture emportée par la tourmente révolutionnaire eut une importance et un intérêt puissants, mis en lumière par M. Lemonnier, de l'Institut, qui a relevé et publié ses curieux procès verbaux pour la *Sociélé de l'Art français*, avec le patronage et l'encouragement de l'Académie des Beaux Arts, du Ministre de l'Industrie publique et de la Société centrale des architectes français.

Cette Académie d'architecture, fondée en 1671, fournit une somme considérable de travail, émit des idées justes, utiles, pratiques et même « modernes », révéla des faits aussi remarquables qu'ignorés, et, comme l'écrit M. Lemonnier auquel je fais de nombreux emprunts, vit son cadre s'élargir jusqu'à l'histoire des sciences, lorsque Philippe de la Hire fut appelé à en faire partie.

A cette époque, Philippe de la Hire était déjà membre de l'Académie des sciences (depuis 1678) et professeur au Collège royal (1682). Après avoir parcouru l'Italie pendant quatre années, en artiste et en peintre, il avait « suivi la rapidité de son génie qui le portait aux mathématiques » dont Gaspard Desargues lui avait inspiré le gout.

Avec Abraham Bosse, ami de Desargues, il avait revu, complété et publié, en 1672, le *Traité de la coupe de pierres* commencé par Desargues ; composé ensuite seul deux ouvrages originaux : en 1672 *une nouvelle Méthode de géométrie pour les sections des superficies coniques et cylindriques*, en 1676 un *Traité de la cycloïde*.

(1) Voir page 37. Note lue postérieurement à notre excursion.
(2) Fils de Laurent de la Hire membre de l'Académie de peinture; voir pages 34, 57, 140, 188, et à la table des noms.

En 1681, 1682 et années suivantes, le roi lui avait accordé une pension de 1500 livres « en considération de la connaissance qu'il a des mathématiques » et aussi « de la géométrie et de l'astronomie ».

Envoyé par Colbert, soit seul, soit avec Picard, en Bretagne, Gascogne, Provence, sur les côtes de la mer du nord pour les travaux de la carte de France (1), il s'était vu allouer, en 1683, une gratification de mille livres, quoique, en prenant connaissance de ses relevés aboutissant à une diminution de l'étendue présumée des côtes, Louis XIV se fut écrié en riant :

— Voilà un voyage qui ne me cause que de la perte !

Après avoir reçu mission de continuer la fameuse méridienne commencée par Picard, chargé par Louvois des travaux de nivellement pour l'adduction des eaux de Ville d'Avray et de Vaucresson à Versailles, puis en 1684-1685 des études préparatoires pour le projet d'aqueduc dit de Maintenon, il avait pris, à deux reprises au moins, avec le plus grand soin, les niveaux de l'Eure supérieure et de ses affluents, l'Huisme, l'Iton, l'Avre, et tout avait reposé, à l'origine, sur des calculs reconnus très exacts.

C'est alors que Louvois appréciant son mérite, son excessive délicatesse, et son scrupuleux désintéressement, le désigne comme Directeur de l'Académie d'architecture et professeur d'architecture le 7 janvier 1687 :

Cejourd'hui M. de la Chapelle est venu, par ordre de Monseigneur de Louvois, dire à la Compagnie que mondit seigneur avait fait choix de Monsr de La Hire, professeur des mathématiques au collège royal ,et de l'Académie des sciences, pour continuer dans l'Académie d'architecture les leçons que M. Blondel y faisait aux élèves de ladite Académie aux jours accoutumés que Messieurs de l'Académie ont marqué le vendredi matin, et a présenté ledit Monsr de La Hire pour assister à leurs assemblées.

Les comptes de la Compagnie mentionnent désormais : « A M. de la Hire, 1200 livres pour y tenir les conférences et y enseigner publiquement.»

Voici Philippe de la Hire, directeur de l'Académie, c'est-à-

(1) La Hire ne se bornait pas aux opérations qui étaient l'objet de son voyage. Il en profitait pour faire des observations sur les variations de l'aiguille aimantée, sur les refractions, sur les hauteurs des montagnes etc.

dire, président, et en dirigeant les travaux comme précédemment sur des questions essentiellement architecturales. Il fait même reprendre certains sujets esthétiques, et commence, en 1687, à traduire, lire et discuter un livre de Scamozzi. Mais peu à peu, — et c'est là le côté original et remarquable de son intervention — il introduit l'esprit mathématique dans les règles de l'art :

Le 22 octobre 1688 on lit : « M. de la Hire a promis d'apporter « au premier jour la manière de tracer les panneaux, tant de « douelle que de lit, d'une manière géométrique... à la diffé- « rence de celle dont les ouvriers se servent ordinairement »

L'Académie se réunit tous les huit jours et La Hire ne manque presque pas une séance. Aussi, pour juger son rôle et ses travaux faut-il envisager le rôle et les travaux de l'Académie elle-même. Celle-ci est consultée de tous les points de la France sur les projets de construction et de décorations les plus variés : qu'il s'agisse, comme à Bourges, des bâtiments de l'archevéché, ou, comme à Caen, des plans de Notre-Dame de la Glorieuse, ou comme à Chartres d'une glacière à établir à l'évêché. Mansard demande à ses confrères leur avis sur la charpente de la coupole des Invalides, sur le projet d'une chapelle à Versailles, etc...

De 1683 à 1690 l'Académie tient essentiellement et constamment lieu d'un conseil supérieur des Ponts et Chaussées, étudiant de près toutes les questions, les plans, les devis, par exemple pour la réparation du pont de Pyrmil à Nantes, des ponts de Moulins, de Lyon etc..., la construction des ponts de la Charité, de la Ferté-sous-Jouarre, d'Hennebont, de Saint-Pourçain, de Pont-sur-Yonne, de Blois, etc... Même pour des travaux minuscules, tels que ceux d'un pont de bois sur la petite rivière de la Sedelle, dans la Manche, on s'adresse à elle. Ou bien encore pour des entreprises de régularisation du cours de certaines rivières (Dordogne, Isle, Haute-Vezère).

Elle a occasion de parler du canal « de l'Isle à Strasbourg », à propos d'un curieux projet du canal à creuser de la Marne à la Seine, autour de Paris, pour éviter les inondations si fréquentes au XVIIᵉ siècle. Elle complète, précise et rectifie l'histoire de la construction du Pont Royal à Paris.

Elle s'occupe aussi des hôtels d'Aumont, de Matignon, du château de Maisons etc...

Sous la direction de La Hire, elle examine, discute tous les problèmes relatifs à la théorie architecturale, étudie et commente Vitruve, Alberti, Scamozzi, Palladio, Philibert de l'Orme, puis aussi Claude Perrault, Jean Bullant, Blondel ; revise minutieusement les règles des ordres, des colonnes, des frontons, des proportions etc... tout en déclarant que la perfection dans les différentes parties de l'architecture « dépend de la grandeur du génie de l'architecte », montre la continuité de l'esprit de la Renaissance et le lien étroit qui rattache les conceptions artistiques du XVIIᵉ siècle à celles du XVIᵉ et même du XVᵉ.

Les nouveautés à signaler sont l'étude de la pure technique, de l'emploi des matériaux, de la composition des mortiers, des fondations suivant les terrains, de la solidité des édifices, des plans les plus gracieux et les plus commodes des escaliers, des plans des voûtes d'églises, des conditions pratiques des plans des modestes habitation, même « des poëles qui fument », les commentaires juridiques des coutumes, les servitudes et le thoisé, les écoulements des eaux, enfin la part faite à la physique et à son utilisation aux sciences pures et appliquées et, sur ce dernier point, La Hire manifeste son influence prépondérante en entraînant la Compagnie dans la géométrie descriptive, la statique, la trigonométrie, la stéréotomie : La Hire est, avant tout, le mathématicien, le géomètre de l'Académie, alors que Mansard et de Cotte y représentent plutôt la conception esthétique. La Hire est l'auteur de l'évolution vers l'introduction des sciences exactes dans les discussions et dans la pratique de la construction.

Lorsqu'en 1692, Louis XIV donne à *Monsieur*, le Palais Cardinal, l'Académie qui y tenait ses séances, se transporte au Louvre où elle s'installe dans les anciens appartements de la Reine, situés au premier étage de l'aile méridionale, doublée en largeur sur le quai, sous la direction de Perrault, mais dans la partie donnant sur la cour, entre le guichet aujourd'hui du Pont des Arts et l'aile édifiée par Pierre Lescot, au XVIᵉ siècle.

Le plan dressé à l'époque indique « la salle où M. de La Hire enseigne l'architecture ». L'emplacement accordé à l'Académie correspond à la salle I du musée des antiques et aux salles II, III, IV, des céramiques antiques.

En 1694, par suite des difficultés financières résultant de la guerre de la Ligue d'Augsbourg, le roi donne ordre de cesser les leçons et conférences, faute de ressources pour les rétribuer. Le 21 avril, le marquis de Villacerf écrit à Félibien :

« Le Roy m'a ordonné de faire cesser l'Académie d'architecture. Je vous prie d'en avertir M. de La Hire..... »

Mais les académiciens supplient le roi de vouloir bien leur faire la grâce d'être autorisés à continuer les conférences et leçons, « sans avoir pour cela d'autre dessein que de marquer à Sa Majesté le zèle et l'attachement que tous ceux qui composent la Compagnie ont à son service. »

Le 30 avril, le marquis de Villacerf transmet à Félibien la réponse du roi :

J'ai rendu compte au Roy de la proposition que Messieurs de l'Académie d'architecture m'ont faite de s'assembler gratuitement pour faire les conférences. Sa Majesté l'approuve et vous pouvez avertir ces Messieurs qu'ils peuvent conférer ensemble et s'assembler les jours ordinaires. Mais vous ne devez point marquer leurs assistances puisqu'ils n'en doivent point être payés présentement. Sa Majesté trouve bon aussi que M. de La Hire achève gratuitement son cours d'architecture, ainsi qu'il l'a proposé. Je vous prie de le lui faire savoir.

(La même mesure avait atteint l'Académie de peinture dont Laurent de la Hire était membre et fondateur. Mais bientôt les fonds nécessaires à l'entretien des Académies, s'élevant ensemble à 40.000 livres par an, sont rétablis).

Le 4 février 1699 Philippe de la Hire a la satisfaction de voir son fils aîné, Gabriel-Philippe, déjà célèbre comme artiste et comme savant, nommé membre associé de l'Académie des sciences où il vient siéger en même temps que son père.

Huit jours après, le 12 février, Mansard, nouveau surintendant des bâtiments, vient à l'Académie avec les fonctionnaires des bâtiments qui prennent place à sa droite suivant la hiérarchie de leur charge. Philippe de la Hire, en qualité de Directeur de l'Académie, s'assied à gauche, puis, à sa suite, les académiciens selon leur ancienneté. Cette séance solennelle a pour but d'instituer un nouveau régime pour l'Académie, consistant principalement à en fixer la composition à sept architectes, un professeur et un secrétaire formant une première classe, et sept autres architectes constituant une seconde classe. Les académiciens de la première touchent un traitement, ont le titre et les privilèges d'*architectes du Roi* (1), et signent aux séances. Ceux de la seconde portent aussi le même titre, mais sans traitement et ne signent ordinairement pas.

Bientôt Philippe de la Hire a encore la satisfaction de voir son fils aîné, Gabriel-Philippe, admis aussi à l'Académie :

Le 25 janvier 1706, Monsieur le Surintendant ayant honoré l'Assemblée de sa présence, a donné place à M. de La Hire fils dans la Compagnie, pour assister à toutes les conférences entre les Académiciens de la seconde classe.

Le père et le fils siègent donc désormais ensemble à l'Académie des sciences et à l'Académie d'architecture.

Le nouveau régime institué pour l'Académie ne modifie pas ses travaux qu'elle continue comme précédemment, discutant, à l'instigation de La Hire, l'application des sciences exactes à l'art de la construction. Elle fait aussi une large part à l'examen de tous les monuments de l'ancienne Rome, des bornes milliaires romaines, des ouvrages de Pline le Jeune et d'ouvrages aujourd'hui peu connus ou oubliés, s'occupant même des monuments de Jérusalem, de l'Egypte, du Mexique et de la Chine. Dans toutes ces études, La Hire, Mansard, de Cotte, Bullot et Desgodets sont par excellence les représentants de la Doctrine, ce qui ne signifie pas qu'elle reste immuable, car les procès-verbaux constatent des modifications et font voir que le style architectural du XVIIIe siècle commence bien avec ce siècle.

D'une politesse exquise, aimé de ses collègues, Philippe de La Hire est apprécié personnellement par le roi qui lui confie, entre temps, en 1704, le soin de placer les deux globes des deux pavillons de Marly, dont il publie d'ailleurs la description (2). Pendant ce travail, le roi a souvent la curiosité de l'aller voir, de lui poser des questions, et de « l'engager dans des explications et dans des discours dont on s'aperçut qu'il était fort content. » Et, observe Fontenelle, à ce propos, « c'est un avantage rare, à un savant,

---

(1) Il était interdit aux académiciens de première classe d'accepter des travaux à l'entreprise, en même temps qu'aux entrepreneurs et maçons d'usurper la qualité d'architectes du Roi. Tous les académiciens de seconde classe pouvaient » entreprendre » mais *pour les bâtiments royaux*

(2) Description des globes du Château de Marly 1 vol. 8° Paris Thiboust 1704.

d'être goûté par un prince, et pour tout dire aussi, c'est un avantage rare à un prince de goûter un savant. »

Le 8 février 1700, Philippe de la Hire voit son deuxième fils Jean-Nicolas de La Hire, nommé « botaniste » à l'Académie des sciences, puis « adjoint à l'Académie », le 8 janvier 1716. Voilà *donc maintenant le père et les* DEUX FILS *en même temps de l'Académie des sciences.* Existe-t-il d'autres exemples semblables?

Enfin comme couronnement de sa belle carrière, Philippe de La Hire fut assez heureux pour assister à la reconnaissance publique des services rendus par l'Académie d'architecture aux travaux de laquelle il avait pris une si grande part .

En effet, le lundi 22 février 1717, la séance de l'Académie revêt une certaine solennité :

M. de Cotte, premier architecte du Roy et directeur de cette Académie a apporté et fait faire la lecture des statuts et réglement de l'Académie royale d'architecture, établie par le Roy, faite par ordre de Sa Majesté, et qu'elle veut estre exécutés selon leur forme et teneur. Lesquels statuts et réglements que Monseigneur le duc d'Antin a vus et approuvés le 16ᵉ de février 1717 ont été entendus de toute l'Assemblée qui en fera ses remerciements par une députation à mondit seigneur, pour le prier de leur continuer l'honneur de sa protection, dont elle reçoit des témoignages si avantageux, et les dicts réglements et statuts sont restés dans les mains de Monsieur de Cotte.

Signé : *de Cotte, de la Hire, Beausire, Boffrand, de Cotte fils, Desgodetz, Gabriel, A. Mollet, de La Hire fils, de la Motte, d'Orbay, Félibien.*

C'est, par lettres patentes du Roi, la consécration définitivement officielle de l'Académie d'architecture établie en 1671 par Louis XIV. « pour la rendre plus célèbre, plus considérable, plus ferme et plus stable. » Et ces lettres patentes consacraient les avis conformes du duc d'Antin, surintendant des bâtiments, du duc d'Orléans, régent, des ducs de Bourbon et du Maine, du comte de Toulouse, d'autres pairs de France et de grands personnages du royaume.

Personnellement Philippe de La Hire dont la signature figure sur les procès-verbaux de l'Académie d'architecture, jusqu'au 13 décembre 1717, occupait une place si considérable que le duc de Saint-Simon, peu suspect de prodiguer les éloges, mentionne sa mort en ces termes :

La Hire connu dans toute l'Europe pour un des plus grands astronomes qu'il y ait eu depuis longtemps, mourut à l'Observatoire à près de quatre vingts ans, jusqu'alors dans une parfaite et continuelle santé de corps et d'esprit.

Dès cet événement, survenu le 21 avril 1718, son fils Gabriel-Philippe est nommé « pensionnaire », le 18 mai. Et, après la mort de ce dernier, arrivée le 4 juin 1719, Jean-Nicolas de La Hire est proclamé « associé », le 6 décembre.

Je dirai plus loin un mot des travaux de Gabriel-Philippe et de Jean-Nicolas, mais préalablement je vais, pour donner un aperçu de l'œuvre colossale de Philippe de La Hire, leur père, relater le sommaire succinct de ses rapports à l'Académie d'architecture et à l'Académie des sciences (1).

A l'Académie d'Architecture :

Traduction de l'ouvrage de Scamozzi et commentaires sur cet ouvrage. 1687.

Mémoire concernant l'abus des masques et des têtes dont on orne les clefs des portes et des fenêtres. 1687.

Mémoire concernant les attiques. 1687.

Mémoire touchant la coupe des pierres dans la structure d'une voûte en cylindre. 1687.

Mémoire touchant les arcs rampants. 1687.

Mémoire contenant plusieurs remarques sur les bastiments antiques. 1688.

Mémoire touchant les différentes poussées des toits sur les murs par rapport à leur inclinaison et à leur pesanteur. 1688.

Manière de faire le trait d'une porte sur le coin pour savoir si l'on doit faire les tableaux des piedroits parallèles à la diagonalle ou si on les fera tendant à un centre. 1688.

Tarif de la grosseur de bois propre à employer tant pour les combles que pour les planchers et les cloisons. 1688.

Remarques au sujet des colicolis. 1688.

Deux manières de décrire les scoties « que la compagnie a trouvées fort géométriques ». 1688.

Nouvelle manière de décrire le conchoïde (2) 1688.

---

(1) J'ai agi de même en ce qui concerne Laurent de la Hire, son père et votre septième aïeul, dont je vous ai énuméré les œuvres si nombreuses dans mon volume « Souvenirs intimes ».

(2) On verra plus loin qu'en 1707 La Hire a fourni à l'Académie des sciences en mémoire sur les conchoïdes en général.

Proposition au sujet de la colonnade de Saint-Pierre du Vatican. 1688.

Remarques sur l'escalier de l'Hôtel de Bouillon. 1688.

Nouvelle manière de tracer tous les panneaux des voutes de four, tant surbaissées que surhaussées, sans sortir du champ de l'ouvrage. 1688.

Manière de tracer les panneaux tant de duelle que de lit d'une manière géométrique, les ellipses du plan et du profit étant aussi géométriques. 1688.

Modèle d'une voûte de four elliptique en son plan et en son profil. 1688.

Démonstration concernant les voûtes surbaissées. 1688.

Mémoire sur les difficultés qui se rencontrent dans la construction de deux arches de pierre au pont de Lyon sur le Rhône 1689.

Raisons de désapprouver les frontons ronds. 1689.

Pièce de trait d'une descente biaise en tour ronde en talud racheptant une voute elliptique. 1689.

Difficultés sur le trait d'une descente biaise et rampante qui rachepte un berceau tournant sur le noyau. 1689.

Observations sur le baptistère du dôme de Milan. 1690.

Modelle de la vis de Saint-Gilles avec la manière de faire la coupe des joints montants à plomb. 1690.

Pièce de trait d'une lunette rampante dans la vis de Saint-Gilles. 1690.

Modelle de l'arrière voussure qu'on appelle ordinairement de Saint-Antoine avec nouvelle methode où les joints de lit sont elliptiques. 1690.

Observations sur le traité d'architecture harmonique de Ouvrard 1690.

Observations et remarques sur les ouvrages de Vitruve. 1690.

Observations sur un livre de Giovanni Branca. 1691.

Questions sur une porte plus large dans le haut que dans le bas. 1691.

Observations sur un ouvrage de Léon Baptiste Albert. 1691.

Mémoire sur la manière de construire des piles pour fonder des ponts dans de différents fonds, roche, tuf, sable mouvant, glaise et vase. 1692.

Manière de tracer la cerche des colonnes, et rapports sur cette question. 1692.

Manière de tourner les colonnes et projet de machine à cet effet. 1692.

Manière de décrire la volute du chapiteau ionique. 1692.

Mémoire de l'épaisseur qu'on doit donner aux piedroits des voutes et aux murs des dômes ou voûtes de four, et sur la poussée et coupe des arcs. 1692.

Mémoire sur les chapiteaux et pilastres de l'ordre corinthien, et régle pour arrondir la lèvre du vase. 1692.

Extrait et rectification d'un chapitre de Léon Baptiste Albert sur les principales beautés d'un édifice. 1693.

Mémoire sur la grandeur des figures qui doivent accompagner les ordres des colonnes. 1693.

Remarque sur une erreur dans le 5e chapitre du 3e livre de Philibert de Lorme. 1693.

Mémoire sur une nouvelle manière de former des colonnes par tambours. 1694.

Mémoire sur une nouvelle construction de niveau. 1694.

Dessin cotté des mesures des deux ordres du dedans du Louvre. 1695-1697.

Exposé de tracé des arcs rampans par des traits de géométrie simples et faciles. 1698.

Méthode universelle pour décrire des arcs rampans 1698.

Mémoire sur le rapport de la grandeur du pied antique avec le pied du Chatelet de Paris. 1698.

Rédaction de son cours d'architecture en embrassant toutes les questions. 1699.

Observations sur des citernes particulières. 1699.

Remarques sur l'usage qu'on fait des moufles dans l'élévation des fardeaux. 1699.

Mémoire sur un projet de nouvelle construction de murs de brique et de pierre de taille. 1699.

Nouvelle méthode pour tracer la cherche du fust des colonnes. 1699

Règles d'optique qui peuvent servir à faire paraître les colonnes plus grosses ou plus menues. 1699.

Observations sur quelques règles d'optique dans les ordres d'architecture. 1700.

Méthode facile et assurée pour décrire la volute avec son istelle ou bandelette, à la manière des anciens. 1701.

Mémoire sur les mécaniques et machines hydrauliques et les manières d'élever et de pousser des fardeaux. 1702.

Nouvelle méthode pour décrire le profil et le contour des colonnes. 1703.

Distance à observer pour regarder un édifice et en embrasser toutes les parties. 1703.

Deux mémoires touchant les arcs rampans, et mesures géométriques. 1703.

Remarque sur la construction et l'usage des citernes. (1) 1704.

Mémoire sur la manière de construire solidement des plates-bandes de pierre. 1704.

De la mitoyenneté des murs. 1705.

Commentaire de l'ouvrage de Montani. 1705.

Observation sur la figure elliptique qu'on doit donner aux voûtes pour les faire paraître en plein cintre. 1705.

Proposition d'élever au dessus du plein cintre les voutes des nerfs des églises. 1705.

Nouveau mémoire sur la proportion des voûtes et sur celle des thermes de Diocletien. 1705.

Emploi du bois sec ou du bois vert pour piloter dans l'eau. 1705.

Plan d'un ancien batiment dont les vestiges étaient sur la butte de Montmartre. 1705.

Mémoire de plusieurs fautes à remarquer dans le discours de Bulland. 1706.

Nouvelle manière de construire les portes des pertuis qui se ferment du costé d'Amont. 1707.

Difficultés de l'usage des machines à battre les pieux, et moyens d'y remédier. 1707.

Nouveau système de levier. 1707.

Remède aux inconvénients des mouchettes recouvrant des joints. 1707.

Observations pour la recherche des eaux souterraines. 1707.

Règle simple et facile pour jauger les eaux de source. 1707.

Nouvelle manière de construire des murs de briques solides. 1707.

Nouvelle manière d'eperon pour opposer à la poussée des terres dans les murs des terrasses. 1707.

Question de la coupe des pierres en faisant une porte biaise dans un mur en talud. 1708.

Trait pour une espèce de voûte en cul de four elliptique tronquée, sur un carré long, dont une des coupes est un demy cercle et l'autre une demy ellipse, et toutes deux de même hauteur. 1708.

Difficulté dans la façon de faire les joints des voussures de la voûte d'une descente biaise dans une tour. 1708.

Rapport de la palme d'Espagne avec le pied du Chastelet à Paris. 1708.

Nouvelle méthode pour faire une courbe rampante en pierre ou en bois sur quelque plan que ce soit. 1708.

Observation sur les différentes qualités des eaux et les manières de reconnaître ces qualités. 1708.

(1) **Présenté** en même temps à l'Académie des sciences.

Qualités requises dans un architecte et dans ceux qui font bâtir. 1708.

Règle générale pour la division des voussoirs des grands arcs. 1708.

Mémoire sur les diverses manières d'utiliser les eaux.

Règle générale pour déterminer la largeur de la face des piedroits des arcs, lesquels puissent résister à l'effort avec lequel l'arc les escarte, ce qu'on appelle l'effort de la poussée sur la hauteur donnée de ses piédroits.

Remarque sur les « Scamilli impares » de Vitruve. 1711.

Dissertation sur le bon goût en architecture. 1712.

De la définition du bon goût en architecture. 1712.

Deux dessins gravés des bas-reliefs de la colonne d'Antonin. 1712.

Un dessin gravé : élévation en perspective des termes de Dioclétien. 1712.

Plan de conférence sur le trait de la coupe des pierres. 1712.

Plan de voûtes d'église sans arreste ni lunette. 1713.

Autres plans de voûtes d'église sans arreste ni lunette. 1713.

Projet de ses conférences. 1713.

Préface pour le cours d'architecture. 1714.

Projet de ses conférences. 1714. (En 1714 et 1715, ses leçons publiques roulèrent sur « les principes de l'architecture, la perspective et les notions de géométrie qui sont nécessaires dans l'architecture. »)

Traduction et explication d'un passage douteux de Vitruve. 1715.

Modèle de l'arrière voussure de Marseille. 1715.

Ouvrages publiés à part :

Traité de la mécanique. 1665, in-12.

Tables du soleil et de la lune et méthode plus facile pour le calcul des éclipses.

Nouveaux éléments des sections coniques. Paris, 1678, 1 vol. in-12, renfermant un mémoire sur les *lieues géométriques* et un autre sur la *construction des équations.*

Traité du nivellement de M. Picard avec des additions, 1684.

Sectiones conicæ in novem libros distributæ. Paris, 1685. in-folio. « Livre qui lui fit le plus grand honneur dans toute l'Europe savante. »

Traité du mouvement des eaux et des autres corps fluides, ouvrage posthume de M. Mariotte, 1686.

Ecole des arpenteurs. 1689 et 1692, in-12.

Traité de gnomonique. 1698, in-12.

Tabulæ astronomicæ Ludovici Magni jussu et munificentia exaratæ. 1702, ouvrage en latin, qui fut traduit en français par Philippe de La Hire, (Paris, 1705, in-4°), puis en Allemand par Doppelmaier (Nuremberg, 1725, in-4°), enfin dans toutes les langues de l'Europe, et même en indien par un Rajah curieux d'astronomie.

Les anciens mathématiciens, en grec et en latin, avec Boivin et Thévenot. 1693, in-folio.

Mémoires à l'Académie des Sciences :

Nouvelle mesure du Pas-de-Calais. Tome I, page 22. (1)

Observations sur la petite comète de 1678 qui parut dans la Sagittaire, p. 173.

Obs. sur la latitude et hauteur du pôle de différentes villes de Provence, p. 228.

Obs. sur le triangle, p. 243.

Détermination de la conjonction des 2 planètes de Jupiter et de Saturne du 8 février 1683 et de la hauteur méridienne de Sirius, p. 247 (2).

Obs. sur un thermomètre placé au haut et au bas des tours de Notre-Dame ; et effets de la neige sur la boule d'un thermomètre, p. 255.

Obs. sur un nouveau sablier pour la mer, p. 273.

Obs. sur la châtaigne de mer, p. 275.

Obs. sur la marée qui suit le mouvement moyen de la lune, et non pas le vrai, p. 276.

Obs. sur le niveau de la Seine depuis les Invalides jusqu'au delà des Minimes, p. 285.

Obs. sur la quantité d'eau nécessaire pour faire aller un moulin, p. 286.

Obs. sur l'augmentation du vent, lorsqu'une nuée nous cache le soleil, T. 2, p. 3.

Obs. sur les sources de la montagne de Roquencourt, p. 3.

Obs. faite en 1686, sur une nouvelle tache du Soleil, p. 7.

Démonstration d'une balance dont un des bouts est horizontal et l'autre incliné. p. 9.

Obs. sur les phénomènes de l'aimant, p. 10.

Expériences sur une vessie de porc remplie d'eau, p. 23.

Obs. sur une fontaine à deux lieues de Mirepoix qui a un flux et un reflux, p. 25.

---

(1) Indication du volume de l'Académie des sciences où a paru le mémoire et des pages. La Hire se rendait fréquemment à l'Observatoire pour ses études astronomiques et y diriger la pose d'instruments perfectionnés ou même inventés par lui.

(2) C'est vers 1683 que La Hire fit mettre en place à l'observatoire dans le plan du méridien , un quart de cercle de cinq pieds dont Picard avait sollicité l'exécution et expliqué les usages. Le 3 février de cette année il observa avec cet instrument le Soleil et Sirius.

Obs. sur une dent de carcharias, trouvée à quatre lieues de Paris p. 26.

Obs. sur l'effet du froid et du chaud sur une verge de fer, p. 36.

Obs. sur le ramolissement des écrevisses de mer et des crabes, mis pendant 15 jours dans l'eau douce, p. 37.

Obs. sur la nourriture des plantes, p. 51.

Obs. sur les insectes qu'on trouve sur les orangers, p. 72.

Obs. sur une conjonction de Venus avec le Soleil, p. 79.

Obs. sur l'arc boutant de l'église de Reims, qui fait des vibrations sensibles lorsqu'on sonne une des cloches, p. 87.

Obs. sur les corrections à faire aux tables Rudolphines, p. 100.

Obs. sur la quantité de pluie tombée à l'Observatoire depuis 1689 jusqu'à 1692, et sur l'origine des rivières, p. 101.

Obs. sur la cause de l'élévation du suc nourricier dans les plantes, p. 114.

Obs. sur la quantité de pluie tombée à l'Observatoire en 1693, p. 125.

Obs. sur la cochenille, p. 127.

Obs. sur la racine d'écarlate ou kermès, p. 128.

Obs. sur la quantité de pluie tombée en 1694, p. 143.

Obs. sur un orage violent, éprouvé en mars 1695 à Châtillon-sur-Seine, p. 145.

Obs. sur deux parhélies vues en Avril 1698 ; p. 208.

Obs. sur la comète de septembre 1698 ; p. 213.

Réflexions sur les observations astronomiques faites dans les Indes en 1686. Seconde partie, troisième division, T. 7. p. 38.

Remarque sur le sentiment de Vossius, sur les longitudes. Sec. partie, troisième division ; p. 101.

Obs. astronomiques faites à Brest et à Nantes, pendant l'année 1679. Première partie, p. 121.

Obs. astronomiques faites à Bayonne, Bordeaux et Royan en 1680. Première partie p. 137.

Obs. astronomiques faites sur les côtes septentrionales de France en 1681. Première partie, p. 147.

Obs. astronomiques faites en Provence et à Lyon, en 1682. Première partie, p. 163.

Traité de pratique de la peinture. T. 9. p. 425.

Traité de mécanique dans lequel on explique tout ce qui est nécessaire dans la pratique des arts. p. 1.

Traité des épicycloïdes et de leur usage dans les mécaniques, p. 223,

Explication des principaux effets de la glace et du froid, p. 314.

Explication des différences des sons de la corde tendue sur la trom-

Obs. de l'eclipse de Lune du 27 juin 1684, à l'Observatoire royal, p. 467.

Obs. de l'éclipse du Soleil du 12 juillet 1684 ; T. 10 p. 469.

Ext. d'une lettre sur de nouvelles horloges à sables pour les voyages de mer ; p. 472.

Obs. de l'éclipse de Lune du 21 décembre 1684 à l'Observatoire royal, en présence des mathématiciens du Collège de Louis Le Grand, p. 474.

Dissertation sur la conformation de l'œil, p. 478.

Réflexion sur la machine qui consume la fumée, inventée par M. Dalesme, p. 486.

Obs. d'une tache qui a paru sur le disque du soleil à la fin d'avril et au commencement de mai 1686, avec une hypothèse sur les taches du soleil ; p. 497.

Obs. de l'éclipse de Lune du 10 décembre 1685 ; p. 498.

Desc. de l'aimant qui s'est trouvé dans le clocher de Chartres, et expériences à faire sur la formation de l'aimant. p. 517.

Découverte et observation d'une comète pendant le mois de septembre 1698 à l'Observatoire royal, p. 522.

Obs. de l'éclipse de Lune arrivée le 15 mars au soir 1699 ; 1699, p. 18 H. 75.

Explication de quelques effets singuliers qui arrivent aux verres plans, comme sont les glaces de miroir à l'Observatoire ; p. 75 H. 86.

Obs. sur les frottements des machines, H. 104.

Obs. d'une éclipse de l'œil du taureau Aldebaram ou Palilicium, à l'Observatoire, p. 151 H. 78.

Méthode pour centrer les verres de lunettes d'approche en les travaillant, p. 139 H. 86.

Examen de la force de l'homme pour mouvoir des fardeaux, tant en levant qu'en portant et en tirant, laquelle est considérée absolument et par comparaison à celle des animaux qui portent et qui tirent comme les chevaux, p. 153 H. 96.

Eclipse de soleil, arrivée le 23 septembre au matin, 1699, et observée dans la tour orientale de l'Observatoire, à la hauteur de la grande salle, p. 164 H. 76.

Obs. du baromètre, du thermomètre et de la quantité d'eau de pluie et de neige fondue qui est tombée dans l'Observatoire royal pendant l'année 1699 ; 1700 p. 6 H. 1.

Remarques sur les observations des refractions, tirées du livre intitulé : *Refractio Solis inoccidui in septentrionalibus oris, jussu Caroli XI, Regis suevorum, etc. a Joanne Bilberg Holmiæ,* 1695 ; p. 37 H. 112.

flexion, et de réflexion ou de rebroussement, leurs superficies et leurs longueurs, par la géomértie ordinaire ; avec une méthode générale de réduire toutes les lignes courbes aux roulettes en déterminant leur génératrice, ou leur base, l'une des deux étant donnée à volonté. p.340 H. 74.

Méthode générale pour réduire toutes les lignes courbes à des roulettes, leur génératrice ou leur base étant donnée telle qu'on voudra ; et premièremenr la base étant donnée de position, il faut trouver la génératrice de la courbe comme étant une roulette, p. 379.

De l'éclipse de Lune du 21 octobre 1706 à l'Observatoire. p. 471 H. 113.

Comparaison de l'observation de l'éclipse de Lune, arrivée en avril 1706 et faite dans l'île de Saint-Domingue en Amérique, avec celle qui a été faite à l'Observatoire à Paris, p. 481 H. 113.

Obs. de la conjonction de Jupiter avec le cœur du Lion, arrivée au mois d'octobre 1706. p. 482. H. 120.

Obs. de la quantité de pluie qui est tombée à l'Observatoire pendant 1706 et sur le thermomètre et le baromètre, 1707 p. 1.

Obs. de Saturne, de Mars et d'Aldébaram, vers le temps de la conjonction de Saturne avec Mars, au mois de septembre 1706, à l'Observatoire, p. 120.

Obs. de l'éclipse de Lune du 17 avril 1707, au matin, à l'Observatoire, p. 172 H. 81.

Machine pour retenir la roue qui sert à élever le mouton pour battre les pilotis dans la construction des ponts, des quais et autres ouvrages de cette nature. p. 188.

Réflexions sur le passage de Mercure par le disque du Soleil, au mois de mai 1707. p. 200 H. 83.

Obs. de la conjonction de Jupiter avec Régulus ou le cœur du Lion, au mois de juin 1707, à l'Observatoire. p. 297.

Quadratures de superficies cylindriques sur des bases paraboliques, elliptiques et hyperboliques. p. 330 H. 67.

Obs. de l'éclipse de Lune du mois d'avril 1707, au port de Paix, dans l'île de Saint Domingue, p. 381.

Nouvelle construction des pertuits. p. 549.

Obs. de l'éclipse de la Planète de Venus, le 23 février au soit 1708 à l'Observatoire 1708 p. 110.

Des conchoïdes en général p. 32 H. 73.

Obs. de la quantité d'eau de pluie qui est tombée à l'Observatoire à Paris, pendant 1707, et les hauteurs du thermomètre et au baromètre, p. 60.

Obs. sur la nature de la rosée qui tombe dans le printemps des

Obs. météorologiques, faites à l'Observatoire royal, 1713, p. 1.

Obs. sur la hauteur de l'atmosphère p. 53, H. 6.

Obs. sur les propriétés des trapèzes, p. 221.

Obs. de l'éclipse de Lune, qui est arrivée le 2 décembre 1713 au matin, à l'Observatoire. p. 318.

Obs. sur l'eau de pluie, sur le thermomètre et sur le baromètre pendant l'année 1713 à l'Observatoire royal 1714 p. 1.

Obs. sur la dureté d'un enduit impénétrable à l'eau, composé de limaille de fer, de vinaigre et de sel H. 40.

Obs. sur les taches du soleil, H. 79.

Remarques sur la chute des corps dans l'air, p. 333.

Comparaison du pied antique romain à celui du Châtelet de Paris, avec quelques remarques sur d'autres mesures, 1714, p. 394.

Comparaison des Observations de l'éclipse de Lune du mois de décembre 1713 à Paris et à Lima, p. 401.

Obs. météorologiques, faites pendant l'année 1714 à l'Observatoire royal, 1715, p. 1.

Méthode pour se servir des grands verres de lunettes sans tuyaux, pendant la nuit, p. 4.

Obs. de l'éclipse de Soleil du 3 mai 1715 à l'Observatoire, p. 77, H. 47.

Obs. sur les pendules à secondes, p. 130.

Obs. de la rencontre de Jupiter avec la Lune, le 25 juillet au matin, à l'Observatoire, p. 148, H. 54.

Explication de l'anneau lumineux qui paraît autour du disque de la Lune dans les éclipses de soleil qui sont totales, p. 161, H. 47.

Obs. météorologiques faites à l'Observatoire royal pendant le cours de l'année 1715, 1716 p. 1.

De la construction des boussoles dont on se sert pour observer la déclinaison de l'aiguille aimantée, p. 6.

Exp. sur le son, p. 262, H. 66.

Suite p. 264 H. 66.

Remarques sur l'obliquité de l'écliptique et sur la hauteur du pôle d'Alexandrie p. 295, H. 52.

Obs. de l'éclipse de lune du 27 mars 1717 au matin, faites à l'Observatoire royal 1717, p. 52.

Obs. de l'équinoxe du printemps de cette année 1717, p. 56.

Construction d'un micromètre universel pour toutes les éclipses de Soleil et de Lune et pour l'observation des angles, p. 57.

Obs. météotologiques faites à l'Observatoire royal pendant l'année 1716, p.

Obs. sur un météore lumineux, disposé en rayon. 1717, H. 12.

Recherche des dates de l'invention du micromètre, des horloges à pendule, et des lunettes d'approche, 1717 p. 78.

Construction d'une horloge qui marque le temps vrai avec le moyen. p. 238.

Remarques sur l'aimant, p. 275. H. 5.

Obs. de l'éclipse de Lune arrivée le 20 septembre au soir, 1717, à l'Observatoire royal. p. 288.

Obs. météorologiques, faites à l'Observatoire royal pendant le cours de l'année 1717, 1718, p. 1.

Obs. de l'éclipse de l'étoile d'Adébaram par la Lune, p. 14.

Obs. de l'éclipse du Soleil arrivée le 2 mars 1718 à l'Observatoire royal, p. 51.

Obs. de l'éclipse de Lune du 9 septembre, p. 283.

Moyen de mettre un vaisseau sur la cale. Mac T. 2 p. 69. (1).

Gabriel-Philippe de La Hire, docteur en médecine, suivit l'exemple de son père tant dans ses études scientifiques que dans son assiduité aux séances académiques.

Comme vous le savez, Philippe de La Hire, son père, avait épousé damoiselle Nonnet-Fournier de la Berge, d'une vieille famille parisienne de robe, à l'esprit ouvert à toutes les manifestations intellectuelles et scientifiques. M. Nonnet avait été nommé correspondant de l'Académie et spécialement de La Hire, le 4 mars 1699, et les procès-verbaux relatent les mémoires de M. Nonnet sur l'éclipse de lune observée à Tours par de La Hire fils, le 3 janvier 1703, et sur l'éclipse de soleil également observée à Tours le 8 décembre de la même année.

Déjà, en 1702, son ouvrage sur l'*Art de la Charpenterie* avait été fort goûté à l'Académie d'architecture, et quoique, en général, les académiciens de la seconde classe n'y prissent pas la parole, il y fit, le 21 novembre 1707, la description complète de la tour de Monthléry dont il avait visité en détail les ruines (2).

Le 21 novembre 1712 « à l'occasion de plusieurs machines dont « la Compagnie s'est entretenue, M. de la Hire, le fils, a fait voir « deux machines de son invention qui ont été exécutées, l'une

(1) L'éloge de Philippe de la Hire figure dans les mémoires de l'Académie des sciences 1718 H. 76.

(2) Ainsi que je l'ai dit plus haut les procès-verbaux de l'Académie d'architecture n'ayant pas été encore publiées après 1711, je n'ai pu y relever la trace des travaux de Gabriel Philippe de la Hire.

« pour détacher tout-à-coup les deux chevaux qui tirent un
« carosse, lorsqu'ils prennent le mors aux dents, et l'autre sert
« pour détacher, en pareil accident, les deux des quatre chevaux
« qui sont attachés à la volée qui est suspendue au bout du
« timon, et les deux machines ont été trouvées très ingénieuses
« et très utiles par leur simplicité. »

Les 23 et 30 janvier 1713 il communique à l'Académie les
dessins qu'il a faits, plans et profils d'une porte sur le coin.

En 1714 il prend une part active aux projets de reconstruction
du pont de Pyrmil et présente ses dessins, les 25 juin et 2 juillet
pour cette importante opération. En arrosant Nantes, la Loire
est divisée en six bras par quatre îles parallèles, occupées au
XVIIIe siècle par des maisons et quelques agglomérations. Le
dernier bras sur la rive gauche coulait entre le faubourg de Ver-
tais et le village de Pyrmil. Une suite de cinq ponts reliait
Nantes à Pyrmil ; le pont dit de Pyrmil se composait de treize
arches. Il suffisait d'une crue un peu forte pour le renverser en
partie. Pareil accident était arrivé en 1685. En 1711, quatre
arches s'écroulèrent encore. Nantes décréta 85.000 livres pour
la réfection, mais l'arche neuve refaite s'écroula le 19 octobre
1712. On s'adressa alors à l'Académie. Et ce fut pour elle l'occasion de longues délibérations et d'une sérieuse étude de 1714 à
1717, fort curieuses pour l'histoire d'une grande opération de
voirie au XVIIIe siècle.

Dès la mort de son père, survenue, nous l'avons vu, le 21 avril
1718, Gabriel-Philippe de La Hire avait été choisi et reçu par
le duc d'Antin pour lui succéder comme professeur. Cette nomi-
nation fut régularisée officiellement le 29 août 1718. Deux brevets
furent alors présentés à l'Académie pour être enregistrés : l'un
par lequel le Roi retenait le sieur de La Hire pour remplir la
place de professeur et de l'un de ses architectes de la première
classe, l'autre par lequel le Roi choisissait le sieur de La Hire fils
pour remplir la place de son père décédé. Philippe de La Hire
continue donc les conférences, et le 14 novembre il indique le
canevas de la suite de son cours sur la coupe des pierres et la manière de thoiser.

Le 6 juin 1719 il donne une méthode pour déterminer la circon-
férence d'une ellipse par approximation. A la séance du 15 mai
apparait encore sa signature, on ne la voit plus à la séance du

22 mai et il meurt le 4 juin, ayant usé sa santé par excès de travail. Le Roi nomme Desgodetz pour lui succéder.

Sa fin prématurée priva le public d'un travail qu'il préparait sur la taille des verres de lunettes. Il en avait travaillé lui-même plusieurs avec précision, que l'on a conservés très longtemps, et que l'on conserve peut-être encore à l'Observatoire. On a de lui : des *Éphémérides* calculées sur les tables astronomiques de son père, pour les années 1701, 1702, 1703 in-4° ; un *Mémoire sur l'organe de la vue* dans lequel il recherche si l'humeur aqueuse ne remplit pas les mêmes fonctions que l'humeur vitrée.

Quant à ses Mémoires consignés dans les volumes de l'Académie des sciences, ce sont :

Obs. sur l'accroissement des dents. 1699, H. 41.

Obs. du passage de Vénus au méridien pour les éphémérides .1702, H. 74.

Obs. de l'éclipse de Lune du 3 janvier 1703, faite à Tours par M. Nonnet. 1703, p. 27, H. 77.

Nouvelles remarques sur l'aimant et sur les aiguilles aimantées. 1705, p. 97. H. 5.

Obs. sur la condensation et dilatation de l'air. 1705, p. 110, H. 10.

Remarques sur quelques expériences faites avec plusieurs baromètres, et sur la lumière que donne un de ceux dont on s'est servi en l'agitant verticalement. 1705, p. 226.

Exp. sur la chaleur que nous peuvent causer les rayons du Soleil réfléchis par la Lune. 1705, p. 346.

Obs. de Mercure dans le méridien, comparées avec nos tables. 1706, p. 95, H. 106.

Obs. de l'éclipse de Soleil du 12 mai 1706, au matin, à l'Observatoire, dans la cour orientale, à la hauteur de la grande salle. 1706, p. 172.

Dissertation sur les baromètres et thermomètres. 1706, p. 432.

Obs. de Mercure, comparées au calcul de nos tables, à l'occasion de la conjonction inférieure avec le Soleil au mois de mai 1707. 1707, p. 198, H. 83.

Remarques sur la cataracte et le glaucoma. 1707, p. 553, H. 22.

Comparaison de l'éclipse de Vénus par la Lune, du 23 février 1708 avec le calcul tiré des tables astronomiques. 1708, p. 110.

Remarques sur la cataracte et le glaucoma. 1708, p. 245, H. 39.

Exp. sur les thermomètres, 1710. p. 546. H. 13.

Exp. sur le thermomètre. 1711, p. 144, H. 10.

Réflexion sur les observations du baromètre, tirées d'une lettre écrite d'Upsal en Suède, par M. Vallerius. 1712, p. 108, H. 3.

Machine pour dételer absolument et tout d'un coup les chevaux qui tirent un carrosse, lorsqu'ils prennent le mors-au-dents. 1712, p. 242.

Desc. d'une addition qu'il faut faire aux croisées, pour empêcher quoique fermées, que l'eau de la pluie n'entre dans les chambres. 1716, p. 326.

Obs. météorologiques, faites à l'Observatoire royal pendant l'année 1719. 1719, p. I.

Machine pour faire sur le tour toutes sortes de polygônes. P. 320.

***

Quant à Jean-Nicolas de La Hire, ses Mémoires consignés parmi ceux de l'Académie des sciences sont :

Obs. d'un phénomène qui arrive à la fleur d'une plante nommée par M. Breynius *dracocephalon americanum*, lequel a du rapport avec le signe pathognomonique des cataleptiques. 1712, p. 209.

Obs. sur les signes. P. 275, H. 49.

Mém. pour la construction d'une pompe qui fournit continuellement de l'eau dans le réservoir. 1716, p. 322.

En outre il avait, comme son frère, fait des études médicales, fait diverses découvertes, telles que l'importance de l'uroscopie dans le diagnostic et la cure des maladies, etc... ce qui lui avait fait confier le poste important de Régent de la Faculté de médecine.

De même que son grand-père Laurent de La Hire, membre de l'Académie de Peinture et dont les œuvres se retrouvent en grand nombre dans nos principaux musées ; de même que son père Philippe de La Hire, membre de l'Académie des Sciences et de l'Académie d'architecture, et qui dessinait admirablement ; de même que son frère Gabriel-Philippe de La Hire, membre de l'académie des Sciences et de l'Académie d'Architecture et qui avait acquis un réel talent à la gouache ; de même que ses tantes ; de même que tous les siens en un mot, Jean-Nicolas de La Hire, membre de l'Académie des Sciences peignait agréablement et avait même inventé un procédé pour peindre les fleurs au naturel. Et de même qu'eux tous, il se délassait avec la musique, de ses absorbants travaux.

Et l'on reste confondu d'admiration devant l'œuvre colossale

de cette lignée des La Hire, successivement et même parfois simultanément académiciens, à la fois peintres, graveurs, architectes,
botanistes, médecins, astronomes, géologues, ingénieurs, musi-
ciens, chimistes, mathématiciens, mécaniciens, historiens, etc...
et, en même temps, profondément religieux, toujours aimables,
et scrupuleusement désintéressés. Et notre oncle Le Conte de
Roujou avait raison d'écrire que leur nom était glorieux, et que
ceux qui avaient de leur sang dans les veines devaient s'en souvenir (1) Et l'on comprend le désir souvent exprimé par nos
grands-parents de voir le nom de La Hire relevé par leurs
descendants.

(1) Voir mes volumes. *Souvenirs anecdotiques et historiques.* — *Donations
et Fondations.* — *Souvenirs intimes.*
(1) Voir page 34.

3ᵉ ANNEXE (1)

LES « BOITES-ENTREPOT » OU « DE SECOURS » POUR RANIMER LES NOYÉS, ÉTABLIES PAR L'ÉCHEVIN DE PARIS, PHILIPPE-NICOLAS PIA, CHEVALIER DES ORDRES DU ROI, ADOPTÉES PAR LA VILLE DE PARIS, EN PROVINCE ET A L'ÉTRANGER ET EXPÉRIMENTÉES A ROMORANTIN.

— Les détails suivants sont extraits, dans toute leur naïveté, (en supprimant toutefois encore des explications trop crues qui n'effarouchaient pas au XVIIIᵉ siècle), d'un petit livre que je possède, intitulé :

DÉTAIL DES SUCCÈS DE L'ETABLISSEMENT QUE LA VILLE DE PARIS A FAIT EN FAVEUR DES PERSONNES NOYÉES, ETC...
PAR M. PIA, ANCIEN ÉCHEVIN DE PARIS
Ampliat œtatem suam vir bonus
Quando longœvitate consortium prodest.
PARIS, CHEZ AUGUSTIN-MARTIN LOTTIN, L'AINÉ
IMPRIMEUR-LIBRAIRE DU ROI ET DE LA VILLE
RUE SAINT-JACQUES, AU COQ ET AU LIVRE D'OR
AVEC APPROBATION ET PERMISSION DU SCEAU.

Pia commence par exposer que le secours susceptible de rappeler les noyés à la vie « le plus anciennement connu et le plus « efficace est, sans contredit, la fumigation de tabac par... » l'opposé de la figure. Et il cite les diverses manières de l'administrer :

« Le plus simple, dit-il, avait été, d'abord, d'aspirer avec la « bouche, la fumée d'une pipe de tabac, de la pousser ensuite avec « force............, et on réitérait cette opération plus ou moins « souvent proportionnellement au courage dont on se sentait « animé. Mais ce moyen ayant paru pénible et répugnant on en « a successivement imaginé d'autres pour le suppléer. Ainsi les

(1) Voir page 51. Note lue postérieurement à notre excursion.

« Sauvages d'Acadie, remplissaient de fumée de tabac une vessie
« de cochon, ou un long et large boyau, puis en pressant forte-
« ment avec les mains ils forçaient la fumée de pénétrer... »
Pour compléter le traitement ils pendaient les noyés par les pieds
et ajoute-t-il « avaient quelquefois la satisfaction de les voir revenir à la vie. »

Mais ceci était un moyen perfectionné : plus simplement on
se servait de deux pipes, de la gaine d'un couteau tronquée, ou
d'un tuyau quelconque...

On inventa ensuite « des machines fumigatoires mais qui
« n'avaient d'autre agent ou moteur que le souffle de la bouche,
« pour les mettre en jeu. Ce moyen, tout louable qu'il est en lui-
« même, quelque soit le courage qu'il exige pour le pratiquer, quel
« que soit le zèle pour le continuer assez longtemps pour le rendre
« efficace, a excité les plaisanteries déplacées de différentes per-
« sonnes qui l'ont ridiculisé parce qu'ils n'envisageaient que la
« chose en elle-même, sans en apprécier le but et la fin. »

Donc, pour substituer un autre moteur, on adopta des soufflets,
à « des tuyaux assez longs et assez flexibles pour pouvoir se
« donner à soi-même, soit avec la bouche, soit avec des soufflets »
des... inhalations... postérieures.

C'est ainsi que le chirurgien Louis raconte qu'un chirurgien de
Hambourg « s'en procurait chaque semaine. Il mettait une once
« de tabac, mais doublait quelquefois par récréation. »

Le chirurgien Louis décrit en même temps la machine dont
se servait ce chirurgien hambourgeois, machine à laquelle
Musschembroech *(sic)*, (j'ignore ce savant étranger), semble
avoir donné la dernière main « en mettant des soupapes à son
« embouchure, afin d'empêcher (pour le souffleur), le refoulement
« de la fumée de tabac et d'autres... »

Les Hollandais ayant obtenu des succès par ces opérations il
en résulta « une louable émulation chez presque toutes les na-
tions ». Le prévôt des marchands, Bignon, en entretint M. Pia.

Après la mort de M. Bignon, M. de la Michodière, son succes-
seur, « excita » Pia dans cette même voie.

Pia organisa donc des *boîtes-entrepôts ou de secours* avec des
machines perfectionnées mues par des soufflets « à une ou deux
« âmes et dans lesquelles la bouche n'a aucune part. » Cette boîte
contenait d'ailleurs d'autres secours reconnus utiles, et aisément
portatifs.

Le succès fut grand et suscita de nombreuses contrefaçons.

La société établie à Amsterdam en faveur des noyés envoya une médaille à Pia en récompense et reconnaissance.

La *Gazette de santé* écrivit un article élogieux qui fut « un nou- « vel aiguillon pour faire avancer Pia dans la carrière dans laquelle « le bien de l'humanité l'avait fait entrer. »

Le livre donne ensuite la liste des 63 personnes sauvées à Paris sur 112 noyées, avec des détails sur les secours divers qui ont été expérimentés. Je ne les rapporterai pas, quoique le style soit simple et de bon goût. Ainsi au hasard : voici la jeune Renette Guignard, blanchisseuse, âgée de 19 ans, tombée dans la Seine par suite d'un faux pas le 5 juin 1776, à quatre heures du matin. Le récit de son sauvetage se termine par cette phrase : « Cette fille « vertueuse rougit toutes les fois qu'elle rencontre un des soldats « qui ont aidé à la secourir. »

Le livre envisage les différentes contrefaçons et n'omet pas de mentionner les critiques formulées. Ainsi M. Esmaille, chirurgien de la Salpétrière, remarque que si la machine fumigatoire ne procure pas dans tous les cas l'effet attendu, ce peut être, par exemple, la faute du noyé qui — je prends sa propre expression, étant trop *farci*... fait obstacle à..... l'inhalation.....

Mais alors deux moyens sont préconisés pour obvier à cet inconvénient : Le premier par le chirurgien Louis ; le second par M. Petit, et mis au jour par M. Lesne. Toutefois, il est inutile d'insister sur ces procédés où, surtout pour l'un d'eux, le rôle des doigts « artistement conduits » est exposé avec une candeur intempestive ici.

Et je termine en constatant que s'il n'apparait pas que la boite-entrepôt de Pia ait fonctionné à Blois, du moins elle a été connue et a fait ses preuves à Romorantin. J'en ai copié textuellement le récit suivant :

DE ROMORANTIN, GÉNÉRALITÉ D'ORLÉANS, LE 24 JUIN 1776,

A MIDI

La petite fille du nommé Lefèvre, vigneron, âgée de trois ans, tombe vers les onze heures de matin, dans une marre où il y avait au moins trois pieds d'eau ; elle y reste, sans être aperçue, *une grande demi-heure, tout son corps y étoit plongé*, ses vêtements sembloient seulement la soutenir entre deux eaux ; elle est vue en cet état par son père *qui en est effrayé* ; il se précipite dans la marre pour secourir son enfant, il la saisit et la transporte dans son lit, il la tenoit étendue sur ses deux mains, le visage en dessous et le dos en dessus. Cette posture et le mouvement qu'il lui imprimoit, pendant le transport, lui fit rendre un peu d'eau par la bouche ; elle eut aussi une convulsion qui lui fit roidir les bras qui retombèrent aussitôt après s'être allongés, ce qui fit croire au père que sa fille venoit d'expirer ; elle avoit sur le visage la pâleur de la mort ; ses dents étoient serrées ; ses yeux étaient ouverts et fixes ; elle étoit absolument froide, sans pouls, et avoit tous les signes d'une véritable morte : elle étoit dans cet état pendant qu'on se hâtoit de la déshabiller ; on la couche dans son lit : après tous ces préliminaires, qui durèrent trop longtemps, et après bien des lamentations sur l'état de l'enfant, on fait avertir le chirurgien du lieu, qui ne put arriver qu'à une heure avec la Boîte-Entrepôt. Il ne fût question ni de friction avec l'eau-de-vie camphrée, ni d'insufflation d'air par la bouche ; il se contenta de faire prendre à l'enfant une cuillerée d'eau-de-vie camphrée, et de lui faire respirer de l'esprit volatil de sel ammoniac, en lui introduisant des plumes dans le nez et dans la bouche ; *on lui administrait aussi la fumigation de tabac par le fondement* ; elle eut des soulèvements d'estomach et elle vomit un peu d'eau glaireuse et de la nourriture de son dîner qui avoit précédé immédiatement sa submersion, on réitéra l'eau-de-vie camphrée à la dose d'une cuillerée, et on lui fit une saignée de la valeur d'une tasse de sang ; alors elle fit un cri et elle retomba dans son premier assoupissement ; en cet état le chirurgien, craignant d'épuiser les forces de la petite malade, ne jugea pas à propos de lui rien faire de plus, elle resta ainsi sans mouvement et comme morte jusques à neuf heures du soir qu'elle appella sa mère, alors on lui fit prendre du bouillon ; on chercha à la ranimer et elle passa la nuit très tranquillement : le lendemain matin, il fallut la lever comme à l'ordinaire ; elle reprit ses petits exercices journaliers et elle ne se plaignait d'aucune douleur, elle avoit seulement le visage pâle et paroissoit relever de maladie.

La *Boîte-Entrepôt* avoit été adressée à M. le Curé de Romorantin, elle lui étoit parvenue depuis deux ou trois jours ; le dimanche suivant, il en fit l'annonce au prône de sa Messe paroissiale, en invitant ses auditeurs à y recourir en cas de besoin, et le lendemain, lundi, on en tira le parti avantageux qui vient d'être détaillé. Il est à croire que si le chirurgien eût en plus de temps, il aurait étudié cette boîte- pour se rendre plus familiers les secours qu'elle contient, car ils ont trop langui, et on a été trop tranquille pendant l'assoupissement de six heures qui auroit pu être mortel.

La publication de ces secours faite aux prônes, et s'y renouvellant de temps en temps, est donc un moyen assuré pour en faire connoître et sentir l'utilité. Nous engageons de nouveau MM. les Curés à le faire et pourquoi Nosseigneurs les Évêques, chacun dans son diocèse, ne leur en feraient-ils pas un devoir ?

Vous donnerai-je encore un exemple dans ma propre famille? Parmi les 63 cas de noyés sauvés cités par Pia, figure un de mes parents Époigny, tombé dans la Seine le 1er avril 1776. Les d'Epoigny, mes ancêtres maternels — qui précisément, comptent aussi une alliance avec les Pia — étaient aux XVIe, XVIIe et XVIIIe siècles, à la tête de l'importante entreprise du « voiturage par eau » sur l'Yonne et la Seine, ce qui constituait un privilège, et à cet effet ils possédaient des ateliers de construction et de réparations. C'est près d'un de ces ateliers que Louis Epoigny, qualifié modestement « charpentier de bateaux » — on dirait aujourd'hui ingénieur — se laissa choir dans le fleuve.

Ajouterai-je enfin que les succès de Pia survécurent à la Révolution. En 1810 une affiche, imprimée par Sensier à Montargis, donne des avis sur le traitement des noyés et préconise l'emploi de la machine fumigatoire de Pia. Et un médecin allemand, au frontispice d'un de ses ouvrages, montre une personne se servant de cet appareil. Ces deux pièces étaient mises en vente chez un libraire, il y a quelques années et j'ai eu le regret d'arriver trop tard pour les acquérir.

Maintenant la mode changeant en médecine comme en autres choses, je ne sais pas si le système de Pia a conservé son efficacité jusqu'à nos jours. En tous cas, je ne vous souhaite pas d'être obligé d'y recourir.

4e ANNEXE

DESCRIPTION DU PLAFOND DE LA TOUR DU GUÉ MULON

Entre les solives du plafond sont reproduits :

D'abord les blasons des anciens seigneurs successifs du lieu,

Ensuite les blasons des diverses alliances les rattachant à MM. Regnault de Beaucaron et de Fontaines, propriétaires actuels, qui conservent au Gué-Mulon des portraits de plusieurs personnages cités ci-après, portraits indiqués par * pour les gravures, lithographies, etc... et par ** pour les peintures.

L'ordre des écussons est de gauche à droite, en entrant.

Pour les dates et détails complémentaires concernant les personnages dont il sera ci-après parlé, se reporter à l'Histoire du Gué-Mulon et aux volumes de Souvenirs de famille publiés par M. Regnault de Beaucaron, chez Plon, éditeur à Paris.

A. — *Seigneurs du Gué Mulon. Première race*

Les plus anciens seigneurs du Gué-Mulon qui nous sont révélés à la fin du xve siècle sont les Mornay (d'où les Marquis de Montchevreuil et de Villarceau, etc... Philippe de Mornay, dit le pape des Huguenots, François de Mornay, évêque de Québec, etc..., etc...), dont la descendance posséda la seigneurie du Gué-Mulon jusqu'en 1699.

Au commencement du xvie siècle, Jeanne de Mornay, dame du Gué-Mulon, en porta la seigneurie à son mari Antoine de Prunelé, seigneur d'Ouarville, ancienne maison comtale de Beauce « dont l'origine se perd dans la nuit des temps. » De cette union est issu Jacques de Prunelé, seigneur d'Ouarville, de Châteauvieux (à la Ferté-Beauharnais, alors Ferté-Avrain), du Gué-Mulon, et aussi de Courbanton. (Voir pages 74, 115).

1re Rangée

I

MORNAY :

Burelé d'argent et de gueules, de huit pièces, au lion morné de sable couronné d'or brochant sur le tout.

II

PRUNELÉ :

De gueules à six annelets d'or posés trois, deux et un.

1re Rangée

III

DU PUY :
Échiqueté d'or et de gueules de sept traits.

Dans la seconde moitié du XVIe siècle, Louise de Prunelé, dame de Châteauvieux et du Gué-Mulon, fille de Jacques de Prunelé ci-dessus, substitua ces seigneuries à sa nièce Catherine du Puy, fille de sa sœur Jeanne de Prunelé, dame d'Ouarville et de Courbanton, et de Jean du Puy, seigneur du Moulin près Lassay, chevalier de l'Ordre du roi, son conseiller et chambellan et gouverneur de Romorantin, d'où il suit que les seigneurs du Gué-Mulon, ci-après, et Alfred de Musset, descendent des anciens seigneurs du Moulin et sont alliés aux Robertet *, d'Anlezy, Barbançon, etc., comme il résulte du tableau ci-dessous :

Jean I, écuyer, seigneur du Moulin.

Jean II, seigneur du Moulin, vivant en 1468.

Philippe du Moulin, commence la construction du château, vers 1480, mort le 12 novembre 1506, marié vers 1496 à Charlotte d'Argouges, veuve de Jean ,batard d'Harcourt, morte vers 1543.

Jeanne du Moulin, dite aussi Marguerite, mariée à noble et puissant seigneur Vincent du Puy, gouverneur de Romorantin, d'une ancienne famille du Berry, qui, le 11 Juillet 1524, fit hommage pour ses seigneuries de Vatan, Buxeuil, Villeneuve et le Puy Laurière, mouvant du Comté de Blois.

Pierre du Puy, marié à Marguerite de la Rochefoucault.	Philippe du Puy, marié à Dlle d'Harley.	Jean du Puy, seigneur du Moulin (1), chevalier de l'ordre du Roi, conseiller et chambellan du Roi, gouverneur de Romorantin, marie à Jeanne de Prunelé, dame d'Ouarville et de Courbanton, veuve en 1575.	Vincent II du Puy marié à Louise Robertet.

Catherine du Puy, dame du Gué-Mulon, mariée à Lancelot du Lac, seigneur de Chamerolles et du Gué-Mulon. Aieule directe des seigneurs du Gué Mulon, jusqu'en 1699. Aieule directe d'Alfred de Musset.	Cléopâtre du Puy, mariée à Jean de Suzanne seigneur de Cardillac.	Charlotte du Puy, mariée à Gaspard du Lac seigneur du Coudray, fils de Lancelot du Lac, ci-contre et de sa 1re femme Marie Pot.	Marguerite du Puy mariée le 30 Mars 1595 à Philibert d'Anlezy chevalier, baron du Lin, qui resta seul propriétaire du Moulin.	Florimond du Puy et Marie du Puy, héritiers bénéficiaires de Florimond Robertet (de l'hôtel d'Alluye de Blois, voir pages 38 et 70).

Marie d'Anlezy, mariée à Pierre Valeran de Barbançon.

Louis-Joseph de Barbançon mort le 1er Janvier 1728 à 77 ans, marié à Marie-Anne Thuault (voir cette famille dans l'histoire du Gué-Mulon.

(1) Dans les titres du Gué-Mulon il y a toujours seigneurs du *Moulin en Berry*. Je ne pensais pas qu'il s'agissait du Moulin en Sologne, et c'est pourquoi je n'avais pas cherché de ce côté. Il est vrai que j'ai lu aussi dans d'anciens titres : Romorantin *en Berry*.

Catherine du Puy dont un graffito donne la signature sur l'escalier principal du château du Moulin, porta, comme il est dit au tableau ci-dessus, les seigneuries de Châteauvieux et du Gué-Mulon à son mari Lancelot du Lac, seigneur de Chamerolles, Chilleurs, Trefontaines et Le Coudray, chevalier de l'ordre du roi, fils du gouverneur d'Orléans, remontant à l'an 1283, et son cousin par les Mornay, en vertu d'une alliance contractée en 1440.

Louise du Lac, fille de Lancelot du Lac et de Catherine du Puy, porta la seigneurie du Gué-Mulon à son mari Claude de Patay, baron de Clereau (beau château près d'Orléans), d'une noblesse beauceronne figurant par son blason dans la salle des Croisades à Versailles, et dont elle eut Henri de Patay, baron de Clereau, seigneur du Gué-Mulon et de Neung, puis de la Basse-Varenne, des Chailloux et de la Mainferme.

Henri de Patay de Clereau avait eu pour fils Louis de Patay qui fut seigneur du Gué-Mulon et de Neung et épousa Elisabeth du Bellay, des seigneurs de Glatigny et autres lieux, maison considérable depuis l'an 966, par ses alliances et les grands hommes qu'elle a produits, notamment le cardinal Jean du Bellay *, fondateur du Collège de France, Guillaume du Bellay de Langey *, vice-roi de Piémont, Martin du Bellay, roi d'Yvetot, le gracieux poète Joachim du Bellay, etc...

Outre Louis de Patay, Henri de Patay de Clereau, seigneur du Gué-Mulon et Neung, avait eu pour fils Florimond de Patay, marié à Marie-Christine de Machault, fille de Christophe de Machault, seigneur de la Marche et de Rougemont, gentilhomme ordinaire de S. A. R., capitaine au régiment de Conti, lieutenant du roi au gouvernement de Saint-Jean-de-Losne, maison importante qui fournit, entre autres, le ministre d'État, garde des sceaux Jean-Baptiste de Machault, comte d'Arnouville.

1re Rangée

IV

DU LAC :

D'azur au chevron d'or accompagné en chef de deux roses d'argent et en pointe, d'une fleur de lys au pied nourri de même.

V

PATAY :

D'hermine à l'écusson de gueules en abyme.

VI

BELLAY :

D'argent à la bande fuselée et accolée de gueules, accompagnée de six fleurs de lys en orle.

VII

MACHAULT :

D'argent à trois têtes de corbeau de sable arrachées de gueules.

1re Rangée

VIII

ROCHECHOUART
ET DU BELLAY :

Parti : Fascé
ondé d'argent et
d'azur de six
pièces (qui est de
Rochechouart).

Parti : comme
au nº VI ci-des-
sus, qui est du
Bellay.

Marie-Christine de Machault, veuve de Florimond du
Bellay, épousa en secondes noces, Louis de Rochechouart
Jars, baron de Loury, seigneur de Montigny, Montereau,
La Brosse, etc... de l'illustre maison de ce nom issue des
anciens vicomtes de Limoges et des comtes d'Angou-
lème.

De ce mariage naquirent un fils et une fille auxquels
Louis de Patay céda les seigneuries du Gué-Mulon et de
Neung :

Alexandre de Rochechouart, marquis de Jars, capitaine colonel des gardes du corps.

Et Marthe-Suzanne de Rochechouart, mariée à Fran-
çois-René, marquis du Bellay, seigneur de la Courbe, premier écuyer du prince de Conti, chef de nom et d'armes
de sa maison.

Le marquis de Jars et la marquise du Bellay vendirent
les seigneuries du Gué-Mulon et de Neung, le 3 septembre 1699, à Claude Cahouet de Senneville, vente qui
sera attaquée par les héritiers de Louis de Patay.

En effet, outre son frère Florimond, Louis de Patay
avait deux sœurs :

IX

ALÈS :

De gueules à
la fasce d'ar-
gent accompa-
gnée de trois
merlettes de
même.

Louise-Aymée de Patay, mariée à Jacques d'Alès,
seigneur de Corbet, noble maison tourangelle qui donna
des gouverneurs de Châteaudun, Chambord, etc...

Et Marie-Jeanne de Patay, mariée à Charles de Musset,
seigneur de la Bonne-Aventure, de la Rippopière, du
Grand et du Petit-Mesnil, noble maison Vendômoise
que des alliances rattachent à celle de Jeanne d'Arc.

X

MUSSET
ET DU BELLAY :

D'azur à l'é-
pervier d'or,
longé, perché et
chaperonné de
gueules (qui est
de Musset), pla-
cé en abyme sur
le blason des du
Bellay décrit au
nº VI.

Or, en 1720, les enfants de Madame d'Alès et de
Madame de Musset, dont Charles-Antoine de Musset de
la Bonne-Aventure, capitaine au régiment de Lautrec-
Dragons, marié à Marie-Angélique du Bellay, nièce de
Madame Louis de Patay (voir nº VI ci-dessus), enga-
gèrent contre Cahouet de Senneville une action en revendication des seigneuries du Gué-Mulon et de Neung,
comme héritiers de leur oncle Louis de Patay qui s'était
réservé le droit de réméré dans sa cession aux Roche-

chouart. Après quatre ans de procédure ils furent déboutés le 3 mai 1724.

Dès lors la seigneurie du Gué-Mulon et de Neung sortit définitivement de la descendance des Mornay, ses premiers seigneurs connus au XVe siècle, qui s'y étaient perpétués pendant deux cents ans et peut-être davantage si nous avions pu consulter des actes plus anciens.

Alfred de Musset étant l'arrière-petit-fils de Charles-Antoine de Musset et de Marguerite-Angélique du Bellay, se trouve descendre directement de toute cette lignée des seigneurs du Gué-Mulon de la première race. Son médaillon, reproduction de celui de David d'Angers, existe au Gué-Mulon.

B. — *Seigneurs du Gué Mulon. Seconde race*

Claude Cahouet de Senneville, acquéreur de la seigneurie du Gué-Mulon et de Neung, le 3 septembre 1699, confirmé dans ses droits le 3 mai 1724, était conseiller du roi, prévôt général de la maréchaussée et de la généralité d'Orléans et d'une bonne famille de robe et d'épée du pays et de Normandie. Il acquit en outre la seigneurie de Breuchet et ses dépendances.

Il avait épousé Magdeleine Caillard de Gidy, d'ancienne souche orléanaise, dont il eut une fille unique, Marguerite. (Voir pages 142, 146).

Celle-ci apporta les seigneuries du Gué-Mulon, Breuchet et Neung à son époux François Pajot, seigneur de Marcheval et de Millançay, d'une maison originaire de Pont-sur-Seine, établie à Paris au XVIIe siècle « influente, considérée, « et ayant des alliances sans nombre à la « cour et à la ville », d'où l'intendant général des Postes Pajot, comte d'Ons-en-Bray, membre de l'Académie des Sciences, l'introducteur des ambassadeurs Dufort, comte de Cheverny, le prévôt Flesselles, assassiné le jour de la prise de la Bastille, le 14 juillet 1789 (médaillon de terre cuite de Mme de Flesselles, par Nini, au Gué-Mulon),

---

1re Rangée

XI
CAHOUET :
D'azur à un sautoir dentelé d'or accompagné de quatre besans de même et au chef d'or chargé d'un chevron inversé de gueules.

2e Rangée

XII
CAILLARD :
De sinople à la fasce d'or chargée d'une merlette de sable.

XIII
PAJOT :
D'argent au chevron d'azur accompagné de trois têtes d'aigle de sable, becquées et arrachées de gueules.

2ᵉ Rangée

Mme de la Tour du Pin de la Charce, « la courtisane de malheur » si fidèlement dévouée à la duchesse d'Orléans, née Bourbon-Penthièvre, etc.

Du mariage de François Pajot, seigneur de Marcheval et du Gué-Mulon, et de Marguerite Cahouet de Senneville, naquit Christophe Pajot, seigneur de Marcheval, Millançay, Gué-Mulon, Neung, Breuchet et autres lieux, conseiller au Grand Conseil, grand rapporteur en chancellerie, intendant de Limoges, de Grenoble, conseiller d'État, etc... marié à Hélène-Marie Moreau de Saint-Just de Plancy, fille de Jean-Baptiste Moreau, seigneur de Saint-Just et de Plancy, conseiller au Parlement de Paris, (branche des Moreau de Sechelles).

Tout en habitant Marcheval, Orléans, Paris, et les villes où leurs charges les appelaient, les Pajot prenaient soin d'entretenir « le château, les jardins, ifs, charmilles, « glacière, etc. » du Gué-Mulon où ils faisaient un élevage de pouliches. Ils avaient aussi acquis le « lieu seigneurial de Groselay » qui, ajouté aux *quatorze* métairies du Gué-Mulon, à ses *treize* étangs, à ses *douze* garennes, à ses moulins et à ses bruyères, formait un total d'environ deux mille hectares. La terre de Marcheval devant en comporter autant, c'est un ensemble d'environ quatre mille hectares que possédaient les Pajot avant la Révolution.

Du mariage de Christophe Pajot, seigneur de Marcheval et du Gué-Mulon, et de Hélène-Marie Moreau de Saint-Just naquit : Christophe-François Pajot, seigneur de Marcheval, Millançay, Gué-Mulon, Neung, Breuchet et autres lieux, avocat général au Parlement de Grenoble et maître des requêtes, marié à Marie-Jeanne-Françoise de Guillaudeu du Plessis, de Saint-Domingue, belle-sœur du maître des requêtes de Caze, de Cromot de Pougy, intendant de « Monsieur », et du comte de Neel (1), mestre de camp au régiment de Vermandois,

---

XIV

MOREAU :

D'or au chevron d'azur accompagné en chef de deux roses de gueules, feuillées et tigées de sinople, et en pointe d'une rivière aussi de sinople surmontée d'une tête de Maure de sable liée et tortillée d'argent.

XV

GUILLAUDEU :

D'azur à un gantelet d'argent.

(1) Le propriétaire actuel du Gué Mulon descend de Neel, de Normandie.

gentilhomme de la maison du duc d'Angoulême. Les Guillaudeu du Plessis étaient une branche des Guillaudeu de La Louvelaine, de Vitré.

Christophe-François Pajot est le dernier seigneur du Gué-Mulon, avant la Révolution qui le dépouilla de ses domaines et le ruina.

En lui finit la deuxième race des seigneurs du Gué-Mulon qui y dura un siècle en quatre générations.

C. — *Parentés communes entre les seigneurs du Gué Mulon, de la première race, et M. Charles Regnault de Beaucaron, propriétaire du Gué Mulon.*

Ici reparaissent les armoiries des du Lac, figurant au n° IV,

Car, de Lancelot du Lac, seigneur de Chamerolles descendent directement les d'Estampes, marquis et barons de la Ferté-Imbault et de Mauny, lignée illustre dont le personnage le plus considérable est le maréchal de la Ferté-Imbault, Jacques d'Estampes *, époux de Catherine de Choiseul Praslin.

Or, tandis que ces d'Estampes sont, en qualité d'issus des du Lac, parents de la suite des seigneurs du Gué-Mulon, de la première race, ils sont en même temps parents de M. Charles Regnault de Beaucaron par une de leurs aïeules Jeanne Trouvé, d'Auxerre, maison remontant au XIIIᵉ siècle en cette ville. Jeanne Trouvé, leur aïeule était en effet sœur d'Edmond Trouvé, mariée à Guillaume Le Clerc, seigneur des Barres et de Sigougnes, maison remontant au XIVᵉ siècle.

C'est par là que les propriétaires actuels du Gué-Mulon sont parents de Buffon, (Le Clerc, comte de Buffon, dont le buste, reproduction de celui de Pajou du musée du Louvre, est au Gué-Mulon). Remarquons aussi qu'Alfred de Musset que nous avons vu descendre en ligne directe des seigneurs du Gué-Mulon de la première race, descend aussi, plusieurs fois, en ligne directe de

2e Rangée

de trois têtes de femmes de carnation, coiffées d'or posées de front.

XX

BARRAULT :

De gueules au sautoir échiqueté d'or et d'azur accompagné de quatre clefs d'argent.

XXI

JACQUILLAT :

D'azur au chevron d'argent accompagné en pointe d'une grappe de raisin d'or.

XXII

BRANCHE :

De gueules à la fasce d'or.

XXIII

BILLEBAULT :

D'argent à l'aigle de sable au vol éployé. Au chef d'azur chargé de trois besans d'argent.

Guillaume Le Clerc, seigneur des Barres et de Sigougnes.

Marie Le Clerc de l'Isle-Saint-Michel **, issue aussi de ce Guillaume Le Clerc des Barres, épousa Jean-Baptiste Barrault, seigneur des Mottes, maison très importante de Vezelay, de Tonnerre et d'Auxerre, y remontant au XIIIe siècle. Alfred de Musset descend aussi plusieurs fois des Barrault.

Marie Barrault des Mottes **, fille des précédents, épousa le chevalier roi de l'arquebuse Jean-Baptiste Jacquillat des Préaux **, d'une maison d'officiers de la Cour de France, anciennement originaire d'Epineuil et de Tonnerre.

De ce mariage est issu le chevalier roi de l'arquebuse de Tonnerre Henri Jacquillat des Préaux **, seigneur du comté d'Épineuil qui, de son mariage avec sa cousine Marguerite Luyt **, fille du lieutenant général du comté de Tonnerre, eut Gabrielle Jacquillat *, mariée à l'avocat en Parlement Branche de Survannes *, rapporteur du point d'honneur, maire d'Ervy, d'origine jovinienne depuis le XVIe siècle. Celui-ci gagna le dernier procès en matière féodale plaidé avant la Révolution et qu'il avait engagé pour rentrer en possession de « la maison seigneuriale d'Epineuil » vendue à la mort de son beau-père Jacquillat des Préaux.

C'est dans cette « maison seigneuriale d'Epineuil que naquit sa fille Henriette Branche * qui la conserva et l'habita avec son mari Louis-Edme Billebault des Rosiers **, issu également d'une ancienne famille de la Basse-Bourgogne, dont un ancêtre tué à Pavie. C'est par lui que les propriétaires actuels du Gué-Mulon descendent notamment de l'héroïne champenoise Anne Musnier, qui, au XIIe siècle, sauva la vie du comte de Champagne.

Du mariage de M. et Mme Billebault des Rosiers est

née Henriette-Justine Billebault des Rosiers*, au château d'Épineuil, où elle épousa son cousin Edme-Nicolas Regnault de Beaucaron*, appartenant aussi à une famille connue et répandue de tous temps en Champagne et Bourgogne, notamment dans la région Troyenne entre Troyes et Chaource où se trouvait, à Clerey, le château de Regnault, aujourd'hui Renault, et le fief de Beaucaron.

Du mariage de Edme-Nicolas Regnault de Beaucaron et de Henriette-Justine Billebault des Rosiers est né Charles-Regnault de Beaucaron *qui, pour se rapprocher de sa sœur, propriétaire du château de Maugué-en-Vendômois, acheta le Gué-Mulon. Il avait épousé sa cousine Azema Roze*, d'une famille anciennement originaire de Picardie, fixée au XVIIIe siècle en Senonais et Tonnerrois.

D. — *Seconde parenté commune semblable entre les seigneurs du Gué Mulon de la première race, et Mme Charles-Edmond Regnault de Beaucaron, née Meurville.*

Par les Meurville, les propriétaires du Gué-Mulon sont une seconde fois parents des d'Estampes, et notamment du maréchal d'Estampes. (V. n° XVII ci-dessus)

Cette seconde parenté avec les d'Estampes a le même point de départ que ci-dessus et ramène ici leur blason, déjà figuré au n° XVII.

Puis, écartelé, celui des Trouvé et des Le Clerc qui font les propriétaires du Gué-Mulon, une seconde fois parents de Buffon (v. page 227).

Puis celui des Barrault et des Jacquillat accolés et partis, tel qu'il est gravé sur leur tombe en l'église d'Épineuil.

Enfin, parti également en un seul écusson tel qu'il est gravé sur un ancien cachet de famille, celui des Branche

2e **Rangée**

XXIV

REGNAULT :

D'argent au chevron de gueules chargé d'un soleil d'or.

XXV

ROZE :

De gueules au chevron d'or accompagné en chef de deux roses d'or et en pointe d'un arbre arraché d'or

3e **Rangée**

XXVI

ESTAMPES :

Comme au n° XVII.

XXVII

TROUVÉ
LE CLERC :
(Comme aux n°s XVIII et XIX).

XXVIII

BARRAULT
JACQUILLAT :
(Comme aux n°s XX et XXI).

3e Rangée

XXIX

BRANCHE
BILLEBAULT
(Comme aux nos
XXII et XXIII).

XXX

MEURVILLE :

D'argent à la
bordure d'azur
besantée d'argent.

XXXI

REGNAULT :
(Comme au no
XXIV).

XXXII

CAILLARD :
(Comme au no
XII).

XXXIII

COUËT :
D'azur à la
toison d'or sur-
montée de trois
étoiles de même.

et des Billebault qui font descendre une seconde fois les propriétaires actuels du Gué-Mulon de l'héroïne Anne Musnier qui sauva la vie du comte de Champagne au XIIe siècle. (Voir page 228).

Mais ici intervient un changement dans la filiation précédente. Au lieu de Henriette-Justine Billebault des Rosiers (no XXIV) se place sa sœur Louise Billebault des Rosiers* qui épousa Jacques-Nicolas Meurville * (de l'ancienne baronnie de Meurville près Bar-sur-Aube au XVIe siècle) qui joua un rôle si important au Mexique.

De ce mariage est né Jacques Meurville ** (dont il sera parlé plus loin, propriétaire du château du Chatellier à Suèvres (Loir-et-Cher), père de Thérèse-Marie Meurville qui épousa son cousin Charles-Edmond, comte Regnault de Beaucaron.

E. — *Parenté de Mme Charles-Edmond Regnault de Beaucaron, née Meurville, avec les seigneurs du Gué Mulon de la seconde race.*

Cette parenté ramène ici le blason des Caillard.

Car, alors que Magdeleine Caillard de Gidy, d'Orléans, était mariée à Claude Cahouet de Senneville, seigneur du Gué-Mulon, Marguerite Caillard d'Orléans, sa parente, épousait Benoît Couët de Montarand, seigneur de ce lieu, non loin de Gidy, et de divers autres circonvoisins sur Saran et Fleury et aussi de la Mainferme, près de Jargeau, et de Villeneau, près Saint-Mesmin, d'ancienne souche orléanaise, émigré à Saint-Domingue, d'où Benoît Louis Couët de Montarand, avocat au Conseil supérieur du Cap Français, père de Jean-Baptiste-Louis-Augustin Couët, baron de Montarand**, conseiller au Conseil supérieur, puis procureur général en la cour royale d'Orléans. (Voir pages 142, 146, 225).

C'est de ce côté que les propriétaires actuels du Gué-Mulon sont neveux du baron Hue, « le fidèle serviteur » qui partagea la captivité de Louis XVI à la prison du Temple.

Du mariage du Procureur général, baron de Montarand et de Mlle Jauvin de Léogane, est née Caroline-Eugénie Couët de Montarand**, qui épousa Louis-Pierre-Henri Meslier**, fils de l'ancien lieutenant général, depuis conseiller à la Cour royale d'Orléans, Meslier de La Hire*

C'est par lui que les propriétaires actuels du Gué-Mulon sont les neveux du défenseur de la Reine, Chauveau-Lagarde.

De ce mariage naquit Charlotte de Meslier que le comte de Chambord honora de l'autographe accompagné de son cachet de cire *Fides spes*, placé au-dessous de son portrait (1), et qui épousa Jacques Meurville, cité plus haut, nº XXXI. D'où Thérèse-Marie Meurville, mariée à son cousin Charles-Edmond, comte Regnault de Beaucaron.

F. — *Parentés de M. Xavier de Fontaines, propriétaire actuel du Gué Mulon, avec les seigneurs du Gué Mulon de la première race.*

Il existe six parentés ou alliances.

1º

Élisabeth du Bellay, épouse de Louis de Patay, seigneur du Gué-Mulon, citée au nº VI, descendait en ligne directe de Guyon du Bellay et de Diane de Fontaines (même origine que X. de Fontaines).

2º

Marie-Christine de Machault, mariée à Florimond de Patay, puis à Louis de Rochechouart, baron de Loury, et mère du marquis de Rochechouart-Jars et de la

---

(1) Voir page 33, et Meslier, La Hire, Chauveau-Lagarde à la table des noms.

3ᵉ Rangée

XXXIX

BOUCHERAT :

D'azur au coq d'or tourné à senestre, la patte droite levée.

4ᵉ Rangée

XL

FOURCY :

D'azur à l'aigle éployé d'or, au chef d'argent chargé de trois besans de gueules.

XLI

PUYSÉGUR :

D'azur au hcevron d'or accompagné en pointe d'un lion léopardé de même, au chef de même.

XLII

CIVILLE :

D'argent au chef d'azur chargé d'une fleur de lys d'or accostée de deux molettes d'éperon de même.

marquise du Bellay, seigneurs du Gué-Mulon, cités au nᵒ VII, était cousine de Catherine de Machault mariée à Jean Boucherat seigneur du Pied-de-Fer, doyen des maîtres des comptes.

D'où le chancelier de France, garde des sceaux et des ordres du roi, Louis Boucherat, comte de Campans*, aïeul direct du propriétaire actuel du Gué-Mulon.

En effet :

Marie-Madeleine Boucherat, fille du chancelier de France Louis Boucherat, comte de Campans, épousa Henri de Fourcy, comte de Chessy, conseiller d'État et d'honneur au Parlement, prévôt des marchands, dont elle eut Henri-Louis de Fourcy, comte de Chessy, marié à Jeanne de Villars.

De ce mariage naquit Jeanne-Henriette-Augustine de Chessy qui épousa le maréchal de France, Jacques de Chastenet de Puységur*, marquis de Puységur, comte de Chessy, vicomte de Busancy, premier quart comte de Soissons, seigneur de Bernoville, Ezonville et Cessereux, chevalier des Ordres du Roi, gouverneur de Berghes.

Marie-Christine de Chastenet de Puységur, leur fille, épousa Pierre-Auguste-Alphonse, marquis de Civille, baron de Buchy, seigneur de Soquentot, Anglesqueville, Reniesville, Boisheroult, Boisbordel, Sainte-Croix-sur-Buchy, Saint-Martin, le Plessis, etc... capitaine général de la garde-côte de Dieppe, etc...

C'est par lui que le propriétaire actuel du Gué-Mulon descend de François de Civille qui, à la suite de circonstances historiques connues, blessé, tenu pour mort et même enterré, avait coutume de signer aux assemblées des États de Rouen : « Civille, trois fois « mort et enterré et trois fois, par la grâce de Dieu res- « suscité. »

Marie-Henriette de Civille de Saint-Mars, fille de Pierre-Auguste Alphonse, épousa Benigne Poret, vicomte de Blosseville, baron de Buchy, seigneur de Boisheroult, Anfreville, Saint-Amand, Iville, Boudeville, Vattetot, Boissemont, procureur général en la Chambre des Comptes de Normandie, secrétaire des commandements de S. A. R. le comte d'Artois, etc... d'où le contre-amiral Charles-Alphonse Poret, comte de Blosseville.

Claire-Rose Poret de Blosseville, fille du contre-amiral, comte de Blosseville, épousa le commandant des grenadiers de la garde royale, Louis-Emmanuel, marquis de Jousselin.

Marie-Claire de Jousselin, leur fille, épousa Xavier-Auguste-Charles de Fontaines*, chevalier de l'Ordre de Pie IX.

D'où le commandant de cavalerie Marie-Gaston de Fontaines, père de Xavier de Fontaines, propriétaire actuel.

3°

On a vu au n° XXXVII l'alliance des Fontaines avec les du Bellay, et l'on vient de voir au n° XLIV que Xavier de Fontaines descend de Louis-Emmanuel, marquis de Jousselin.

Or, le trisaïeul de Louis-Emmanuel de Jousselin, Louis de Jousselin, seigneur de Fretay, avait épousé en premières noces Élisabeth du Bellay, fille du seigneur du Plessis-Ragane.

Les armes des du Bellay accolées à celles des Jousselin rappellent cette alliance.

4°

On a vu au n° X, Marguerite-Angélique du Bellay épouser Charles-Antoine de Musset, seigneur de la Bonnaventure.

Fille de François du Bellay, seigneur de Drouilly, Ternay, Les Hayes, Valières et Gastine, lieutenant des maréchaux de France,

4e Rangée

XLIII

PORET :

D'azur à trois glands d'or.

XLIV

JOUSSELIN :

D'azur à la fasce de gueules au lion passant d'or en chef, et aux deux fleurs de lys d'or en pointe.

XLV

FONTAINES :

(Comme au n° XXXVII parti).

XLVI

JOUSSELIN-BELLAY :

Parti comme au n° XLIV et parti comme aux n°ˢ VI, VIII, X, XXXVII.

XLVII

BELLAY :

(Comme aux n°ˢ VI, VIII, X, XXXVII et XLVI)

4ᵉ Rangée

Nièce de Élisabeth du Bellay, mariée à Louis de Patay, seigneur du Gué-Mulon,

Elle descendait, comme Élisabeth du Bellay, sa tante, de Guyon du Bellay et de Diane de Fontaines, comme il est dit ci-dessus au n° XXXVII.

Les armes des du Bellay reparaissent encore pour évoquer cette alliance répétée.

5°

Et les armes des du Bellay ont d'autant plus de raison de reparaître que les du Bellay étaient, d'après Rochambeau, parents du poète Ronsard, ce qui implique une parenté de plus avec les Fontaines, car Xavier de Fontaines descend en ligne directe du frère du poète Ronsard, lequel, étant resté célibataire, n'avait pas d'autres parents que ceux de son frère.

Cette descendance des Ronsard qui se disaient issus d'un marquis de Ronsard, vivant au XIVᵉ siècle aux confins de la Hongrie et de la Belgique, qui construisirent le château de la Possonnière, leur manoir pendant plusieurs siècles, qui se disaient alliés aux Bourbon, qui contractèrent les plus brillantes alliances, qui jouèrent enfin un rôle important en Vendômois et se distinguèrent dans l'épée, la robe, le clergé et les lettres,

S'établit par Suzanne de Ronsard :

Arrière-petite-fille de Louis de Ronsard, seigneur de la Possonnière, la Chapelle-Gaugain, Sarceau, gentilhomme de la maison du roi, maître de l'Hôtel de Monseigneur le Dauphin, chevalier de l'Ordre de Saint-Michel, frère de Jacqueline de Ronsard, dame d'honneur de la duchesse de Longueville, dame de Diziers (beau château près Suèvres (Loir-et-Cher) et seigneurie importante qui demeurèrent jusqu'en 1660 dans sa descendance représentée par les Courcillon, marquis de Dangeau, (1)

XLVIII

RONSARD :

D'azur à trois ross (sorte de poisson du Danube) d'argent posées en fasce.

(1) Vers 1500 Jacqueline de Ronsard dame d'honneur de la duchesse de Longueville, tante du poète et sœur de Louis de Ronsard chevalier seigneur de la Possonnière, aïeul direct de Xavier de Fontaines, épousa Pierre de Saintray seigneur de Diziers.

Jacqueline de Ronsard étant veuve le 27 février 1525 fit son testament, ordonna sa sépulture en la chapelle Sainte-Anne de

Petite-fille de Claude de Ronsard, seigneur de la Possonnière, de la Chapelle-Gaugain, La Foucheraye, Ruan, Lavenay, les Épinettes, etc... « un des premiers cent gentilshommes du Roi » frère de Louise de Ronsard qui épousa le frère du seigneur de Renay-en-Vendômois, dont la vue en peinture est conservée au château de Maugué, et frère du poète Ronsard*, (1),

Fille de Gilles de Ronsard, seigneur de Glatigny, La Linoterie, Fleurigny, Vaubujon, enseigne dans la Compagnie des Ordonnances du Roi sous la charge de M. de Fontaines,

Sœur de Jeanne de Ronsard, mariée à Tascher de la Pagerie,

Elle épousa Jean de Meslet ou Mellet, seigneur de

l'Eglise de Saint- Christophe de Suèvres, et désigna comme exécuteur testamentaire son frère, Louis de Ronsard, sus-nommé, chevalier, seigneur de la Possonnière, La Chapelle Gaugain, Sarceau, gentilhomme de la maison du Roi, maître de l'hôtel du Dauphin chevalier de l'Ordre de St-Michel qui combattit à Marignan, et construisit le gracieux manoir de la Possonnière.

Son fils Jacques de Saintray seigneur de Diziers épousa le 24 janvier 1527, Marguerite de Chateau-Chalons remariée le 26 février 1540 à François III, seigneur de Lavardin. Louis de Ronsard assistait à ce second mariage. De Jacques de Saintray et de Marguerite du Chateau Chalon est issue :

Jacqueline, dame de Diziers et de Bréviande mariée le 19 mai 1549 à Louis de Courcillon, seigneur de Dangeau, Mothereau, La Motte sur Eure, Diziers, Bréviande et Boutonvilliers, gentilhomme de la chambre du duc d'Alençon, capitaine de 60 chevau-légers et des 30 lances des ordonnances du Roi Henri IV, chevalier de ses ordres, tué à Bourgueil en 1591 ou 1592.

Il eut pour fils. :

Jacques, seigneur de Dangeau, Diziers, La Motte, capitaine de cinquante hommes d'armes des ordonnances de Henri IV, ambassadeur en Anglererre, mort à Paris le 21 juin 1606, marié en Mai 1579 à Suzanne Baudrès

D'où :

Louis II de Courcellon un des plus importants seigneurs du pays chartrain, chevalier de l'ordre du Roi, gentilhomme de sa chambre, seigneur du Dangeau, Lamotte, Diziers, Bréviande et les Bardillières, spécialement apprécié par le Roi Louis XIV, marié en 1631 à Charlotte de Mouhès, et père du célèbre marquis Dangeau et de l'Abbé Dangeau.

En 1660, il vendit Diziers qui a appartenu ainsi de 1500 à 1660 à nos parents.

(1) Gravures diverses. Portrait à l'huile, peut-être unique, au musée de Blois. Buste au même musée. Portrait peint par M. de la Morandière en son château de Roujou. Statue érigée devant le musée de Vendôme.

Fretay, La Thomassière, les Landes et les Orgères, gouverneur des ville et château de Vendôme.

Par les Ronsard, le propriétaire actuel du Gué-Mulon est parent de la reine Élisabeth d'Angleterre, de l'impératrice Joséphine, de la reine Hortense, du prince Eugène de Beauharnais, etc...

De ce mariage Ronsard-Meslet est issue Charlotte de Meslet, épouse de Martin de Jousselin, seigneur de la Roche, lieutenant au régiment de Périgord.

D'où Louis de Jousselin qui épousa en premières noces Élisabeth du Bellay (n° XLVI) et est, par son mariage avec Françoise Aubry, le quatrisaïeul de Marie-Claire de Jousselin, mariée à Xavier-Auguste-Charles de Fontaines (nᵒˢ XLIV et XLV).

D'où le commandant Marie-Gaston de Fontaines, père de Xavier de Fontaines.

6°

La présence du blason des Ronsard est encore justifiée par ce fait que les Ronsard établissent encore une parenté commune entre les seigneurs du Gué-Mulon de la première race et Xavier de Fontaines.

En effet, on vient de voir que les Courcillon-Dangeau, seigneurs de Diziers descendaient en ligne directe des Ronsard par leur aïeule Jacqueline de Ronsard. On ajoute que le château de Renay a eu aussi pour seigneurs des Courcillon-Dangeau, descendants de la même manière des Ronsard. Or, Xavier de Fontaines, descendant en ligne directe des Ronsard est parent et des Courcillon-Dangeau, seigneurs de Diziers, et des Courcillon-Dangeau, seigneurs de Renay.

D'autre part, les Courcillon-Dangeau, de Diziers et de Renay, descendaient en ligne directe de Philippe de Mornay, du Plessis-Mornay, dit le Pape des Huguenots et les seigneurs du Gué-Mulon de la première race descendent aussi tous des Mornay, et, par suite, les seigneurs du Gué-Mulon étaient parents des Courcillon-Dangeau de Diziers et de Renay.

De ces explications, il résulte que les Courcillon-Dangeau de Diziers et de Renay étaient parents à la fois et des seigneurs du Gué-Mulon de la première race et de Xavier de Fontaines.

Xavier de Fontaines étant devenu propriétaire du Gué-Mulon par son mariage avec Edmée-Clotilde-Azéma Regnault de Beaucaron, sa cousine, fille de Charles-Edmond, comte Regnault de Beaucaron et de Thérèse-Marie Meurville, leurs deux blasons terminent la série.

A la sixième rangée est la devise DE PEV ASSEZ qui était gravée et alternée à plusieurs reprises avec PARVM SED SATIS, sur la façade du XVIe siècle de l'hôtel, démoli en 1880, des ancêtres maternels de M. Charles-Edmond Regnault de Beaucaron, à Chablis.

5e Rangée

LI
FONTAINES :
(Comme aux nos
XXXVII, XLV
et L).

LII
REGNAULT :
(Comme aux nos
XXXI et XXXVI)

TABLE

DES

NOMS DES PERSONNES

TABLE DES MATIÈRES

ANNEXES

PREMIÈRE ANNEXE

Circonstances qui amenèrent les Meslier en Orléanais et en Blésois

Pages

DEUXIÈME ANNEXE

TROISIÈME ANNEXE

QUATRIÈME ANNEXE

Achevé d'imprimer

par R. DUGUET et Cie

Imprimeurs-Éditeurs

le 10 Mars 1922

à Blois

www.ingramcontent.com/pod-product-compliance
Ingram Content Group UK Ltd.
Pitfield, Milton Keynes, MK11 3LW, UK
UKHW022011170726
13837UKWH00001B/127